JIANGSHI QIYE
QIANGZHI QINGSUAN
SHIWU ZHIYIN

僵尸企业强制清算实务指引

陈联书　龙著华／主编

赵以敏　谭日兴　郑飞虎／副主编

知识产权出版社
全国百佳图书出版单位
—北京—

图书在版编目（CIP）数据

僵尸企业强制清算实务指引 / 陈联书，龙著华主编 . —北京：知识产权出版社，2021. 1（2023. 12 重印）

ISBN 978-7-5130-7390-5

Ⅰ. ①僵… Ⅱ. ①陈…②龙… Ⅲ. ①企业—破产清算—破产法—基本知识—中国 Ⅳ. ①D922. 291. 92

中国版本图书馆 CIP 数据核字（2020）第 270400 号

责任编辑： 刘 睿 邓 莹　　**责任校对：** 王 岩
文字编辑： 薛晶晶　　**责任印制：** 孙婷婷

僵尸企业强制清算实务指引

陈联书　龙著华　主编
赵以敏　谭日兴　郑飞虎　副主编

出版发行： 知识产权出版社 有限责任公司	**网　　址：** http：//www.ipph.cn
社　　址： 北京市海淀区气象路 50 号院	**邮　　编：** 100081
责编电话： 010-82000860 转 8346	**责编邮箱：** dengying@ cnipr.com
发行电话： 010-82000860 转 8101/8102	**发行传真：** 010-82000893/82005070/82000270
印　　刷： 北京建宏印刷有限公司	**经　　销：** 新华书店、各大网上书店及相关专业书店
开　　本： 720mm×1000mm　1/16	**印　　张：** 20
版　　次： 2021 年 1 月第 1 版	**印　　次：** 2023 年 12 月第 5 次印刷
字　　数： 300 千字	**定　　价：** 86. 00 元

ISBN 978-7-5130-7390-5

前　言

僵尸企业是指被纳入各级国资部门僵尸企业名录的国有企业或已停产、半停产、连年亏损、资不抵债，主要依靠上级主管单位提供资金支持、政府补贴、银行续贷维持经营的企业。僵尸企业通常呈现出无办公场地、无人员、无财产、无账册，各方面均已陷入停滞等特点。

改革开放以来，我国经济取得长足发展。但在过去几十年的改革发展中，部分国有企业一味求大求全，导致产能过剩、结构扭曲。特别是随着经济新常态的提出，部分产能过剩行业的企业连年亏损，进而导致资金、人员流失，逐步沦为“僵尸企业”，这不仅拖慢了经济结构调整的步伐，更是占用着大量的经济、金融资源，延缓改革的推进。因此，要打赢国有企业改革的攻坚战，全面深化改革，焕发国企活力，很重要的一项工作就是加快处置“僵尸企业”，制定退出实施办法，促进新技术、新组织形式、新产业集群形成和发展。

李克强总理数次强调清理处置“僵尸企业”，足见他对这一问题的重视。加快推进“僵尸企业”重组整合或退出市场，是国企改革进程中的重要环节，是提高国企资源配置效率的重要一步，更是加强供给侧结构性改革，着力提高供给体系质量和效率的必然要求。本书提及的僵尸企业如无特别注明则为通过司法途径强制清算的企业。

目　　录

第一章　公司清算概述

第一节　公司清算的概念与意义

一、公司清算的概念

公司清算，是指在目标公司解散以后，为了终结目标公司作为当事人之一所形成的各种法律关系，使目标公司的法人资格归于消灭，而对目标公司未终结的业务、财产及债权债务关系等进行清理、处分的行为。公司清算包括清算行为、清算关系、清算程序等诸多方面的内容。

根据《中华人民共和国公司法》（以下简称《公司法》）第180条的规定，在出现以下情况之一时，公司解散：（1）公司章程规定的营业期限届满或者公司章程规定的其他解散事由出现；（2）股东会或者股东大会决议解散；（3）因公司合并或者分立需要解散；（4）依法被吊销营业执照、责令关闭或者被撤销；（5）人民法院依照本法第182条的规定予以解散。

《公司法》第183条规定：公司因本法第180条第（1）项、第（2）项、第（4）项、第（5）项规定而解散的，应当在解散事由出现之日起15日内成立清算组，开始清算。有限责任公司的清算组由股东组成，股份有限公司的清算组由董事或者股东大会确定的人员组成。逾期不成立清算组进行清算的，债权人可以申请人民法院指定有关人员组成清算组进行清算。人民法院应当受理该申请，并及时组织清算组进行清算。据此，公司除因合并或者分立而解散外，因其余原因引起的解散，均须经过清算程序。

二、公司清算的意义

从一般的意义来讲，《公司法》第183条之所以确立了公司解散以清算为原则、以不清算为例外的规则，主要考虑公司一般是由两个以上投资者共同出资设立的法人实体，经过一段时间的存续期间之后，公司作为法律关系的当事人之一，既享有权利，也负有义务，其权利的行使、义务的承担，不仅会影响到公司股东的权益，也会影响到公司及其债权人的权益。因此，必须经由法定清算程序对公司进行清算，才能实现对公司股东、公司、债权人等各方当事人的公平保护。具体而言，公司清算具有以下几方面的意义。

1. 有利于保护公司中小股东权益

根据《公司法》第183条规定，公司出现解散事由后（分立、合并的除外），应当在15日内成立清算组。但在实务中，许多公司在具备清算条件时，并未清算。究其原因，主要是大股东尤其是控股股东的“不作为”。在公司被解散时，从是否存在资产的角度看，公司往往处于以下两种情况：一是公司已无资产，二是公司尚有少量资产。无论是哪种情况，大股东都不愿意履行清算之责。在第一种情况下，公司已无任何资产，而清算工作必然产生费用，大股东自然不愿做此费力又无益之事；在第二种情况下，虽然公司尚有少量资产，但清偿公司债务、股东分红之后所剩无几，大股东的积极性同样不足。

根据公司法理论，股东的剩余财产分配权是公司股东权的应有之义，而财产分配权必须通过公司解散后的清算程序才能实现。在《最高人民法院关于适用〈中华人民共和国公司法〉若干问题的规定（二）》（以下简称《公司法司法解释二》）颁布前，各地法院对于股东提起清算程序是否受理态度不一，不少法院认为公司清算属于公司内部事务，法院不宜插手，所以一般不予受理，导致中小股东的剩余财产分配权长期得不到实现。《公司法司法解释二》的颁行，清除了中小股东剩余财产分配权在清算程序中的法律障碍，有利于保护中小股东的合法权益。《公司法司法解释二》规定，当公司解散时，债权人没有向法院提起清算程序的，股东有权提出。因此，当中小股东得知公司出现法定的应当进行清算的事由时，为避免资产被控股股东占用，应当及时提起清算程序，并积极参与各类清算事务，防止控股股东虚构公司债务、隐匿财产，财产变价方案不合理等可能损害自身权益的情形发生。

2. 有利于保护公司合法权益

根据《公司法》第184条规定，清算组在清算期间可行使下列各项职权：（1）清理公司财产，分别编制资产负债表和财产清单；（2）通知、公告债权人；（3）处理与清算有关的公司未了结的业务；（4）清缴所欠税款以及清算过程中产生的税款；（5）清理债权、债务；（6）处理公司清偿债务后的剩余财产；（7）代表公司参与民事诉讼活动。清算组的不当清算行为，既有可能损害公司股东以及公司债权人的利益，也有可能损害公司的合法权益。

为了明确清算组以及清算组成员的义务与责任，《公司法》第189条明确规定：清算组成员应当忠于职守，依法履行清算义务。清算组成员不得利用职权收受贿赂或者其他非法收入，不得侵占公司财产。清算组成员因故意或者重大过失给公司或者债权人造成损失的，应当承担赔偿责任。鉴于清算组成员过错形态的多样性，清算组成员既有可能承担单独责任，也有可能承担共同责任；在承担共同责任时，既有可能是按份责任，也有可能是连带责任。

3. 有利于保护公司债权人的权益

为了体现清算制度对公司债权人的保护，《公司法》第185条规定了公司清算组的通知义务以及债权人的债权申报义务❶；《公司法司法解释二》第11条进一步明确了有效通知的方式以及有效公告的要求，该条规定：公司清算时，清算组应当按照《公司法》第185条的规定，将公司解散清算

❶ 《公司法》第185条规定：清算组应当自成立之日起十日内通知债权人，并于六十日内在报纸上公告。债权人应当自接到通知书之日起三十日内，未接到通知书的自公告之日起四十五日内，向清算组申报其债权。债权人申报债权，应当说明债权的有关事项，并提供证明材料。清算组应当对债权进行登记。在申报债权期间，清算组不得对债权人进行清偿。

事宜书面通知全体已知债权人，并根据公司规模和营业地域范围在全国或者公司注册登记地省级有影响的报纸上进行公告。清算组未按照前款规定履行通知和公告义务，导致债权人未及时申报债权而未获清偿，债权人主张清算组成员对因此造成的损失承担赔偿责任的，人民法院应依法予以支持。

《公司法》第 186 条❶则明确了债权清偿的顺序，即在“分别支付清算费用、职工的工资、社会保险费用和法定补偿金，缴纳所欠税款”之后，在“有限责任公司按照股东的出资比例分配，股份有限公司按照股东持有的股份比例分配”之前。该条第 2 款特别规定：公司财产在未依照前款规定清偿前，不得分配给股东。

为了强化对债权人的保护，《公司法司法解释二》第 12 条还赋予了公司债权人异议权以及异议请求权，该条规定：公司清算时，债权人对清算组核定的债权有异议的，可以要求清算组重新核定。清算组不予重新核定，或者债权人对重新核定的债权仍有异议，债权人以公司为被告向人民法院提起诉讼请求确认的，人民法院应予受理。

《公司法司法解释二》第 18 条则明确了公司股东、董事、实际控制人对公司债权人的损害赔偿责任，该条规定：有限责任公司的股东、股份有限公司的董事和控股股东未在法定期限内成立清算组开始清算，导致公司财产贬值、流失、毁损或者灭失，债权人主张其在造成损失范围内对公司债务承担赔偿责任的，人民法院应依法予以支持。有限责任公司的股东、股份有限公司的董事和控股股东因怠于履行义务，导致公司主要财产、账册、重要文件等灭失，无法进行清算，债权人主张其对公司债务承担连带清偿责任的，人民法院应依法予以支持。上述情形系实际控制人原因造成，债权人主张实际控制人对公司债务承担相应民事责任的，人民法院应依法予以支持。该规定针对的是实务中常见

❶ 《公司法》第 186 条规定：清算组在清理公司财产、编制资产负债表和财产清单后，应当制定清算方案，并报股东会、股东大会或者人民法院确认。公司财产在分别支付清算费用、职工的工资、社会保险费用和法定补偿金，缴纳所欠税款，清偿公司债务后的剩余财产，有限责任公司按照股东的出资比例分配，股份有限公司按照股东持有的股份比例分配。清算期间，公司存续，但不得开展与清算无关的经营活动。公司财产在未依照前款规定清偿前，不得分配给股东。

的损害公司债权人权益的典型问题。

英国公司法规定，在公司清算开始前6个月内，公司隐匿、私分或无偿转让财产的行为，非正常压价出售财产的行为，对原无担保的债务提供担保的行为，对未到期的债务提前清偿的行为以及放弃自己的债权的行为，均为无效行为，其目的在于防止损害公司债权人利益的行为发生。我国《企业破产法》第35条有类似的规定，但《公司法》对此却无相应的规定，实为一缺憾。

4. 对其他形态的企业清算的参照作用

我国《个人独资企业法》第31条规定：人民法院参照适用破产清算程序裁定终结个人独资企业的清算程序后，个人独资企业的债权人仍然可以就其未获清偿的部分向投资人主张权利。但《个人独资企业法》并未对个人独资企业的清算制度作出明确规定。

根据最高人民法院于2012年12月10日公布，自2012年12月18日起施行的《最高人民法院关于个人独资企业清算是否可以参照适用企业破产法规定的破产清算程序的批复》（法释〔2012〕16号）❶ 的精神，到期债务，并且资产不足以清偿全部债务或者明显缺乏清偿能力的情况下，可以参照适用企业破产法规定的破产清算程序进行清算。

第二节　公司清算主体

一、公司清算主体的界定与范围

（一）清算义务主体的界定及其义务

1. 清算义务主体的界定

所谓清算义务主体，是指基于其与公司（法人）之间存在的特定法律关系，而在公司（法人）解散时，对公司（法人）负有依法组织清算义

❶ 此批复系最高人民法院针对贵州省高级人民法院《关于个人独资企业清算是否可以参照适用破产清算程序的请示》（〔2012〕黔高研请字第2号）所作出的批复。

务，并在公司（法人）未及时清算给相关权利人造成损害时，依法承担相应法律责任的人。

2. 清算义务主体的清算义务

我国《民法总则》第70条规定："法人解散的，除合并或者分立的情形外，清算义务人应当及时组成清算组进行清算。法人的董事、理事等执行机构或者决策机构的成员为清算义务人。法律、行政法规另有规定的，依照其规定。清算义务人未及时履行清算义务，造成损害的，应当承担民事责任；主管机关或者利害关系人可以申请人民法院指定有关人员组成清算组进行清算。《公司法》第183条规定了清算组的成立与组成。

由此可见，除法律、行政法规另有规定外，法人的清算义务主体包括"法人的董事、理事等执行机构或者决策机构的成员"，公司的清算义务主体为"公司"。

根据《公司法》第183条、第7条的规定，在解散事由出现之日起15日内成立清算组，开始自行清算。

如果清算义务主体未按时履行组织清算的义务，债权人、公司股东均有权申请人民法院指定清算组对目标公司进行清算。依照《公司法司法解释二》第7条第2款的规定，"有下列情形之一时，债权人申请人民法院指定清算组进行清算的，人民法院应予受理：（一）公司解散逾期不成立清算组进行清算的；（二）虽然成立清算组但故意拖延清算的；（三）违法清算可能严重损害债权人或者股东利益的"。依照《公司法司法解释二》第7条第3款的规定，"具有本条第二款所列情形，而债权人未提起清算申请，公司股东申请人民法院指定清算组对公司进行清算的，人民法院应予受理"。

（二）清算实施主体的界定、范围与资格

1. 清算实施主体的界定

所谓清算实施主体，即指清算组，是指基于法律规定、清算义务主体的委托或者人民法院的指定，具体负责目标公司清算事务，并对清算过程、结果的合法性、科学性、真实性承担法律责任的人。我国现行法对

“清算组”的称谓不统一，《公司法》称为“清算组”，《民法通则》称为“清算组织”，《外资企业法实施细则》则将其称为“清算委员会”。

《公司法》第183条对清算组进行了明确。另，根据《公司法司法解释二》第7条第3款的规定，具有本条第2款所列情形，而债权人未提起清算申请，公司股东也有权申请人民法院指定清算组对公司进行清算。

2. 清算组成员的范围

当清算组成员由法院指定产生时，被指定人员的资格以及范围属于首先应当明确的问题。

关于清算组成员的范围，《公司法司法解释二》第8条规定，“人民法院受理公司清算案件，应当及时指定有关人员组成清算组。清算组成员可以从下列人员或者机构中产生：（一）公司股东、董事、监事、高级管理人员；（二）依法设立的律师事务所、会计师事务所、破产清算事务所等社会中介机构；（三）依法设立的律师事务所、会计师事务所、破产清算事务所等社会中介机构中具备相关专业知识并取得执业资格的人员”。《中华人民共和国企业破产法》（以下简称《企业破产法》）第24条规定，管理人可以由有关部门、机构的人员组成的清算组或者依法设立的律师事务所、会计师事务所、破产清算事务所等社会中介机构担任。人民法院根据债务人的实际情况，可以在征询有关社会中介机构的意见后，指定该机构具备相关专业知识并取得执业资格的人员担任管理人。

3. 清算组成员的资格要求

关于清算组成员的资格要求，现行法律已设定了明确要求，譬如《公司法司法解释二》第9条规定，“人民法院指定的清算组成员有下列情形之一的，人民法院可以根据债权人、股东的申请，或者依职权更换清算组成员：（一）有违反法律或者行政法规的行为；（二）丧失执业能力或者民事行为能力；（三）有严重损害公司或者债权人利益的行为”。《企业破产法》第24条规定，“有下列情形之一的，不得担任管理人：（一）因故意犯罪受过刑事处罚；（二）曾被吊销相关专业执业证书；（三）与本案有利害关系；（四）人民法院认为不宜担任管理人的其他情形”。

二、公司清算实施主体（清算组）的地位

（一）学界观点

对于清算组的法律地位，学界有以下几种不同的观点。

（1）当事人说，即认为清算组为清算公司参与民事活动和民事诉讼当事人。最高人民法院曾在有关司法解释、批复中多次肯定并强调了清算组的当事人资格。譬如，最高人民法院于1984年9月17日发布的《关于在经济审判工作中贯彻执行〈民事诉讼法（试行）〉若干问题的意见》中规定："在诉讼过程中……企业关闭的，由其主管单位或清理人（单位）作为诉讼当事人。"1987年10月15日，发布的《关于企业开办的公司撤销后由谁作为诉讼主体问题的批复》又重申了这一规定。1988年4月发布的《关于贯彻执行〈中华人民共和国民法通则〉若干问题的意见（试行）》第60条规定：对于涉及终止的企业法人债权、债务的民事诉讼，清算组可以用自己的名义参加诉讼。

（2）受任人说，即认为清算组是公司的受任人。该说法主张清算组可以分为四种：①由公司执行业务股东或董事担任的清算组，称为法定清算组；②公司章程规定的清算组；③股东或者股东会选任的清算组；④法院选任的清算组。清算组对于公司而言处于受任人的地位，对公司负有忠实义务。清算组不适任或有其他重要理由时，利害关系人或者股东可以请求法院将其解任。除了法院选任的清算组外，也可以股东过半数同意或者股东会的决议，将清算组解任。[1]

（3）独立人格说，即认为清算组既不是债权人的代理人，也不是债务人（被清算公司）的代理人。它以公平清理、清偿债务为主要职责，独立执行清算事务。它既不代表债权人一方，也不代表债务人一方。其行为损害债权人或者债务人合法权益的，债权人或者债务人有权请求法院予以

[1] 江平．公司法教程［M］．北京：法律出版社，1987：77-78.

撤销。[1]

（二）本书观点

本书赞成第二种观点，认为清算组属于负责清算事务执行的法定机构，理由如下。

1. “当事人说”缺乏依据

《中华人民共和国民法总则》（以下简称《民法总则》）第 71 条规定，“法人的清算程序和清算组职权，依照有关法律的规定；没有规定的，参照适用公司法的有关规定”。《公司法》第 184 条也规定了清算组在清算期间行使的职权。依此，在清算期间，清算组不等于被清算公司，它是被清算公司的“代表”，应当作为公司“代表”，而不能以“清算组”的名义实施民事活动（包括参与民事诉讼）。

2. “独立人格说”也难以成立

我国《企业破产法》第 25 条规定，“管理人履行下列职责：（一）接管债务人的财产、印章和账簿、文书等资料；（二）调查债务人财产状况，制作财产状况报告；（三）决定债务人的内部管理事务；（四）决定债务人的日常开支和其他必要开支；（五）在第一次债权人会议召开之前，决定继续或者停止债务人的营业；（六）管理和处分债务人的财产；（七）代表债务人参加诉讼、仲裁或者其他法律程序；（八）提议召开债权人会议；（九）人民法院认为管理人应当履行的其他职责”。在破产清算的法律实践中，在一些地方，破产企业清算组拥有自己的公章，可以直接以自己的名义向破产企业的债务人催收债务，或者对外签订让破产企业承担法律义务的合同，向破产企业的债权人分配财产或提起有关民事诉讼等。很显然，这种将破产企业清算组与破产企业法律地位等同的做法，是“独立人格说”的主要成因。

但是，破产清算属于特别清算程序，而且，即使依照《企业破产法》第 25 条规定，也无法得出清算组具有独立于被清算公司的“独立人格”

[1] 覃有土．商法学［M］．北京：中国政法大学出版社，1999：283.

的结论。因为，该条明确规定：即使是破产管理人，也只是作为破产企业的“代表”，“代表债务人参加诉讼、仲裁或者其他法律程序”。同时，在被清算公司的人格依然存续的情况下，如果认为清算组也具有独立人格，那么具有独立人格的清算组和人格依然存续的被清算公司之间究竟是什么关系，“独立人格说”显然难以作出令人信服的解释。

3. 清算组属于负责清算事务执行的法定机构

公司一旦进入清算程序，清算组即行使被清算公司法人机关的职权，对内执行清算业务，对外代表公司。虽然被清算的公司与清算前的公司具有同一人格，但根据《中华人民共和国民法通则》（以下简称《民法通则》）第40条的规定，清算公司的权利能力和行为能力都受清算目的的限制，它不能进行各种积极的民事活动，只能实施清理财产、清偿债务、追收债权、起诉应诉等清算范围内的活动。而依照《民法总则》第70条的规定，清算活动必须由依法成立的清算组负责，即只有清算组才可以开展有效的清算活动。对于清算组与被清算公司之间的关系，《公司法司法解释二》规定得很清楚，该解释第10条明确规定：公司依法清算结束并办理注销登记前，有关公司的民事诉讼，应当以公司的名义进行。公司成立清算组的，由清算组负责人代表公司参加诉讼；尚未成立清算组的，由原法定代表人代表公司参加诉讼。

三、清算义务主体的法律责任

应当明确的是，根据有限责任制度的要求，在一般情况下，清算义务主体无须以其自有财产对被清算公司的债务承担清偿责任，但是如果清算义务主体怠于履行法定清算义务，或者在履行清算义务过程中存在过错，致使公司的财产毁损、灭失、贬值，致使债权人受到损失的，应承担清偿责任、赔偿责任等民事责任以及其他形式的法律责任。

（一）民事责任

1. 清偿责任

根据《公司法》以及《公司法司法解释二》的相关规定，有限责任公司的股东、股份有限公司的董事和控股股东为公司的清算义务主体，当出现以下情形之一时，债权人有权要求他们对公司债务承担清偿责任。

第一种情形：公司财产、账册、重要文件等灭失时的清偿责任。《公司法司法解释二》第 18 条第 2 款规定：有限责任公司的股东、股份有限公司的董事和控股股东因怠于履行义务，导致公司主要财产、账册、重要文件等灭失，致使公司无法进行清算，债权人有权主张其对公司债务承担连带清偿责任。该条第 3 款规定：上述情形如系实际控制人原因造成的，债权人有权主张实际控制人对公司债务承担相应的民事责任。

第二种情形：未经清算即办理注销登记时的清偿责任。《公司法司法解释二》第 20 条规定：公司解散应当在依法清算完毕后，申请办理注销登记。公司未经清算即办理注销登记，导致公司无法进行清算，债权人主张有限责任公司的股东、股份有限公司的董事和控股股东，以及公司的实际控制人对公司债务承担清偿责任的，人民法院应依法予以支持。

第三种情形：股东或者发起人出资不到位时的清偿责任。与《公司法司法解释二》第 22 条规定：公司解散时，股东尚未缴纳的出资均应作为清算财产。股东尚未缴纳的出资，包括到期应缴未缴的出资，以及依照公司法第 26 条和第 80 条的规定分期缴纳尚未届满缴纳期限的出资。当公司财产不足以清偿债务时，债权人有权主张未缴出资股东，以及公司设立时的其他股东或者发起人在未缴出资范围内对公司债务承担连带清偿责任。

2. 损害赔偿责任

根据《公司法》以及《公司法司法解释二》的相关规定，有限责任公司的股东、股份有限公司的董事和控股股东出现以下情形之一时，债权人有权要求他们承担相应的赔偿责任。

第一种情形：不在法定期限内组织清算时的赔偿责任。《公司法司法解释二》第 18 条第 1 款规定：有限责任公司的股东、股份有限公司的董事和控股股东未在法定期限内成立清算组开始清算，导致公司财产贬值、流失、毁损或者灭失，债权人主张其在造成损失范围内对公司债务承担赔偿责任的，人民法院应依法予以支持。该条第 3 款规定：上述情形系实际控制人原因造成，债权人有权主张实际控制人对公司债务承担相应的民事责任。

第二种情形：恶意处置公司财产时的赔偿责任。《公司法司法解释二》第19条规定：有限责任公司的股东、股份有限公司的董事和控股股东，以及公司的实际控制人在公司解散后，恶意处置公司财产给债权人造成损失，或者未经依法清算，以虚假的清算报告骗取公司登记机关办理法人注销登记，债权人主张其对公司债务承担相应赔偿责任的，人民法院应依法予以支持。

第三种情形：未经依法清算编制虚假清算报告时的赔偿责任。与《公司法司法解释二》第19条规定相同。

（二）行政责任

《中华人民共和国公司登记管理条例》（以下简称《公司登记管理条例》）第70条规定：公司在合并、分立、减少注册资本或者进行清算时，不按照规定通知或者公告债权人的，由公司登记机关责令改正，处以1万元以上10万元以下的罚款。公司在进行清算时，隐匿财产，对资产负债表或者财产清单作虚假记载或者在未清偿债务前分配公司财产的，由公司登记机关责令改正，对公司处以隐匿财产或者未清偿债务前分配公司财产金额5%以上10%以下的罚款；对直接负责的主管人员和其他直接责任人员处以1万元以上10万元以下的罚款。公司在清算期间开展与清算无关的经营活动的，由公司登记机关予以警告，没收违法所得。

（三）刑事责任

《公司法》第215条规定：违反本法规定，构成犯罪的，依法追究刑事责任。

结合《中华人民共和国刑法》（以下简称《刑法》）第162条等之规定，清算义务主体可能触犯的罪名主要包括妨害清算罪，隐匿、故意销毁会计凭证、会计账簿、财务会计报告罪，虚假破产罪等罪名，如果涉及国有公司、企业、事业单位的话，还可能触犯国有公司、企业、事业单位人员失职罪，徇私舞弊低价折股、出售国有资产罪等罪名。

其中妨害清算罪的犯罪主体为“直接负责的主管人员和其他直接责任

人员”；犯罪客观方面是实施了“隐匿财产，对资产负债表或者财产清单作虚伪记载或者在未清偿债务前分配公司、企业财产，严重损害债权人或者其他人利益的”行为，刑法后果是“处五年以下有期徒刑或者拘役，并处或者单处二万元以上二十万元以下罚金”。

隐匿、故意销毁会计凭证、会计账簿、财务会计报告罪的犯罪主体为“直接负责的主管人员和其他直接责任人员”或者单位；犯罪客观方面是实施了“隐匿或者故意销毁依法应当保存的会计凭证、会计账簿、财务会计报告，情节严重的”行为，个人的刑法后果是“处五年以下有期徒刑或者拘役，并处或者单处二万元以上二十万元以下罚金”，单位的刑法后果是“对单位判处罚金，并对其直接负责的主管人员和其他直接责任人员，依照前款的规定处罚”。

虚假破产罪的犯罪主体为“直接负责的主管人员和其他直接责任人员”；犯罪客观方面是实施了“通过隐匿财产、承担虚构的债务或者以其他方法转移、处分财产，实施虚假破产，严重损害债权人或者其他人利益的”行为，刑法后果是“处五年以下有期徒刑或者拘役，并处或者单处二万元以上二十万元以下罚金”。

四、清算组的法律责任

清算组在基于法律规定、清算义务主体的委托或者人民法院的指定，启动某一目标公司的清算事务后，应当依照法律规定或者合同约定履行相关义务，确保清算过程、结果的合法、科学与真实。否则，清算组应当承担相应的法律责任。根据《公司法》以及相关司法解释的规定，清算组承担的法律责任包括以下几种。

（一）民事赔偿责任

根据《公司法》以及相关司法解释的规定，在出现以下情形之一时，清算组应当承担赔偿责任。

第一种情形：未履行通知和公告义务时的赔偿责任。《公司法司法解释二》第 11 条规定：公司清算时，清算组应当按照《公司法》第 185 条的规定，将公司解散清算事宜书面通知全体已知债权人，并根据公司规模和营业地域范围在全国或者公司注册登记地省级有影响的报纸上进行公告。如清算组未按照前款规定履行通知和公告义务，导致债权人未及时申报债权而未获清偿，债权人有权主张清算组成员对因此造成的损失承担赔偿责任。

第二种情形：执行未经确认的清算方案给公司或者债权人造成损失的赔偿责任。《公司法司法解释二》第15条规定：公司自行清算的，清算方案应当报股东会或者股东大会决议确认；人民法院组织清算的，清算方案应当报人民法院确认。未经确认的清算方案，清算组不得执行。如果清算组由于执行未经确认的清算方案给公司或者债权人造成损失，公司、股东或者债权人均有权主张清算组成员承担赔偿责任。

第三种情形：违法清算时的赔偿责任。《公司法司法解释二》第23条规定：清算组成员从事清算事务时，违反法律、行政法规或者公司章程给公司或者债权人造成损失，公司或者债权人主张其承担赔偿责任的，人民法院应依法予以支持。

（二）行政责任

《公司法》第206条规定：清算组不依照本法规定向公司登记机关报送清算报告，或者报送清算报告隐瞒重要事实或者有重大遗漏的，由公司登记机关责令改正。清算组成员利用职权徇私舞弊、谋取非法收入或者侵占公司财产的，由公司登记机关责令退还公司财产，没收违法所得，并可以处以违法所得一倍以上五倍以下的罚款。《公司登记管理条例》第71条也有类似规定。

（三）刑事责任

《公司法》第215条规定：违反本法规定，构成犯罪的，依法追究刑事责任。结合我国《刑法》第162条等之规定，清算组可能触犯的罪名主要包括妨害清算罪，隐匿、故意销毁会计凭证、会计账簿、财务会计报告罪，虚假破产罪等罪名。此外，如果清算组在清算过程中利用职务上的便利，将公司财产非法占为己有的，还可能构成侵占罪；如果清算组成员是国家机关工作人员，则可能构成滥用职权罪；如果清算组成员是国家工作人员，则可能构成贪污罪；等等。

第三节　公司清算类型

一、公司清算类型化的含义

清算的类型化，是指根据某一标准，将公司清算的形态予以分类所形成的成果，类型化的实质在于通过既定的标准，将公司清算的具体形态“格式化”，从而帮助公司及其利害关系人进行清算，促进法院裁判的规范化运作。

从世界各国立法例来看，关于解散和清算的顺位有两种安排：一种是“先清算后解散”，另一种是“先解散后清算”。在第一种情形下，解散即意味着法人人格的消灭；在第二种情形下，解散并不等于法人人格消灭，而只是法人人格终止的原因，法人人格的终止应以清算完毕并办理注销登记为标志。

从我国现行法律规定和司法实践看，我国采用的是“先解散后清算”制度，即公司解散必须依法清算并办理注销登记手续，其法人人格始得终止。

二、公司清算的主要类型

1. 法定清算与任意清算

根据清算程序是否法定，公司清算分为法定清算与任意清算。法定清算，是指根据法律规定的程序进行的清算。任意清算，是指在公司自愿解散时，依照公司章程的规定或者股东大会决议而进行的清算。任意清算体现了意思自治原则，清算的方式、处分财产的顺序等均由全体股东协商确定。当然根据《民法总则》第 131 条、第 132 条的规定：民事主体行使权利时，应当履行法律规定的和当事人约定的义务。民事主体不得滥用民事权利损害国家利益、社会公共利益或者他人合法权益。由此可见，任何权利都不是绝对的，当股东滥用权利，协商形成的清算方案损害了国家、集体或者他人合法权益时，该决议应当归于无效。

广义上的清算，包括法定清算与任意清算两种清算方式，狭义上的清算一般仅指法定清算。有限责任公司和股份有限公司实行严格的法定清算。任意清算适用于出资者承担无限连带责任的公司，如独资企业、无限公司等人合性质公司，因清算程序的完结并不免除出资者对公司债务的无限责任，故对该类公司的清算按照出资者意志或章程规定的方式进行。对于任意清算，我国法律未作规定。

根据《公司法》第183条的规定，我国《公司法》规定的法定清算包括两种情形：一是由公司依法自行组织清算组进行清算；二是逾期不成立清算组时，应债权人申请，由人民法院指定有关人员组成清算组进行清算。

2. 普通清算与特别清算

根据清算是否受法律或者行政机关的干预，法定清算又可进一步区分为普通清算和特别清算两种情形。普通清算，是指由公司自行依法组织的，清算组按法定程序所进行的清算。特别清算，是介于普通清算和破产清算之间的一种特别程序，是指在解散的公司实行普通清算存在显著困难时，由法院指定有关人员组成清算组并加以监督所进行的清算。

这两种清算之间最主要的区别是清算组成员的组成方式不同。普通清算的组成方式是：有限责任公司的清算组由股东组成，股份有限公司的清算组由董事或者股东大会确定的人员组成。特别清算的组成方式是人民法院指定有关人员组成清算组进行清算。

3. 破产清算与非破产清算

根据清算是否在破产情形下进行，清算可分为破产清算与非破产清算。破产清算，是指在公司不能清偿到期债务，被依法宣告破产的情况下，由法院组织清算组对公司资产进行清算，将破产财产依法定程序进行分配与清偿，并最终消灭公司法人资格的程序。《公司法》第190条规定：公司被依法宣告破产的，依照有关企业破产的法律实施破产清算。非破产清算则是指在公司解散、公司财产足以偿还债务的情况下，依照《公司法》的规定所进行的清算，包括自愿解散的清算和强制解散的清算，此种清算的财产除了用于支付清算费用、清偿公司债务之外，还需要将剩余财产分配给股东，清偿公司债务后的剩余财产，有限责任公司按照股东的出资比例分配，股份有限公司按照股东持有的股份比例分配。

根据《公司法》第187条之规定，清算组在清理公司财产、编制资产负债表和财产清单后，发现公司财产不足清偿债务的，应当依法向人民法院申请宣告破产。公司经人民法院裁定宣告破产后，清算组应当将清算事务移交给人民法院。这时，公司清算就由非破产清算程序转入破产清算程序。

第四节　公司清算程序

根据《公司法》第183~188条规定，公司清算的一般程序包括以下三个阶段。

一、清算程序的启动：成立清算组

根据《公司法》第183条规定，应当在解散事由出现之日起十五日内成立清算组，开始清算。其中，有限责任公司的清算组由股东组成，股份有限公司的清算组由董事或者股东大会确定的人员组成。如有关清算义务主体逾期不成立清算组进行清算的，债权人可以申请人民法院指定有关人员组成清算组进行清算。人民法院应当受理该申请，并及时组织清算组进行清算。据此，清算组的组成包括两种情形：一是由公司依法自行组织清算组进行清算；二是逾期不成立清算组时，应债权人申请，由人民法院指定有关人员组成清算组进行清算。《公司法》第184条规定。清算组在清算期间享有广泛的职权。

二、清算程序的实施：依法清算

（一）通知、公告债权人申报债权

《公司法》第185条规定，“清算组应当自成立之日起十日内通知债权

人，并于六十日内在报纸上公告。债权人应当自接到通知书之日起三十日内，未接到通知书的自公告之日起四十五日内，向清算组申报其债权。债权人申报债权，应当说明债权的有关事项，并提供证明材料。清算组应当对债权进行登记”。

《公司法司法解释二》第 11 条第 1 款进一步明确了通知的对象与通知方式，通知的对象为“全体已知债权人”，通知的方式为“书面通知”，也明确了公告的方式，即根据公司规模和营业地域范围在全国或者公司注册登记地省级有影响的报纸上进行公告。第 2 款则明确了清算组不履行通知与公告义务的法律后果，即清算组未按照前款规定履行通知和公告义务，导致债权人未及时申报债权而未获清偿，债权人主张清算组成员对因此造成的损失承担赔偿责任的，人民法院应依法予以支持。

为了最大限度保护债权人利益，《公司法司法解释二》还明确保护延期申报的债权，该解释第 13 条规定：债权人在规定的期限内未申报债权，在公司清算程序终结前补充申报的，清算组应予登记；第 14 条规定：债权人补充申报的债权，可以在公司尚未分配财产中依法清偿。公司尚未分配财产不能全额清偿，债权人主张股东以其在剩余财产分配中已经取得的财产予以清偿的，人民法院应予支持；但债权人因重大过错未在规定期限内申报债权的除外。

（二）清理公司财产、编制资产负债表和财产清单

根据《公司法》第 186 条规定：清算组在清理公司财产、编制资产负债表和财产清单后，应当制定清算方案，并报股东会、股东大会或者人民法院确认。为了进一步明确清算方案的确认主体，《公司法司法解释二》第 15 条规定：公司自行清算的，清算方案应当报股东会或者股东大会决议确认；人民法院组织清算的，清算方案应当报人民法院确认。未经确认的清算方案，清算组不得执行。

考虑到清算组在清理公司财产、编制资产负债表和财产清单后，公司财产与公司债务之间的对应关系难以预见，所以《公司法》第 187 条规定：清算组发现公司财产不足以清偿债务的，应当依法向人民法院申请宣

告破产。公司经人民法院裁定宣告破产后，清算组应当将清算事务移交给人民法院。但是，鉴于追求效率是公司清算的一个重要价值目标，如果公司清算中出现破产原因，债权人能够基于意思自治自行协商而通过债务清偿方案的，则无必要进入破产清算程序。为此，《公司法司法解释二》第17条规定：人民法院指定的清算组在清理公司财产、编制资产负债表和财产清单时，发现公司财产不足清偿债务的，可以与债权人协商制作有关债务清偿方案。债务清偿方案经全体债权人确认且不损害其他利害关系人利益的，人民法院可依清算组的申请裁定予以认可。清算组依据该清偿方案清偿债务后，应当向人民法院申请裁定终结清算程序。通过清算组与债权人之间的协商处理机制，既可以尽快终结清算程序，最大限度地节约经济成本，又可以解决原来需要借助破产程序才能解决的公平受偿问题。日本、韩国以及我国台湾地区均有类似的制度。

（三）收取债权，清偿债务

《公司法》第186条第3款规定：清算期间，公司存续，但不得开展与清算无关的经营活动。根据此规定，借助反对解释的方法，不难得出以下结论：清算组有权以被清算公司的名义收取债权，清偿债务。事实上，债权、债务也是公司资产的重要组成部分。

（四）分配剩余财产

《公司法》第186条第2款规定：公司财产在分别支付清算费用、职工的工资、社会保险费用和法定补偿金，缴纳所欠税款，清偿公司债务后的剩余财产，有限责任公司按照股东的出资比例分配，股份有限公司按照股东持有的股份比例分配。

三、清算程序的终结：法定主体确认

《公司法》第188条规定：公司清算结束后，清算组应当制作清算报告，报股东会、股东大会或者人民法院确认，并报送公司登记机关，申请注销公司登记，公告公司终止。《公司法司法解释二》第13条第2款明确规定：公司清算程序终结，是指清算报告经股东会、股东大会或者人民法院确认完毕。

具体而言，如果是公司自行清算的，公司清算程序终结是指清算报告经股东会或者股东大会决议确认；如果是人民法院组织清算的，公司清算程序终结是指清算报告经相关人民法院确认。

对于公司的清算，我国法律尚未作出系统规定。现行法律规定的清算仅仅是理想状态下的清算，我国有必要完善清算制度，对组织清算的主体、清算组的组成和义务、清算人任职资格，以及特别清算的条件、程序、期限、中止和终止等作出明确的规定。尤其是对于清算终止问题，除进一步完善因顺利完成和因清算中发现资不抵债转入破产程序终止外，对清算确因账册遗失无法按正常程序进行下去时，在追究有关责任主体的民事、行政甚至刑事责任后，确定清算终止的法定程序，以从程序上合法了结清算，防止清算长期拖滞。另外，清算中的违法行为如何处理，直接关系到清算能否依法、顺利进行。如果对清算义务人不依法进行清算，会导致公司解散长期无人清算，公司财产贬值、流失，债权人利益无法得到保护。清算过程中，清算主体不按法律规定程序进行清算，或隐匿财产，对资产负债表或财产清单虚伪记载，未清偿债务前分配公司财产；清算组发现公司财产不足以清偿全部债务时，不及时向人民法院申请破产等违法行为，现行《公司法》仅作出追究有关责任人行政责任或刑事责任的规定，而对民事责任未作任何规定。由此产生的债权人利益保护问题，一直困扰着审判实践。如果从彻底解决公司解散不予清算角度看，公司解散不予清算，即直接追究出资者民事责任，则能够有效地督促公司或其出资者依法清算，但这样处理的理论依据是否充分？如果仅仅通过债权人提起人民法院裁定出资者进行清算，或公司出资者存在侵权、出资不实或对公承诺等时，由其承担相应民事责任，规范力度又显不足。

第二章　僵尸企业强制清算程序的启动

第一节　强制清算申请

一、强制清算的定义

强制清算属于解散清算的一种方式，在了解什么是强制清算之前，应当先探讨什么是解散清算。企业在出现《公司法》第 180 条规定的情况而解散的，应当进行清算，而这种清算统称为解散清算。

而根据《公司法》第 183 条规定，“公司因本法第一百八十条第（一）项、第（二）项、第（四）项、第（五）项规定而解散的，应当在解散事由出现之日起十五日内成立清算组，开始清算。有限责任公司的清算组由股东组成，股份有限公司的清算组由董事或者股东大会确定的人员组成。逾期不成立清算组进行清算的，债权人可以申请人民法院指定有关人员组成清算组进行清算。人民法院应当受理该申请，并及时组织清算组进行清算”。《公司法司法解释二》第 7 条规定，“公司应当依照公司法第一百八十三条的规定，在解散事由出现之日起十五日内成立清算组，开始自行清算。有下列情形之一，债权人申请人民法院指定清算组进行清算的，人民法院应予受理：（一）公司解散逾期不成立清算组进行清算的；（二）虽然成立清算组但故意拖延清算的；（三）违法清算可能严重损害债权人或者股东利益的。具有本条第二款所列情形，而债权人未提起清算申请，公司股东申请人民法院指定清算组对公司进行清算的，人民法院应予受理”。在出现上述事由时，企业债权人、企业股东或其他清算义务人根据法律规定向人民法院申请指定清算组进行清算的情形，即为强制清算。

一般而言，强制清算有两种理解。其一是根据法律法规等规定，公司必须进行清算工作的情况；其二是公司出现法定清算事由后，相关主体根据法律规定向人民法院申请指定清算组对公司进行清算的情况。本章讨论的主要是第二种情形，即相关主体根据法律的规定向人民法院申请指定清算组对出现法定清算事由的公司进行清算的情形。

强制清算是通过公权力（主要指人民法院）的介入，由人民法院对应当进行清算的公司以指定清算组的方式，强制该公司进入清算程序，以期能及时、有效地处理公司的相关债权债务关系，从而打破公司僵局，进而达到维护社会主义市场经济秩序的相对稳定的效果。

二、强制清算申请

（一）申请主体

符合法律规定的公司债权人、公司股东有权向有管辖权的人民法院申请指定清算组对出现法定清算事由的公司进行强制清算。

（二）申请条件

1. 公司出现法定解散事由

公司出现《公司法》第 180 条和第 182 条规定的法定解散事由的，应当在解散事由出现之日起十五日内成立清算组，开始清算工作。

2. 公司解散逾期未成立清算组、故意拖延清算或违法清算

根据《公司法司法解释二》第 7 条规定可知，当公司解散逾期不成立清算组，或者虽然成立清算组但故意拖延清算进度的，再或者由于违法清算可能严重损害债权人或者股东利益的，债权人有权向人民法院申请指定清算组。当公司已成立清算组但故意拖延清算的，而债权人未提起清算申请，公司股东有权向人民法院申请指定清算组。

僵尸企业可能多年未经营，债权债务人已不知所踪，其股东可能也是

处于“僵尸企业的状态”，因此在司法实践中，建议对僵尸企业的股东作扩大解释，僵尸企业的上级单位（包括国资委、企业所属集团、主管部门、出资人，下同）可以作为提起强制清算申请的权利人，以便能够顺利提起强制清算申请，进入司法出清的程序。另外，僵尸企业在职工安置、职工集资、职工住房（集资建房）、产权争议、企业社会职能移交等历史遗留问题上亦需要上级单位进行协调，才能顺利推进僵尸企业的出清工作。因此，该扩大解释也有实践上的必要性。

（三）申请材料

债权人或股东向人民法院申请强制清算的，应当提交下列材料。

（1）强制清算申请书。列明申请人、被申请人的基本情况以及申请的事实与理由。

（2）申请人的主体资格证明文件。申请人为自然人的，应提交身份证或户籍证明；申请人为法人或其他组织的，应提交营业执照和组织机构代码证。

（3）被申请人的主体资格证明文件。包括营业执照和组织机构代码证。

（4）申请人对被申请人享有债权或股东资格的证据。

（5）被申请人自愿解散或被强制解散的证据。被申请人自愿解散的，应提交被申请人的公司章程或决定解散公司的股东会（股东大会）决议；被申请人被强制解散的，应提交公司登记主管机关吊销公司营业执照、责令关闭、撤销公司的决定书或人民法院解散公司的民事判决书。

（6）人民法院认为应当提交的其他材料。

此外，申请人还应当根据人民法院的要求提交其他相应的证据材料。《最高人民法院印发〈关于审理公司强制清算案件工作座谈会纪要〉的通知》第7条规定，“公司债权人或者股东向人民法院申请强制清算应当提交清算申请书。申请书应当载明申请人、被申请人的基本情况和申请的事实和理由。同时，申请人应当向人民法院提交被申请人已经发生解散事由以及申请人对被申请人享有债权或者股权的有关证据。公司解散后已经自行成立清算组进行清算，但债权人或者股东以其故意拖延清算，或者存在其他违法清算可能严重损害债权人或者股东利益为由，申请人民法院强制清算的，申请人还应当向人民法院提交公司故意拖延清算，或者存在其他违法清算行为可能严重损害其利益的相应证据材料”。

（四）管辖法院

管辖法院根据公司住所地确定地域管辖，根据公司登记机关的级别确定级别管辖。解散公司诉讼案件和公司清算案件由公司住所地人民法院管辖。公司住所地是指公司主要办事机构所在地。公司办事机构所在地不明确的，由其注册地人民法院管辖。基层人民法院管辖县、县级市或者区的公司登记机关核准登记公司的解散诉讼案件和公司清算案件；中级人民法院管辖地区、地级市以上的公司登记机关核准登记公司的解散诉讼案件和公司清算案件。

根据《最高人民法院印发〈关于审理公司强制清算案件工作座谈会纪要〉的通知》第 2 条规定，“对于公司强制清算案件的管辖应当分别从地域管辖和级别管辖两个角度确定。地域管辖法院应为公司住所地的人民法院，即公司主要办事机构所在地法院；公司主要办事机构所在地不明确、存在争议的，由公司注册登记地人民法院管辖。级别管辖应当按照公司登记机关的级别予以确定，即基层人民法院管辖县、县级市或者区的公司登记机关核准登记公司的公司强制清算案件；中级人民法院管辖地区、地级市以上的公司登记机关核准登记公司的公司强制清算案件。存在特殊原因的，也可参照适用《中华人民共和国企业破产法》第四条、《中华人民共和国民事诉讼法》第三十七条和第三十九条的规定，确定公司强制清算案件的审理法院”。

在司法实践中，由于基层人民法院办理强制清算案件少，其对法律法规及各项规范规定强制清算案件的申请标准把握不准，客观上僵尸企业也存在资料缺失情况，时常出现法院收取了申请人资料，但久拖不立的情形。因此，僵尸企业强制清算管辖建议采用由僵尸企业住所地中级人民法院集中管辖，但对于事实清楚、争议不大、标的较小的案件，也可由中级人民法院立案后，指令僵尸企业住所地基层法院管辖。

文书范本 1：强制清算申请书

强制清算申请书

申请人：　　　　　　　（个人）身份证号码：

地址：

申请人：　　　　　　　（公司）

法定代表人：

地址：

被申请人：　　　　　　（公司）

法定代表人：

地址：

申请事项

请求法院依法指定清算组对被申请人（公司名称）进行强制清算。

事实及理由

申请人是被申请人的【债权人/股东（上级单位）】，因被申请人已出现《中华人民共和国公司法》第一百八十条规定的解散事由，且被申请人至今未依据法律规定在解散事由出现后规定期限内成立清算组或主动履行清算义务。现申请人根据《中华人民共和国公司法》、《最高人民法院关于适用〈中华人民共和国公司法〉若干问题的规定（二）》、《最高人民法院印发〈关于审理公司强制清算案件工作座谈会纪要〉的通知》的相关规定，特向贵院申请指定清算组对被申请人（公司名称）进行强制清算，恳请贵院予以批准。

此致

____________人民法院

申请人：（签字或盖章）

日期：　　年　　月　　日

文书范本 2：强制清算申请材料清单

强制清算申请材料清单

序号	材 料 名 称	类型	页数	备注
1	强制清算申请书	原件		
2	主体资料（被申请人工商登记资料、股东身份证明文件、未参加年检被吊销营业执照登记表）	复印件		
3	授权委托书	原件		
4	投资关系说明	复印件		
5	企业职工安置说明	原件		
6	账册、公章及营业执照说明	原件		
7	企业资产、诉讼情况说明	原件		
8	审计报告或财务报表	复印件		
9	资产状况明细表	复印件		
10	企业在金融机构开设账户的详细情况	原件		
11	债权清册	复印件		
12	企业涉及的担保情况及已经发生的诉讼情况	原件		

备注：

1. 上述清单中，若部分材料无法提供，可暂不提供。债权人对上述资料如确无法提供的，受理案件后由僵尸企业提供。

2. 立案一般须提供两套纸质材料。

3. 复印件需加盖公章。

第二节　强制清算申请的受理

一、受理与不予受理的情形

（一）应当受理的情形

符合《公司法》第 183 条和《公司法司法解释二》第 7 条规定的情况的，人民法院应当受理强制清算申请。在实践中，由于这些法律规定较为笼统，各法院在受理过程中把握的标准可能不尽相同，可参照上节清单初步准备相关文件，届时根据与法官沟通的情况再进一步补充资料，以达到法院受理的标准。

（二）不予受理的情形

根据《公司法司法解释二》第2条规定，“股东提起解散公司诉讼，同时又申请人民法院对公司进行清算的，人民法院对其提出的清算申请不予受理。人民法院可以告知原告，在人民法院判决解散公司后，依据公司法第一百八十三条和本规定第七条的规定，自行组织清算或者另行申请人民法院对公司进行清算”。

符合上述情况的，人民法院不予受理相关强制清算申请。除前述情形外，如人民法院不予受理的，申请人有权对不予受理裁定依法提起上诉。如遇到人民法院不出具接收文书凭证，也不出具裁定书等书面文件的，建议可采用网上立案、邮寄立案等多种方式予以督促。

二、听证程序

（一）采用听证方式的情况

根据《最高人民法院印发〈关于审理公司强制清算案件工作座谈会纪要〉的通知》第9条规定，“审理强制清算案件的审判庭审查决定是否受理强制清算申请时，一般应当召开听证会。对于事实清楚、法律关系明确、证据确实充分的案件，经书面通知被申请人，其对书面审查方式无异议的，也可决定不召开听证会，而采用书面方式进行审查”。

但由于僵尸企业的特殊性，人民法院在审查强制清算申请时，建议采用以书面审查为主、召开听证会审查为辅的方式。对于事实清楚、法律关系简单、证据确实充分的强制清算申请，一般采用书面审查的形式。

以下特殊情况建议采用听证方式：

（1）企业对申请强制清算的申请人资格提出异议并提供相应证据。

（2）企业对其是否已发生解散事由提出异议并提供相应证据。

（3）企业对其是否存在拖延清算、违法清算提出异议并提供相应证据。

（4）企业对是否符合破产条件提出异议并提供相应证据的，法院经审查后认为确有必要的。

（5）其他案情复杂，法院认为应当举行听证的案件。

（二）召开听证会的处理

人民法院决定召开听证会的，应当于听证会召开 5 日前通知申请人、被申请人，并送达相关申请材料。

（三）听证会参与人员

（1）申请人。

（2）被申请人的股东、法定代表人、实际控制人、财务人员及员工代表。

（3）被申请人自行成立的清算组成员。

（4）其他利害关系人。

（5）人民法院认为需要参加听证会的其他人员。

（四）听证会程序

（1）申请人宣读申请书，陈述申请强制清算的事实和理由，并出示相关证据。

（2）被申请人针对强制清算申请发表意见并出示相关证据。

（3）核实相关事实和证据，包括申请人是否对被申请人享有债权或股权；被申请人是否解散、是否自行成立清算组；自行清算有无拖延或损害债权人及股东利益；被申请人的资产负债情况等。

（4）人民法院认为应当调查的其他事项。

（五）不召开听证会的处理

人民法院审查后决定不召开听证会的，及时通知申请人和被申请人，同时告知被申请人若对申请人的申请有异议，应当自收到人民法院通知之日起 7 日内向法院以书面形式提出。

三、受理期限

人民法院应当在听证会召开之日或者自异议期满之日起 10 日内，依法作出是否受理强制清算申请的裁定。

四、申请的撤回

（1）在人民法院裁定受理强制清算申请前，申请人可撤回申请，申请人请求撤回其申请的，人民法院应予准许。

（2）对于公司章程规定的解散事由出现，或者决议自愿解散的，在清算组分配财产前申请人通过修改章程或股东会、股东大会决议公司继续存续的，可以撤回申请，申请人请求撤回其申请的，人民法院应予准许。

（3）公司因依法被吊销营业执照、责令关闭或者被撤销，或者被人民法院判决强制解散的，人民法院受理强制清算申请后，清算组对股东进行剩余财产分配前，申请人向人民法院申请撤回强制清算申请的，人民法院应不予准许。但申请人有证据证明相关行政决定被撤销，或者人民法院作出解散公司判决后当事人又达成公司存续和解协议的除外。

在实践中，僵尸企业大多分布在产能过剩行业，例如，钢铁、水泥、平板玻璃、煤化工、多晶硅、风电设备这六大行业，是国家调控和引导的重点，发改委也曾提出，严禁政府通过财政补贴维持“僵尸企业”的存续。因此当这些行业的企业成为僵尸企业时，人民法院应当根据市场经济状况，多方面考虑该企业是否有存续的必要，并经初步审查后作出是否准许撤回的裁定。对于扭亏无望、毫无发展前景的僵尸企业，建议不准许申请人撤回强制清算申请。

第三节　清算组选定的广州模式

一、广州市中级人民法院破产管理人名册选定模式

广州市中级人民法院（以下称“广州中院”）根据法律法规的相关规定，经层层筛选后依法选定个人、律师事务所等相关主体入选广州中院破产管理人名册，入册的主体有资格参与由广州中院及其下辖基层人民法院

受理的清算、重整与破产项目有关工作。

二、广州市破产管理人协会行业管理模式

广州市破产管理人协会，于2014年9月13日成立，是在广州中院与广州市民政局的倡导、推动下，由广州中院在册的15家机构管理人与9家个人管理人组成的非营利性、公益性社会组织。支持会员承办广州中院及下辖基层人民法院受理的无预交清算费用或缺少清算费用的清算、重整及破产案件，推动该类案件的处理进程。

三、广州法院受理强制清算、破产清算申请

广州法院依法受理强制清算、破产清算申请，依法作出相关强制清算、破产清算的裁定，经分类汇总后统一公开选定的破产管理人（方式：指定管理人、指定清算组）。

四、指定清算组、破产管理人及审计单位的职责

广州中院采取“集中裁定受理、集中选定管理人、集中选定审计机构、集中公告”四集中的原则，经集中裁定受理的案件，综合考虑隶属于同一上级单位或存在关联关系企业等因素后，对其受理的强制清算案件、破产清算案件进行集中公开选定清算组、破产管理人工作。具体而言，即将其受理的案件划分不同组别后，通过公开摇珠的方式，在管理人名册中摇珠指定首选管理人（清算组）、备选管理人（清算组），另依申请摇珠选定对应的首选会计师事务所及备选会计师事务所配合完成对应的会计审计工作。

经广州中院选定的清算组、管理人及审计单位，应当依法履行清算组、管理人、审计单位相应职责，协同合作，共同完成广州中院委托的各项清算工作，积极与广州中院沟通，定期做清算工作汇报，对强制清算企业负责，对债权人负责，对广州中院负责。

五、破产管理人工作报告规定

管理人在承办破产案件、公司清算案件程序推进过程中，应当勤勉尽责、依照《破产法》的规定及时向人民法院报告各阶段的工作情况。管理人工作报告分为定期工作报告和不定期工作报告，应以书面形式提交。广州中院要求管理人的定期工作报告应在每个季度的首月20日之前向人民法院提交，不定期工作报告应当根据案件进展情况以及人民法院对个案问题的具体要求提交。

第四节 僵尸企业强制清算受理重点难点实务探讨

一、不予受理的主要原因

（1）以债权人身份申请强制清算的，其主张的债权未经生效法律文书确认且被申请人提出异议的。

（2）以股东身份申请强制清算的，其主张的股权未经生效法律文书确认且被申请人提出异议。

（3）被申请人对发生解散事由提出异议，且无生效法律文书确认公司解散，亦无充分证据证明出现《公司法》第180条规定的被依法吊销企业法人营业执照、责令关闭或者被撤销等解散事由的。

（4）人民法院认为应当不予受理的其他情形。

在实践中，僵尸企业可能存在无债权人、股东亦处于非正常经营的状态的情况，部分僵尸企业可能仍处于全民所有制、集体所有制的状态，申请人的上级单位、托管单位主体提出强制申请的，法院对其主体资格的认定或有存疑。另外由于部分僵尸企业资料遗失、无工作人员等客观情况，对相关申请材料或有缺失，导致人民法院如严格按照法律规定，则可能出现这些僵尸企业强制清算申请无法达到受理标准的情况。

二、听证会是否为申请强制清算的必经程序

根据相关法律规定，对于强制清算的申请，人民法院有权决定是否召开听证会。人民法院决定召开听证会的，应当于听证会召开5日前通知申请人、被申请人，并送达相关申请材料。人民法院决定不召开听证会的，应及时通知申请人和被申请人，同时告知被申请人若对申请人的申请有异议，应当自收到人民法院通知之日起7日内向法院以书面形式提出。

而在僵尸企业强制清算实务操作中，由于僵尸企业多数已无相关的管理人员，一般并不会提出异议，人民法院对于相关企业的强制清算申请一般不召开听证会。

在实践中，采取以书面审查为主、以听证方式为辅的方式。但对于涉及债权人、职工切身利益的重要事项，可以通过召开听证会的方式为利益相关方提供沟通平台。

三、关于审计单位的选聘

广州法院根据司法委托管理工作规定公开摇珠选定两家审计机构，即首选审计机构与备选审计机构。一般情况下清算组与首选审计机构商定审计工作及审计费用。若清算组认为首选审计机构不适宜，也可以在汇报经办法官后选定备选审计机构。对于清算组是否可以在摇珠选定的两家审计机构以外选定第三方审计机构，目前未有相关的指导意见，仍处于探索阶段。由于目前僵尸企业出清费用有限、审计经验不足，建议可适当给予清算组自主权，经债权人会议同意或经股东（上级单位）同意的，可以在法院相关名册或其他具备相应审计、评估资质的机构中选取专业机构对债务人财产进行审计和评估。

第三章　清算组

第一节　清算组的组成

一、清算组组成时间

根据《公司法》第 183 条的规定，公司应当在解散事由出现之日起 15 日内自行成立清算组，开始清算工作。经债权人或股东申请的，人民法院应当在受理申请后及时组织清算组进行清算工作。

二、清算组组成人员

《公司法司法解释二》第 8 条规定了强制清算组的组成人员。

《最高人民法院印发〈关于审理公司强制清算案件工作座谈会纪要〉的通知》第 22 条规定，“人民法院受理强制清算案件后，应当及时指定清算组成员。公司股东、董事、监事、高级管理人员能够而且愿意参加清算的，人民法院可优先考虑指定上述人员组成清算组；上述人员不能、不愿进行清算，或者由其负责清算不利于清算依法进行的，人民法院可以指定《人民法院中介机构管理人名册》和《人民法院个人管理人名册》中的中介机构或者个人组成清算组；人民法院也可根据实际需要，指定公司股东、董事、监事、高级管理人员，与管理人名册中的中介机构或者个人共同组成清算组。人民法院指定管理人名册中的中介机构或者个人组成清算组，或者担任清算组成员的，应当参照适用《最高人民法院关于审理企业破产案件指定管理人的规定》”。

《最高人民法院印发〈关于审理公司强制清算案件工作座谈会纪要〉的通知》第23条规定，“强制清算清算组成员的人数应当为单数。人民法院指定清算组成员的同时，应当根据清算组成员的推选，或者依职权，指定清算组负责人。清算组负责人代行清算中公司诉讼代表人职权。清算组成员未依法履行职责的，人民法院应当依据利害关系人的申请，或者依职权及时予以更换”。

人民法院受理公司清算案件，应当及时指定有关人员组成清算组。清算组成员可以从下列人员或者机构中产生。

（1）公司股东、董事、监事、高级管理人员。公司股东、董事、监事、高级管理人员能够而且愿意参加清算的，人民法院可优先考虑指定上述人员组成清算组。

（2）依法设立的律师事务所、会计师事务所、破产清算事务所等社会中介机构。

（3）依法设立的律师事务所、会计师事务所、破产清算事务所等社会中介机构中具备相关专业知识并取得执业资格的人员。

三、清算组人员的回避

进入人民法院公布的管理人名册的中介机构，在参与人民法院采取公告方式邀请的管理人业务竞争时，如发现自己有不宜担任清算组成员的情形的，应当退出竞争。中介机构或个人接受人民法院指定为清算组成员后，发现自己与破产案件有利害关系的，应当向人民法院提出书面回避申请并说明情况。

进入人民法院公布的管理人名册的中介机构或个人有下列情形之一的，不得担任清算组成员：

（一）因故意犯罪受过刑事处罚；

（二）曾被吊销相关专业执业证书；

（三）与破产案件有利害关系；其中有下列情形之一，可能影响其忠实履行管理人职责的，可以视为与破产案件有利害关系：

1. 与债务人有未了结的债权债务关系；

2. 在人民法院受理破产申请前三年内，曾为债务人提供相对固定的中介服务；

3. 现在是或者在人民法院受理破产申请前三年内曾经是债务人的控股股东或者实际控制人；

4. 现在担任或者在人民法院受理破产申请前三年内曾经担任债务人的财务顾问、法律顾问；

5. 人民法院认为可能影响其忠实履行管理人职责的其他情形。

（四）人民法院认为不宜担任管理人的其他情形。其中人民法院可以认为中介机构不宜担任管理人的其他情形如下：

1. 因在与破产或清算业务相关的执业活动中发生的故意或者重大过失行为，受到行政机关、监管机构或者行业自律组织行政处罚或者纪律处分之日起未逾三年；

2. 因在破产或清算业务相关的执业活动中涉嫌违法行为，或因犯罪行为正被相关部门调查；

3. 执业许可证或者营业执照被吊销或者注销；

4. 因不适当履行职务或者拒绝接受人民法院指定等原因，被人民法院从管理人名册除名之日起未逾三年；

5. 缺乏担任管理人所应具备的专业能力；

6. 缺乏承担民事责任的能力；

7. 有未清偿的重大债务纠纷，对管理人资信造成不良影响的；

8. 出现解散、破产事由或者丧失承担执业责任风险的能力；

9. 履行管理人职务时，因故意或者重大过失导致债权人利益受到损害。

四、清算组工作团队人员分工与调整

担任强制清算案件的清算组（负责人），可以成立一个清算组工作团队，履行清算组职责。清算组工作团队的人员组成及其分工，由中介机构或个人管理人根据破产案件实际需要及清算组职责履行情况确定和调整，并报人民法院备案。清算组负责人（组长）应当经人民法院批准。清算组团队应当确定清算组负责人（组长）一人，清算组团队实行清算组负责人（组长）负责制。清算组应当自收到指定清算组决定书之日起10个工作日内制定工作计划和全面的清算组工作制度，包括管理工作规程、会议议事规则、财务收支管理制度、证照和印章管理制度、档案管理制度、保密制度等，报人民法院备案。清算组经人民法院许可或债权人会议许可，可以聘用必要的工作人员。接受人民法院指定担任清算组的中介机构或个人，发现其指派的清算组团队成员有不宜担任清算组的情形的，应当及时予以调整。清算组负责人或清算组组长的变更应当经人民法院批准，清算组团队其他成员的变更应当报人民法院备案。

五、清算组的工商备案

根据《中华人民共和国公司登记管理条例》第41条规定，“公司解散，依法应当清算的，清算组应当自成立之日起10日内将清算组成员、清算组负责人名单向公司登记机关备案”。因此，清算组组成后应当确定清算组负责人，并制定清算组成员名单，于清算组成立之日起10日内向公司登记机关备案。

办理工商登记备案手续时应当提交下列相关资料（以广州市为例）：

1. 公司登记备案申请书；

2. 指定代表或共同委托代理人授权委托书；

3. 若由法院指定清算组的，应当提交法院指定清算组的函件或裁定书；

4. 公司营业执照副本复印件。

在实务中，债务人公司往往因经营异常、被吊销营业执照等各种因素，导致清算组未能正常办理清算组工商备案手续，人民法院指定成立的清算组未办理债务人公司清算组备案手续，一般不影响强制清算案件审理及公司终止注销。

六、清算组的辞职、更换

（1）中介机构或个人接受人民法院指定为清算组成员后，发现自己有不宜担任清算组成员的其他情形的，应当向人民法院书面申请更换清算组。中介机构或个人接受人民法院指定为清算组成员后，债权人会议向人民法院申请更换清算组的，作为清算组的中介机构或个人应当自收到人民法院的通知之日起两日内作出是否同意债权人会议申请的说明，不同意的应当陈述理由。

（2）被人民法院指定为清算组成员的中介机构或个人，向人民法院提出不接受指定或者提出回避、辞职的申请报告后，人民法院予以批准的，或者人民法院因债权人会议申请决定更换清算组的，作为原清算组成员的中介机构或个人应当自收到决定书之日起停止履行清算组职责，并于次日在人民法院监督下向新任清算组移交自己已接管的全部资料、财产、营业事务及清算组印章，并及时向新任清算组书面说明自己已履行清算组职务的情况。在强制清算程序终结前，作为原清算组成员的中介机构或个人应当在必要时接受新任清算组、债权人会议、人民法院关于其履行清算组职责情况的询问。

清算组发生更换时，新任清算组应当在收到人民法院指定清算组决定书的次日接收原清算组已接管的全部资料、财产、营业事务及清算组印章，并依法履行清算组职责。

第二节　清算组的工作职责

《公司法》第184~189条对清算组的职权及在清算过程中需履行的职责等进行了明确的规定，根据上述法律规定，清算组主要的工作职责如下：

1. 全面接收、管理企业；
2. 负责财产的保管、清理、估价、处理和分配；
3. 负责接收企业的债务人和财产持有人清偿的债务或交付的财产；

4. 对企业财务进行审计，出具审计报告；

5. 决定解除或继续履行企业未履行的合同；

6. 对债权进行清理，审核债权人申报的债权；

7. 对企业对外债权进行清理，并依法追讨企业对外债权及外在财产；

8. 财产的权利人可以通过清算组取回企业内属于他人的财产；

9. 在清偿有财产担保的债务后，收回企业的担保物；

10. 召开债权人会议；

11. 制定财产分配方案，经债权人讨论后报请法院批准执行；

12. 通过诉讼追回财产；

13. 于债权债务关系处理完毕后，提请法院裁定终结强制清算程序；

14. 强制清算程序终结后，向企业原登记机关办理注销登记。

15. 清算组终止执行清算组职务的，需移交相关案卷材料。

清算组可结合企业情况根据法定职责要求制定相关工作制度。

第三节　清算组成员报酬

清算组成员的报酬由人民法院依照法律法规的相关规定予以确定。具体规定如下。

《最高人民法院印发〈关于审理公司强制清算案件工作座谈会纪要〉的通知》第24条规定，“公司股东、实际控制人或者股份有限公司的董事担任清算组成员的，不计付报酬。上述人员以外的有限责任公司的董事、监事、高级管理人员，股份有限公司的监事、高级管理人员担任清算组成员的，可以按照其上一年度的平均工资标准计付报酬”。

《最高人民法院印发〈关于审理公司强制清算案件工作座谈会纪要〉的通知》第25条规定，“中介机构或者个人担任清算组成员的，其报酬由中介机构或者个人与公司协商确定；协商不成的，由人民法院参照《最高人民法院关于审理企业破产案件确定管理人报酬的规定》确定”。

《最高人民法院关于审理企业破产案件确定管理人报酬的规定》第2

条规定，“人民法院应根据债务人最终清偿的财产价值总额，在以下比例限制范围内分段确定管理人报酬：（一）不超过一百万元（含本数，下同）的，在12%以下确定；（二）超过一百万元至五百万元的部分，在10%以下确定；（三）超过五百万元至一千万元的部分，在8%以下确定；（四）超过一千万元至五千万元的部分，在6%以下确定；（五）超过五千万元至一亿元的部分，在3%以下确定；（六）超过一亿元至五亿元的部分，在1%以下确定；（七）超过五亿元的部分，在0.5%以下确定。担保权人优先受偿的担保物价值，不计入前款规定的财产价值总额。高级人民法院认为有必要的，可以参照上述比例在30%的浮动范围内制定符合当地实际情况的管理人报酬比例限制范围，并通过当地有影响的媒体公告，同时报最高人民法院备案”。

《最高人民法院关于审理企业破产案件确定管理人报酬的规定》第3条规定，“人民法院可以根据破产案件的实际情况，确定管理人分期或者最后一次性收取报酬”。

根据上述法律法规的规定，清算组报酬主要有以下几类情况。

（1）公司股东、实际控制人或者股份有限公司的董事担任清算组成员的，不计付报酬。

（2）有限责任公司的董事、监事、高级管理人员，股份有限公司的监事、高级管理人员担任清算组成员的，可以按照其上一年度的平均工资标准计付报酬。

（3）人民法院应根据债务人最终清偿的财产价值总额，在相应的比例限制范围内分段确定管理人报酬；高级人民法院也可在30%的浮动范围内制定符合当地实际情况的管理人报酬比例限制范围。

（4）人民法院可以根据破产案件的实际情况，确定管理人分期或者最后一次性收取报酬。

僵尸企业多数没有清算财产，一般也没有相关的董事、监事、高级管理人员愿意担任清算组成员，如依据债务人最终清偿的财产价值总额对清算报酬进行计算，则可能导致没有清算报酬可以计提的情况发生。根据《广东省人民政府关于全省国企出清重组“僵尸企业”促进国资结构优化的指导意见》的规定，“有关诉讼费等清算费用，按规定优先从企业资产处置收益中解决；企业确实无力支付的，按规定从国有资本经营预算或现有相关财政专项资金中予以适当支持”。实践中，以广东省为例，由国资委拨付专项资金支持相关国企出清，人民法院设定无资产的清算企业的清算报酬幅度，经办法官根据企业清算的工作难度、工作量、效率等确定具体清算企业的清算报酬。

第四节　清算组工作计划

人民法院依法受理强制清算申请，指定清算组后，清算组即可开始清算工作，企业由此正式进入强制清算程序。接受指定后，清算组应及时组建清算工作组，进行下列工作。

一、清算组分工

1. 清算组负责人

（1）编制清算组工作计划并报告法院。

（2）主持清算组的清算工作，包括确定分工、掌握清算进度、处理清算中的问题、协调清算中各个环节的关系。

（3）代表清算组对外签订合同、参加谈判、出席会议、代理诉讼等。

（4）以清算组名义向法院及债权人会议起草各类报告。

（5）监管清算组公章使用情况。

（6）审批清算支出。

（7）出席债权人会议并代表清算组作工作报告。

（8）主持清算会议，并形成清算组清算工作会议纪要。

（9）负责与法院联络，向法院报告工作。

2. 清算组律师团队

（1）通知已知债权人申报债权。

（2）向税务机关发出备案及申报债权通知。

（3）公告债权申报期限及其他信息。

（4）企业债权的审查。

（5）企业对外债权的审查。

（6）企业财产的产权界定。

（7）对企业投资进行调查，包括项目投资及投资形成的法人实体进行权益比例和股权比例的界定。

（8）代表企业进行起诉和应诉活动。

（9）负责财产所有人行使取回权的审核工作。

（10）负责审核企业所签订且正在履行中的合同，并决定是否继续履行。

（11）负责抵销权、别除权内容的审核。

3. 清算组会计师团队

（1）负责核定企业债权债务数额，并编制企业债权清单、资产负债表。

（2）负责核定企业对外享有的债权数额、梳理对外债权形成过程、整理相关证据，并编制企业对外债权清单。

（3）负责审查企业注册资本缴交情况。

（4）负责调查企业对外投资的数额、过程及收集整理相关证据材料。

（5）负责了解企业全部资金的去向、用途、盈亏情况，向债权人通报。

（6）负责盘点企业的财产，编制财产清单。

（7）负责了解企业职工人数、工资数额、社会保险情况。

（8）负责查清纳税、欠税情况。

二、企业全面接收

（1）接收企业印鉴。

（2）接收企业营业执照等证照。

（3）接收企业银行账户、网银U盾。

（4）接收企业重要文件、合同。

（5）接收企业财务记账文件。

（6）接收企业所有财产。

（7）接收企业其他财物。

三、企业全面管理

（1）对企业进行人事管理，确定留守人员，安置其他员工，管理人事档案等。

（2）对企业生产经营进行管理，决定继续或停止营业。

（3）对企业的资产进行管理，包括但不限于固定资产、流动资产、无形资产、投资资产、在建工程等。

（4）对企业的财务进行管理，管理企业相关财务账簿、财务凭证、银行账号、日常开销等。

四、财务情况调查

（1）调查企业财务人员情况和变动情况。

（2）调查财务凭证及账册保存情况。

（3）调查账目记录情况。

（4）调查财务审批情况，如负责人、支出程序等。

（5）调查财务账册及原始凭证的真实和完整情况。

五、财产清算

（1）企业财产产权归属的确定。

（2）企业财产范围的确认。

（3）企业财产现状的核实。

（4）对外投资清算。

（5）对外债权清算。

（6）对外债务清算。

（7）合同清理。

（8）企业财产的评估。

(9) 企业财产的处理（由非货币财产变现为货币财产）。

六、财产分配方案

(1) 制定财产分配方案，包括梳理财产总额及构成、清算费用总额及构成、企业所欠员工工资和社会保险费用总额及构成、企业所欠税款总额及构成、提留款（暂不分配的款项）总额及构成、用于债权分配的财产总额及构成。

(2) 清算组提出财产分配方案。

(3) 财产分配方案经债权人会议讨论通过后，报请法院裁定后执行。

(4) 清算组在财产分配方案经法院确认后制作分配表。

(5) 清算组执行分配方案，并通知债权人限期领取财产，逾期未领取的，可以提存。

(6) 追加分配并制定相关方案。

七、制定清算方案和清算报告

根据《公司法司法解释二》第 15 条规定“公司自行清算的，清算方案应当报股东会或者股东大会决议确认；人民法院组织清算的，清算方案应当报人民法院确认。未经确认的清算方案，清算组不得执行。”根据《公司法司法解释二》第 13 条第 2 款规定“公司清算程序终结，是指清算报告经股东会、股东大会或者人民法院确认完毕。”清算方案经法院确认并执行完毕后，制定清算方案相应履行情况的清算报告报股东会、股东大会或者人民法院确认。

清算方案和清算报告应载明如下情况：

(1) 清算组的成立情况。

(2) 全面接管企业，接管的具体时间，接管的具体内容，参加接管的人员情况。

(3) 指定留守人员，明确留守人员工作职责情况。

(4) 对企业的财务状况进行审计及审计结果情况，包括资产负债情况等。

（5）对企业的财产进行清理、评估、处理及结果情况。

（6）对企业对外债权的清理情况和追讨的结果及追讨中遇到的问题。

（7）对企业对外投资的清理情况和处理情况以及处理的结果。

（8）对企业的清理和审核情况及审核结果，包括对债权总额、有财产担保的债权总额、无财产担保的债权总额等。

（9）对企业涉诉案件的清理情况及清算组参与诉讼情况。

（10）对企业签订合同的清理情况及解除合同情况和继续履行合同情况。

（11）对企业职工安置情况、拖欠工资、社会保险费的清偿情况。

（12）财产分配方案的制定情况及对通过的财产分配方案的执行情况。

（13）企业大宗资金的走向及回收情况。

（14）企业法定代表人及经营管理人员的离职在职审计情况。

本清算案待研究和待完善、待解决的问题。

第五节　清算组工作制度

清算组在推进僵尸企业强制清算工作中处于举足轻重的地位，其在强制清算程序中所实施的行为，即其应当履行的职责。清算组应当结合自身实际情况，制定所担任清算组业务的相关制度，以便更好地开展清算工作。清算组的相关工作制度包括但不限于清算组工作规程，办公会议议事规则，财务收支管理办法，证照、印章日常管理和使用办法，发文存档管理办法，工作保密制度等。

文书范本3：清算工作规程

清算工作规程

××年××月××日，××人民法院依法裁定受理××公司（以下简称××公司）强制清算案，并指定清算组对公司进行清算。根据××公司强制清算案的实际情况，现对清算组工作作出如下规定。

一、基本原则

1. 清算组实行集体负责制，对重大事项实行合议制；

2. 清算组各下设机构坚持对外整体、对内分工的工作原则；

3. 清算组应完善各项规章制度，规范内部管理，坚持所有工作依法合规。

二、机构设置及分工

清算组下设以下机构：

（一）综合事务部：下设办公室、资料室

1. 办公室职责范围：负责日常行政事务；与司法部门的日常联络；组织债权人会议会务工作，编制清算报告；协调各下设机构间的工作。

2. 资料室职责范围：保管强制清算企业重要证照、印章、档案；负责内部团队文书的收集、整理、归档等工作；负责清算组印章使用的登记；强制清算程序终结，负责有关公章证照的注销手续。

（二）债权审核部

债权审核部职责范围：接受债权申报、制定债权核查标准，审核、复核债权；编制债权清册、债务清册、债权表等。

（三）资产清收部

资产清收部职责范围：负责送达偿还财物通知书；负责应收款及债权的追收；负责管理有关仲裁及诉讼等法律事务。

（四）资产管理部

资产管理部职责范围：负责保管有关财产凭证；负责强制清算企业财产的管理、清理及评估、变价、分配。

三、其他规定

1. 各下设机构应根据各部门的职责范围，制定本部门的规章制度或业务操作规程，报清算组批准后实行。

2. 各部门的规章制度及业务操作规程应包括但不限于如下内容：

（1）人员分工和定岗定责；

（2）文书档案的建立和管理；

（3）可以普遍适用的标准化操作规章。

3. 各部门应明确“重大事项”的范围，属于“重大事项”的，必须报清算组按议事规则处理，但各部门可以提出参考处理意见。

4. 各部门应确保工作人员相对固定，确需调整有关人员的，各部负责人应及时通知清算组。

5. 各部门的调整，必须由清算组合议决定。

本暂行办法经清算组合议通过并经××人民法院批准后生效执行，清算组视具体情况应及时予以修订。

文书范本4：办公会议议事规则

办公会议议事规则

××年××月××日，××人民法院依法裁定受理××公司（以下简称××公司）强制清算案，并指定清算组对公司进行清算。为了促进清算工作依法合规进行，提高工作效率，制定本规则。

第一条 清算组办公例会的召开。

1. 清算组办公会议是处理清算组事务的例会，每周在清算组办公场所会议室召开；

2. 由清算组负责人提议或清算组下设各部门负责人提出召开办公会议的可以召开临时会议；

3. 清算组办公会议由清算组负责人或清算组负责人委托清算组成员主持召开，如有必要可由法院审判人员主持召开；

4. 清算组负责人及清算组成员必须参加清算组办公会议，如清算组认为有必要，各部门负责人或工作人员也应参加，如有事不能参加必须提前两个工作日请假；

5. 每次会议前一个工作日下午，清算组办公室应在征求清算组各成员和清算组各部门负责人意见后，将第二天会议内容书面发送给清算组各成员。

第二条 清算组办公会议的内容。

1. 处理清算期间公司的日常事务；

2. 对上次会议后的工作进行回顾和总结；

3. 清算组会计师通报上周的财务收支情况；

4. 清算组成员和部门负责人通报上周的重大事项；

5. 讨论通过清算组人民币3000元以上的财务支出；

6. 讨论审议各部门上报应由清算组会议决定的事项；

7. 布置相关工作任务；

8. 处理重大突发事件；

9. 其他清算组负责人或成员认为要提交讨论的事项。

第三条 清算组办公会议在广泛听取各方面意见的基础上形成决定，如有必要由清算组报法院批准或备案。

第四条 清算组办公会议由清算组办公室派专人记录，与会人员必须签字，会议记录由清算组综合事务部办公室保留存档。

第五条 每月根据例会内容总结当月工作报告，上报××人民法院。

第六条 本规程报经××人民法院批准后生效。

第七条 本规程的最终解释权归××公司清算组。

文书范本5：财务收支管理办法

财务收支管理办法

××年××月××日，××人民法院依法裁定受理××公司（以下简称××公司）强制清算案，并指定清算组对公司进行清算。为避免资产风险，维护广大债权人的合法权益，制定本办法。

第一条 财务账册、原始凭证移交清算组会计师之前，公司原法定代表人及原财务人员，必须保管好公司的财务账册、原始凭证，移交完毕后财务账册、原始凭证由清算组会计师保管。

第二条 日常财务收支的确定。

1. 公司原主管财务的领导及部门负责人、留守人员应主动配合清算组的工作；

2. 清算组与公司通过清算组办公会议确定日常开支，并详细列表；

3. 清算组的账户是公司强制清算期间唯一财务账户，所有的财务收支必须通过该账户进行。

第三条 日常财务支出备案与审批。

日常财务支出包括：

1. 员工工资及社会养老保险费；

2. 应当缴纳的税金；

3. 必要支出的水电费；

4. 设备维护费；

5. 其他由清算组办公会议通过的必须支出的费用。

前述1—3项支出，由清算组办公会议确定基数，每次支付时，由清算组下设各部门负责人填表、签字，并报清算组、××人民法院核准后支付。

第四条 日常财务支出以外的费用，未征得清算组的许可，一律不得支出。

第五条 为处理以下事项而发生的费用，应事先征得清算组负责人的书面同意：

1. 清点、保管公司财产；

2. 核查、追收公司债权；

3. 为公司利益而进行必要的并经清算组许可的经营活动；

4. 清算组许可的其他工作。

第六条 清算组的费用支出，由清算组编制预算报告经××人民法院批准同意后实施。

第七条 借款、财务报销管理。

1. 借款必须由借款人申请，提供相关资料，填写借款单，根据审批权限，由清算组办公室会议批准后，到清算组财务室借款；

2. 3天以上出差借款必须有出差申请表；购物借款必须有采购申请单或采购计划；备用金借款按公司规定办理；其他借款必须提供相关书面资料；

3. 人民币借款一次借款在500元以上的，要提前通知财务室；

4. 借款必须专款专用，并须于出差完毕或业务完结15天内凭出差报告、支出凭证报销；

5. 相关人员调离或工作变动，原借款必须提前清理完毕；

6. 为简化财务手续，提高效率，经清算组办公会议批准的支出项目，可采取个人先垫付后报销的程序。

第八条　本办法报经××人民法院批准后生效。

本办法的最终解释权属××公司清算组。

文书范本6：证照、印章日常管理和使用办法

证照、印章日常管理和使用办法

××年××月××日，××人民法院依法裁定受理××公司（以下简称××公司）强制清算案，并指定清算组对公司进行清算。为了维持公司强制清算期间的稳定，避免资产风险，维护广大债权人的合法权益，制定公司强制清算阶段日常经营管理及印章使用办法。

第一条　在强制清算期间，公司经法院批准的方案继续营业事务或停止经营。

第二条　公司证照、印章的废止与对外用章管理。

1. 公司所有证照、印章原则上一律封存，公司的对外活动及其他事务，均以加盖清算组的印章为准；

2. 依《强制清算阶段财务收支管理办法》需要使用清算组印章的须报清算组批准；

3. 除上述办法规定以外的事项，需要使用清算组印章的须报清算组批准；

4. 如有特殊情况，需要使用公司原有印章的，须填写《用印申请表》说明情况报清算组批准。

第三条　申请使用公司印章、清算组印章时必须由经办人作出书面说明，并由清算组下设之职能机构负责人复核并签署意见后交由清算组审批。

第四条　本办法报经××人民法院批准后生效。

第五条　本办法的最终解释权归××公司清算组。

文书范本7：发文存档管理办法

发文存档管理办法

××年××月××日，××人民法院依法裁定受理××公司（以下简称××公司）强制清算案，并指定清算组对公司进行清算。为确保清算组工作有序开展，现制定以下发文存档管理办法。

第一条 为加强清算组文书收发、立卷工作，特制定本制度。

第二条 坚持部门收集、管理文件材料制度。各部门均应指定专职文书人员，负责管理本部门的文件材料，并保持相对稳定。人员变动应及时通知清算组。

第三条 由几个部门共同参与工作的，在工作中形成的文件材料，由主办部门收集归卷。会议文件由会议主办部门收集归卷。

第四条 清算组员进行外出交流、调查研究、参加会议等公务活动的，必须将会议的主要文件资料向所属部门办理归档手续。

第五条 清算组召开会议，由会议主办部门指定专人将会议材料、音像档案等向资料室办理归档手续。

第六条 各部门专职文书的职责：

1. 了解本部门的工作业务，掌握本部门文件材料的归档范围，收集管理本部门的文件材料；

2. 承办人员借用文件材料时，应积极地提供帮助，做好服务工作，并办理临时借用文件材料登记手续。

第七条 应归档文件范围：

1. 重要的会议材料，包括会议的通知、报告、决议、总结、会议简报、会议记录等；

2. 主管或有关部门发来的与本清算组有关的决定、决议、指示、通知等文件材料；

3. 本清算组对外的正式发文以及与有关单位来往的文书；

4. 本清算组的请示与主管部门的批复；

5. 本清算组反映主要职能活动的报告、总结；

6. 本清算组的各种工作计划、总结、报告、请示、批复、会议记录、统计报表及简报；

7. 本清算组与有关单位签订的合同、协议书等文件材料；

8. 本清算组人员任免的文件材料。

第八条　各部门都要建立健全平时归卷制度。对处理完毕或批存的文件材料，由专职人员集中统一保管。

第九条　各部门应根据本部门的工作范围及工作任务，编制文件材料归卷使用的“案卷类目”。“案卷类目”的条款必须简明确切，并编上条款号。

第十条　公文承办人员应及时将办理完毕或经负责人员批存的文件材料，收集齐全，加以整理，送交本部门归卷。

第十一条　专职文书人员应及时将已归卷的文件材料，按照“案卷类目”条款，放入相应的文件卷夹，并在收发文登记簿上注明。

第十二条　文件的收发：

1. 清算组对外的文件由各部门负责起草和审核，清算组负责人签发；

2. 文件签发后送回起草部门校对，校对无误方能盖章；

3. 文件和原稿，由文书人员统一归档，保存备查；

4. 文件统一由指定人员负责发送。送件人应将文件内容、报送日期、部门、接件人等事项登记清楚，并向文件签发人报告报送结果。秘密文件由专人按核定的范围报送；

5. 外来的文件由指定人员负责签收，并分类登记；

6. 传阅文件由各部门指定人员负责收回，对重要指示的文件，应及时组织传达和落实。

第十三条　本清算组公文是处理强制清算案件中对相关问题的处理意见、请示和答复问题，指导与商洽工作的重要载体，各部门应严格按照本办法的规定执行。

第十四条　清算组公文，实行统一管理。公文的管理，要做到规范、准确、及时、安全。

第十五条　全体清算组工作人员，对公文中涉及国家、政府或本清算组应保密的事项包括商业秘密，必须严守机密，不准随便向他人泄露。

第十六条　清算组发文的程序为：拟稿、审核（部门负责人）、签发（清算组负责人）、打印、发文、催办、立案、归档、销毁等。

第十七条 清算组收文的处理程序为收文、分文、传送、催办、立卷、归档。草拟公文应注意以下事项：

1. 反映情况要客观，实事求是；

2. 文字要准确、精炼，条理要清楚，层次要分明，结构要紧密，用语要规范；

3. 使用法律、法规依据要具体、准确。

第十八条 各部门阅、批公文应仔细认真，阅完后要签名并注明日期，并签署具体意见。

第十九条 清算组所有发文，发文单位应有存档，并将文件原稿及审核稿件连同正本二份送资料室存档。有负责人批示的，还应附批复件。

第二十条 本办法报经××人民法院批准后生效。

本办法的最终解释权归××公司清算组。

文书范本8：工作保密制度

工作保密制度

第一条 为保守××公司秘密，维护相关权利人权益，特制定本制度。

第二条 清算组所有工作人员都有保守公司秘密的义务。

第三条 清算组保密工作，实行既确保保密又便利工作的方针。

第四条 清算组工作人员保守公司秘密的范围包括但不限于以下事项：

1. 清算组知悉的有关公司的财务情况；

2. 清算组知悉的有关公司的合同、协议、意见书、主要会议记录等；

3. 清算组知悉的有关公司职员的人事档案、工资、劳务性收入及资料；

4. 清算组知悉的其他应当保密的事项。

第五条 属于清算相关秘密的文件、资料和其他物品的制作、收发、传送、使用、复制、摘抄、保存和销毁，由清算组委托专人执行；采取电脑技术存取、处理、传递的资料，由清算组委托专人负责保密。

第六条 对外交往合作中需要提供公司秘密事项的，应当事先经清算组负责人批准。

第七条　本制度报经××人民法院批准后生效。

本制度的最终解释权归××公司清算组。

第六节　僵尸企业强制清算清算组重点难点实务探讨

一、清算组是否需要备案

根据《中华人民共和国公司登记管理条例》第 41 条规定，清算组应当进行备案。但在实践中，却存在与规定不同的情况。就目前实践操作经验而言，全民所有制企业的清算组无须进行备案，工商等相关政府部门亦未对其他企业类型的清算组是否需要备案给出明确意见。但不排除不同地区不同时间存在操作不一致的情况，具体仍应以届时当地的相关政府部门意见为准。建议清算组依法履行相关备案程序，尽职尽责，至于客观原因等导致实际无法完成备案的，向人民法院依法进行汇报。

二、清算组人员组成裁定相关建议

在实践操作中存在清算组为个人而非律师事务所或其他单位/机构的情况，但实际上该个人为清算组负责人而非个人组成清算组。但在人民法院的相关裁定中仅列明该个人为清算组，并未明确相关的清算组组成人员信息，从而造成清算组成员在开展工作时往往因为身份未能明确而影响工作的推进。因此建议人民法院在实务操作中能将清算组组成人员列明在相关裁定或协助文书中。

三、清算组报酬

目前对"僵尸企业"启动强制清算程序还面临着不少的障碍，其中最为凸显的就是关于企业清算费用如何支付的问题。因为强制清算案件一旦受理，必然面临着公告费用、审计费用、清算组报酬等费用的支出，甚至大量的"僵尸企业"还存在职工安置费用的问题。对此，我国现行的法律没有明确规定，随着大量的“僵尸企业”进入破产程序，如果没有足够的资金去支付破产费用，往往难以开展相应的工作。[1] 当前，深圳、杭州、温州、广州等地都建立了由市级财政资金拨付的破产专项基金，从基金的运作来看，取得了良好的法律效果和社会效果。广州市破产管理人协会通过会员募集等方式，设立了“无启动经费”的破产或强制清算案件申请公益基金支持的模式。前述模式均在一定程度上支持了对强制清算企业的出清工作，建议其他地区可结合当地情况制定相关的专项基金支持模式。

四、如何改善清算组的法律地位难被认可情况，推动重点难点问题解决

《公司法》设立了管理人制度，该制度尽管已经存在较长时间，但是清算组的法律地位一直不太被相关行政部门所认可。当清算组向有关部门申请查阅或调查破产企业的相关情况时，即使持有法院出具的裁定书和指定清算组决定书等文件，依然障碍重重。如国土、税务、银行等单位就只接收由法院发出的公函，对于由律师、会计师所扮演的清算组角色，直接拒之门外。

“僵尸企业”因其长期经营不善、涉及利益范围广泛等特点，清算组在进行清算工作时，应当注意协调各方，妥善处理各环节的衔接问题，以防出现矛盾激化，从而发生不稳定的事件。温州中级人民法院建立企业破产工作统一协调机制（府院联动）是当下推进破产审判常态化的着力点。温州市委、市政府高度重视“僵尸企业”清理工作，市委书记亲自担任工作小组组长，并定期主持召开府院联席会议，重点解决政府层面的政策问题、体制层面的要素配置问题，从而彻底打通企业破产审判工作中的制度接口和政策接口。通过学习温州经验，其他城市也可以尽快建立府院联动机制，并在市委市政府的领导下，定期召集国资、法院、工商、税务、银行、国土和房管等部门共同商讨“僵尸企业”破产退出工作中的疑难问题。在各部门充分协商的情况下，最好可以出台相关会议纪要或者操作规程，以便规范“僵尸企业”的清理工作，从而提高清算组的工作效率。

---

[1] 广州市中级人民法院司法建议书【穗中法民建（2016）7号】。

第四章　强制清算的接管

第一节　接管前安排

一、接管前摸查走访

强制清算企业清算组接受人民法院指定后，应当及时做好接管前的准备工作。成立工作组后，根据具体分工，由分配的人员做好接管清算企业的准备工作，例如，接管企业财产、印章、文书、账簿等资料，并与法院预约并安排阅卷时间，及时安排人员到人民法院查阅复制申报强制清算档案、到工商局查阅复制工商档案，通过查阅档案了解强制清算企业案件的基本情况。清算组应及时安排人员走访，向强制清算企业、主管单位、托管单位及其股东、法定代表人、高级管理人员、强制清算申请人等了解有关情况，对强制清算企业的财产、证照、印章、账簿、文书等资料情况进行初步了解。清算组根据初步摸查的情况，及时与清算企业相关人员对接，列明相关清单。

二、接管方案

在完成接管前的摸查走访工作后，清算组对接管企业的各方面情况已经有了一个基本的了解，此时可根据实际情况制定具体的接管方案，并依照接管方案对企业的财产、账簿、文书等资料进行全面接管，也可以根据实际情况进行分期、分批接管。强制清算企业如有账簿的，一般需申请法院摇珠选定审计单位。由于僵尸企业账册一般较为老旧，可能存在缺失等情形，建议由审计单位直接进行账簿部分的移交审计工作，以免资料在移交的过程中遗失，同时可减少二次移交的工作。

三、场所安排

强制清算企业如仍有办公场地的，清算组原则上使用其自有办公场地。强制清算企业无场地的，例如，强制清算企业资料较少的，强制清算企业的材料可在清算组自己的工作场地保管，无须另行租用办公场地。如果强制清算企业仍存在大量财务账簿、机动车、船舶、机器设备等资产需要专门的保管场所的，则建议清算组提前了解，如确有需要，则清算组需提前安排存放接管的强制清算企业资料的场地。

四、通知移交配合义务人

根据《最高人民法院印发〈关于审理公司强制清算案件工作座谈会纪要〉的通知》第39条的规定，“鉴于公司强制清算与破产清算在具体程序操作上的相似性，就公司法、公司法司法解释二，以及本会议纪要未予涉及的情形，如清算中公司的有关人员未依法妥善保管其占有和管理的财产、印章和账簿、文书资料，清算组未及时接管清算中公司的财产、印章和账簿、文书，清算中公司拒不向人民法院提交或者提交不真实的财产状况说明、债务清册、债权清册、有关财务会计报告以及职工工资的支付情况和社会保险费用的缴纳情况，清算中公司拒不向清算组移交财产、印章和账簿、文书等资料，或者伪造、销毁有关财产证据材料而使财产状况不明，股东未缴足出资、抽逃出资，以及公司董事、监事、高级管理人员非法侵占公司财产等，可参照企业破产法及其司法解释的有关规定处理”。根据《企业破产法》第127条第2款规定，“债务人违反本法规定，拒不向管理人移交财产、印章和账簿、文书等资料的，或者伪造、销毁有关财产证据材料而使财产状况不明的，人民法院可以对直接责任人员依法处以罚款”。

根据上述法律规定，清算组在接管企业的资料前，为了方便清算企业的人员做好交接准备工作，应当及时将即将接管的内容与范围告知相关工作人员，并告知其违反义务的法律后果。如企业已无人员，清算组可通过法院阅卷、工商调档了解强制清算企业的法定代表人、财务负责人、其他资产主管人员、股东、上级主管单位等信息，通过书面发函、张贴公告、电话、邮件、微信沟通等多种方式催告这些人员配合移交工作。

清算企业负责交接的人员如因客观情况无法移交需接管的资料，清算组应当要求其出具书面说明材料，将有关情况向人民法院汇报；如该人员拒不移交资料，清算组应当向其说明拒不移交的法律责任，也可以向人民法院申请采取强制措施。在清算过程中，若清算组发现企业的工作人员有伪造、销毁需接管的资料的，对资产负债表作虚假描述的，隐匿或故意销毁依法应当保存的会计凭证、会计账簿、财务会计报告涉嫌犯罪的，以及在尚未清偿前擅自处分公司财产以致损害公司债权人利益涉及犯罪的，清算组应当向公安机关报案。

文书范本9：清算组发送移交义务人的通知书

通知书（以法定代表人为例）

案号：

________：

××公司出现公司解散事由后，以未依法成立清算组进行清算为由，××人民法院根据××的申请，于××年××月××日作出案号××的民事裁定书，裁定受理××公司强制清算案，并于××年××月××日作出案号××的决定书，指定××担任××公司清算组。

根据国家企业信用信息公示系统查询和工商档案显示，你为××公司的现任法定代表人。

根据相关法律法规的规定，请你于接到本通知书之日起七日内，配合清算组完成以下行为：

1. 移交占有和管理的财产、印章和账簿、文书资料；

2. 告知债务人的财产状况说明、债务清册、债权清册、有关财务会计报告以及职工工资的支付情况和社会保险费用的缴纳情况；

3. 缴足尚未实际缴纳的出资；

4. 不得伪造、销毁有关财产证据材料而使财产状况不明；

5. 不得抽逃出资，不得非法侵占公司财产，不得致使债务人对个别债权人进行清偿，但是个别清偿使债务人财产受益的除外；

6. 不得为逃避债务隐匿、转移财产、虚构债务或者承认不真实的债务；

7. 对涉及债务人的财产，不得有下列行为：无偿转让财产；以明显不合理的价格进行交易；对没有财产担保的债务提供财产担保，对未到期的债务提前清偿、放弃债权。

若你对本通知书所列事项存有异议或有相应线索提供，可在收到本通知书之日起七日内向清算组书面告知，并附相关合法、有效的证据，以便清算组核对查实。

若你在强制清算申请受理后，存在未依法妥善保管其占有和管理的财产、印章和账簿、文书资料，拒不向清算组提交或者提交不真实的财产状况说明、债务清册、债权清册、有关财务会计报告以及职工工资的支付情况和社会保险费用的缴纳情况等工序资料，清算中拒不向清算组移交财产、印章和账簿、文书等资料，或者伪造、销毁有关财产证据材料而使财产状况不明，作为股东未缴足出资、抽逃出资，以及作为公司董事、监事、高级管理人员非法侵占公司财产等，将依照相关法律法规的相关规定承担责任。

特此通知。

××清算组

××年××月××日

附：

1. 受理强制清算申请裁定书复印件一份；

2. 指定清算组的决定书复印件一份；

3. 清算组办公地址：××；联系人：××；电话：××。

第二节 刻制印章、开设账户

一、刻制印章

清算组接受人民法院指定后，需了解该强制清算企业所属的公安部门，一般需向法院提出刻制清算组公章及财务印章的申请并明确开户名称，由人民法院向公安部门出具开户所需的证明。

清算组可以凭人民法院受理强制申请的裁定书、人民法院指定清算组的决定书、人民法院致公安机关刻制清算组印章的证明、清算组身份资料等材料，向强制清算企业所在地的公安部门提出刻制清算组印章的申请，一般中介机构管理人担任清算组的（以下简称“机构清算组”），以律师事务所、会计事务所等中介机构的名义申请并提交资料。个人管理人担任清算组的（以下简称“个人清算组”），由于各地公安机关处理经验不足，需多次沟通，其提交的文件与机构清算组大致相同。另外，公安机关可能会要求提供机构清算组的负责人身份证原件、个人清算组负责人的身份证原件以便核对。这时，建议提前和负责人沟通协调需要使用的证件原件及使用日期，以免因负责人的行程安排等导致借用冲突、耽误其行程或延误备案时间。

清算组若想使用刻制的清算组印章，需经过公安部门和人民法院封样备案，封样备案后方可使用。若是个人清算组，建议同时刻制个人姓名章，该章一般无须备案，但专门用于清算事宜的，须与备案印鉴一起妥善保管。清算组印章只能限于清算组履行职责时使用，并且应当实行用章审批登记制度。

清算组刻章备案一般需要准备以下资料清单。

（1）法院的裁定书、决定书（原件和复印件）。

（2）法院出具的同意刻章函或证明文件。

（3）律师事务所执业许可证副本（原件和复印件）。

（4）律师事务所负责人身份证、经办律师身份证（原件和复印件）。

（5）单位出具的刻章申请书（律师事务所负责人和经办律师签名）。

（6）律师事务所负责人、经办律师不能到现场的，需书面委托经办人，经办人提供身份证原件和复印件。

二、开设清算组银行存款账户

开设银行存款账户前，如当地人民法院或管理人协会出于资金监管安全、银行优惠政策等因素考虑指定开立银行，一般选择该银行，否则清算组可选择指定自己开展工作相对便利的银行，开立的清算组银行账户为临时存款账户，建议清算组工作人员提前到相应的银行网点了解开户条件及手续。在处理强制清算企业过程中，可能会遇到以下情形：有些银行表示系统内没开过此类账户，不知道如何操作；还有些银行需层层上报至省行，开户效率较低；有的银行服务条件差，开立的临时账户每笔款项不提供短信、网银、电子转账服务，每笔款项均需购买支票兑取；有的银行收取相对较高的开户服务费等。因此，建议清算组综合考虑资金监管安全、交通便利情况、服务费用及服务水平、工作效率等因素，选择合适的开户银行网点开立银行账户。若相应银行网点不配合，可向上级机构沟通、反映情况，或直接向人民法院申请出具在该银行网点开立清算组银行账户的证明。

清算组刻制印章后，可以持人民法院受理强制清算申请的裁定书、人民法院指定清算组的决定书、法院向开户行出具的开户证明、清算组的决定及身份证明等文件材料，到银行开立清算组账户。

清算组账户开立后，清算组可以将债务人的银行存款划入清算组账户。清算组应当制定清算组账户管理规定，并按规定使用账户，依法履行职责时发生的所有资金收支，均应当通过清算组账户进行，清算组应当及时建立相关账册，以便清算费用进行审计或统计。

在××银行开立清算组专用账户资料清单（以广州市为例）：

（1）法院提供的开户证明文件原件。

（2）《指定清算组决定书》原件及复印件。

（3）受理强制清算案件《民事裁定书》原件及复印件。

（4）（个人担任清算组）清算组负责人身份证原件及复印件；（中介机构担任清算组）执业许可证正、副本及复印件，清算组负责人身份证原件及复印件。

（5）经办人身份证原件及复印件。

（6）清算组公章、财务印鉴、负责人印章。

文书范本10：关于刻制清算组公章及开立清算组账户的申请

关于刻制清算组公章及开立清算组账户的申请

广州市中级人民法院：

贵院依法受理××公司【案号：　　　　　　】的强制清算申请，并于××年××月××日指定×× 为××公司的清算组，清算组负责人由××担任。

为了方便清算组工作的开展，需要刻制“××公司清算组”公章及财务印章各壹枚。同时，在××银行××支行开立清算组专用账户，账户名为“××公司清算组”。

请予以批准。

清算组负责人：（签字）

事务所（盖章）

年　　月　　日

第三节　接管工作安排

一、财产、印章、账簿、文书等的接管

我国《公司法》《企业破产法》目前尚未对接管期限作明确的规定，在司法实践中，深圳市中级人民法院印发的规程规定，“清算组应在收到人民法院指定清算组决定书之日起十日内完成对公司的接管工作，接管时应当制作移交清单、接管笔录，告知公司有关人员的法律责任，接管工作完成后由清算组和公司的有关人员签名确认，并在公司营业场所公告有关事项”。根据《广州市中级人民法院关于设置国有“僵尸企业”破产审判

绿色通道的若干意见》第 8 条的规定，“管理人自收到指定管理人决定书之日起三日内开展债务人接管工作。管理人在接管过程中遇到障碍应及时向法院和债务人的上级单位报告。管理人自收到指定管理人决定书之日起十日内应完成债务人接管工作，并向法院提交接管报告；如遇客观原因确实无法在规定时间内完成接管，管理人应向法院书面说明有关情况”。目前全国范围内尚未对清算组接管国有强制清算企业作出规定，通常地方国资委等主管部门都有出清任务，时间紧、任务重，抓紧时间安排接管工作可以为后续清查资产、审核债权工作争取时间、奠定基础。

在办理强制清算企业出清时，如相应的法院并未出具详细的规程，建议清算组尽量参照此规定，尽早开展接管工作。但根据经验，出具指定清算组决定书之后，还需安排刻制清算组印鉴，鉴于僵尸企业接管资料一般存在找不到负责人或国有单位需层层盖章审批才能移交等障碍，完全在此期限内完成接管工作较为困难，因此接管过程中可根据实际情况，尽快开展接管工作。

接管的强制清算企业的财产、印章和账簿、文书等资料建议提前梳理，尽量全面盘查，可按一个正常企业可能会涉及的资料先列资料清单，提供给强制清算企业相关人员，请其根据企业相关情况进一步梳理强制清算企业的资料清单。清算组对于由强制清算企业占有或者管理，但不属于强制清算企业所有的相关财产、印章和账簿、文书等资料以及分支机构的财产、印章和账簿、文书等资料，应当一并接管。

清算组接管强制清算企业的财产、印章和账簿、文书等资料的，应当与强制清算企业的有关人员办理交接手续，并由清算组和强制清算企业的有关人员在交接书和交接清单上共同签字确认。清算组工作人员提前与强制清算企业的有关人员沟通移交授权手续，国有强制清算企业需提前沟通移交授权及清单的签章手续，以免因签字盖章手续延误移交期限。

清算组接管企业财产时，如发现强制清算企业财产在人民法院受理强制清算申请前被依法采取保全措施且人民法院受理强制清算申请后仍未解除的，或者发现强制清算企业财产在法院受理强制清算申请前被依法采取执行措施但在法院受理强制清算申请后仍未中止的，应当向人民法院申请解除保全措施或者执行措施以确保顺利接管企业财产。确有必要申请的，应当向裁定受理强制清算申请的人民法院提出申请，同时清算组应联系采取强制措施的法院，获取相关经办案件信息提供给裁定受理强制清算申请的法院，以便法院协调。

清算组在接管强制清算企业时，对财产、印章和账簿、证照、文书的接管，建议不同类别采用不同移交清单及留存模式。

（一）财产接管

如强制清算企业仍有较大厂房、机器设备等财产的，为避免财产损失，建议仍聘用适当的安保人员或聘用专业安保公司进行安保工作，并制定相应的《安保人员管理制度》《来访登记制度》《车辆进出厂区管理制度》等制度，明确安保岗位职责，落实定期巡查机制。在接管当日，清算组协助聘用保安与强制清算企业原聘用保安或工作人员进行交接工作，对新聘用保安宣布清算期间安保工作职责，并由其签字知悉。清算组应当对强制清算企业的实物资产进行踏勘，实地踏勘厂区及房产，查看公司的仓库、设备、库存，贵重物品及时盘点后可封存于保险箱，并对方便管理、易于保管的仓库现场粘贴封条。

如强制清算企业仍存在车辆、设备等动产的，清算组应当进行封存，并禁止强制清算企业继续使用。如强制清算企业已无场所安置这些车辆，则清算组需另行租用合适的场地进行存放。如强制清算企业财产较多的，清算组可逐步完成强制清算企业的资产接管工作，并对资产进行清点与造册。

（二）印章接管

为明确强制清算企业和清算组各自的权责，在印章接管时应当作好标记，留存移交前后章样，条件准许的话建议拍照或者录像以记录接管印章时的情形。

（三）账簿接管

强制清算企业如有账簿的，建议清算组协助审计单位直接进行接管审计，如强制清算企业具备条件的，建议原则上原地审计，清算组在审计完成后就地封存。有些强制清算企业的档案是在上级主管单位的档案室里，外借手续烦琐且工作量很大，一般档案管理人配合手续复杂，时间也较长，建议提前沟通可使用档案的时间，并协助对接审计时间和场所，尽量提前安排进场审计，以便工作报告中的一些信息可多方核查，更为准确。有些强制清算企业的档案是在专门外租的仓储空间进行存放，不便安排就地审计，清算组应提前协助对接账簿的移交清单、时间、方式等，以便审计单位可以尽快开展工作。

强制清算企业的开户许可证、货币资金、银行账户、网银U盾等其他财务资料由清算组进行接管，建议列明清单，特别是财务账册数量建议明确，避免遗失，并拍照留底。

（四）证照、文书等接管

清算组应当对强制清算企业的现有证照进行清点，移交至清算组办公场所保存。由于一些工商、税务、银行等部门对强制清算的程序了解较少，有时需使用这些证照办理相关手续，有些强制清算企业证照不齐，给强制清算备案造成了很大的障碍。因此，移交过程中清算组也需要列明清单、拍照留底等。

强制清算企业的其他文书资料可根据实际情况选择存放的地点。清算组根据实际情况列明清单并进行移交保管。

文书范本11：接管资料清单

接管资料清单	
一、公司财产类	
1	固定资产，包括但不限于不动产清单及相应的权利凭证，如土地使用权（包括但不限于土地使用权证等权属资料）、房屋所有权（包括但不限于房产证等权属资料）、在建工程（包括但不限于主管部门批准的文件）等
2	流动资产，包括但不限于动产清单及相应的权利凭证，如机器设备、存货、办公设备用品、交通设备（包括但不限于车辆行驶证等）等 注：动产应尽量集中存放、保管，如确因特殊原因无法归集的，须说明原因
3	现金、银行存款、银行账户印鉴、银行票据、其他货币资金

续表

接管资料清单	
4	知识产权：包括但不限于著作权、专利权、商标权、商业秘密或其他权利
5	对外投资：包括但不限于出资、股权
6	有价证券：应收票据、基金、债券、股票
7	债权：合同债权、不当得利债权、无因管理债权、侵权债权
8	特许权、无形资产的权利凭证
二、公司印章类	
1	公章、财务专用章、合同专用章、海关报关章（如有）、法定代表人姓名章、发票专用章、各分支机构章、电子印章及其他印章
三、公司账簿、业务资料	
1	总账、明细账、台账、日记账、会计凭证、重要空白凭证、会计报表等财务账簿及公司审计、评估等资料
2	各类合同协议及相关债权、债务等文件资料
3	已知公司债权人名单及债权情况（列明具体的债权人、债务人、金额、发生债权债务关系的原因、相关文件、联系人、联系地址、联系电话等）
4	验资资料
5	税务资料
四、公司证照档案文件	
1	批准设立文件、法人营业执照、税务登记证、社保登记证、外汇登记证、海关登记证明、经营资质文件、各类资质文件等与公司经营业务相关的批准、许可或授权文件
2	公司章程、管理制度、股东名册、历次股东会决议、董事会决议、监事会决议以及债务人内部会议记录、工商档案等档案文件
3	合同台账及合同、各类协议、电子文档等资料
4	管理系统授权密码，电脑数据和授权密码，税务、银行相关 U 盾、U-key 等
5	人事档案文件（包括职工名单，拖欠职工工资及社会保险金额明细表）、职工工资的支付情况明细、职工社会保险费用的缴纳情况明细、与职工合法解除劳动关系的证明
6	有分支机构的，须提供分支机构的财产、印章和账簿、文书等资料；其他财产、印章和账簿、文书等资料
五、其他资料	
1	诉讼、仲裁、执行案件卷宗资料
2	不属于公司所有但由公司占有或者管理的财产、印章和账簿、文书等资料
3	强制清算企业的其他重要资料

文书范本 12：移交方相关人员授权委托书

授权委托书

委托人：　　　　　　　　　公司

住所：

法定代表人：

委托代理人：　　　　　　　职务：

身份证号码：　　　　　　　住所：

工作单位：　　　　　　　　电话：

现委托上列委托代理人代表我单位在××公司强制清算一案中，作为委托人的委托代理人。

上述委托代理人的权限为特别授权，包括但不限于：

1. 代为与清算组办理××公司的财产、印章和账簿、证照、文书等接管工作；

2. 代为向清算组说明与××公司强制清算相关情况；

3. 代为签收与清算有关法律文书；

4. 代为办理其他与清算有关事宜。

上述委托代理人的签名及代理行为委托人均予以承认。

委托人：××公司

法定代表人：

年　　月　　日

附件：

1. 委托代理人身份证复印件加盖公章

2. ××公司营业执照复印件加盖公章

文书范本 13：强制清算案印章移交清单

××公司强制清算案印章移交清单

移交方向接管方××公司清算组移交印章××枚，印模如下：

印章	样式
公章××枚	
财务专用章××枚	

移交方保证：上述印章为××公司在公安局备案登记的正式印章，除上述印章外，未继续保留其他任何对外使用的印章。如有不实，将依法承担相应的法律责任。

移交方		接管方	××公司清算组
移交方代表（签字）		接管方代表（签字）	
移交日期		接管日期	

文书范本14：强制清算财务资料移交清单

××公司财务资料移交清单

所属单位：××公司

案卷号	类别	卷（册）袋标题	起止时间	凭证起止号		卷内张数	备注
				起	止		
001							
002							

注：此表一式三份，移交、接收单位各存一份，××公司清算组存一份

移交单位：
移 交 人：

接收单位：
接 收 人：

移交日期：

文书范本15：强制清算材料移交清单

××公司强制清算案材料移交清单

现移交方向接管方××公司清算组移交如下资料：

序号	资料名称	原件/复印件	数量	备注（编号、日期等）

（以下无正文，为移交签署页）

移交方		接管方	××公司清算组
移交方代表（签字）		接管方代表（签字）	
移交日期		接管日期	

二、接管访谈

根据《北京市高级人民法院关于审理公司强制清算案件操作规范（试行）》第44条的规定，"在接管过程中，清算组应当对以下事项进行调查核实：（一）被申请人的资产状况；（二）被申请人的债权债务情况；（三）被申请人的职工安置情况，职工工资、经济补偿金支付情况及社会保险费用的缴纳情况；（四）被申请人股东的出资情况；（五）被申请人的董事、监事和高级管理人员是否存在利用职权获取非正常收入或者侵占被申请人财产的行为；（六）被申请人未履行完毕的合同情况；（七）有关被申请人的未结诉讼、仲裁以及未执行完毕的案件情况；（八）人民法院认为清算组应当调查的其他事项”。清算组在接管的过程中，应当对强制清算企业相关资料保管人员进行访谈，全面了解强制清算企业资产情况，告知其隐匿资产的法律后果，如强制清算企业已无人员，则对强制清算企业的股东或上级主管部门的相关人员进行访谈。在访谈过程中如遇财产线索等需进一步核实，如需其他人才能进一步了解公司资产情况，也需进一步进行核查。

文书范本16：强制清算案接管笔录

××公司强制清算案接管笔录

接管人：　　　　　　　　　　　　公司清算组

被接管人：　　　　　　　　　　　公司（以下简称“公司”）

接管时间：　　年　月　日

接管地点：

移交人：　　　　　　　　　职务：

接收人：　　　　　　　　　记录人：

告知：××人民法院于××年××月××日作出××号民事裁定书，裁定受理××公司（以下简称“公司”）强制清算一案，并指定××担任××公司清算组，负责强制清算工作（以下简称“清算组”），根据《中华人民共和国公司法》等法律法规规定，清算组依法接收××公司的财产、印章和账簿、证照、文书等资料，请你公司配合。

移交人（以下简称“移”）：

接收人（以下简称“接”）：请介绍一下你的个人身份信息、与公司关系及有关的授权情况。

移：我叫××，身份证号码是××，电话是××，住所为××。我是××有限公司（以下简称“××公司”）的××，工作证件号是××，××公司委托我代表公司移交公司材料及说明公司的有关情况。

接：请介绍你与××公司的关系？

移：……

接：现告知及出示关于××公司强制清算的裁定书及指定××为清算组的

决定书，请问你有没有收到相应的裁定及决定？

移：……

接：现告知××公司已进入强制清算并已指定清算组，××公司及相关人员不得自行处理××公司的有关事务，与××公司有关的事项需要通过清算组的同意才能处理。另外，××公司的相关人员需要维护及保管好公司的资产及相应的材料，并如实告知清算组有关情况，否则将承担相应的法律责任。

移：……

接：公司什么时间成立？

移：……

接：公司注册资本是多少？

移：……

接：公司的经营期限是多少年？从什么时间开始？

移：……

接：公司的存续状态如何？

移：……

接：公司的法定代表人是谁？我们需要找法定代表人了解公司的情况，做个笔录。

移：……

接：现在能不能联系到法定代表人？

移：……

接：有没有法定代表人的联系电话和联系地址？

移：……

接：公司的出资人是谁？

移：……

接：公司有没有实际出资，有无验资报告？请说明验资情况。

移：……

接：出资人有没有实缴注册资本？请说明实缴注册资本情况。

移：……

接：公司有没有对外投资？包括但不限于出资、股权。请说明对外投资情况。

移：……

接：公司有没有分支机构？

移：……

接：公司现在有没有经营？请说明公司的经营情况。

移：……

接：请说明公司的资产情况。

移：……

接：公司有没有不动产及相应的权利凭证？包括但不限于土地使用权（包括土地使用权证等权属资料）、房屋所有权（包括房产证等权属资料）、在建工程（包括主管部门批准的文件等）。

移：……

接：公司有没有动产及相应的权利凭证？包括但不限于机器设备、存货、办公设备用品、交通设备（包括车辆行驶证等）等。

移：……

接：公司有没有现金？

移：……

接：公司有没有银行存款？

移：……

接：公司有没有银行账户印鉴？

移：……

接：公司有没有银行票据？

移：……

接：公司有没有其他货币基金？

移：……

接：公司有没有知识产权？包括但不限于著作权、专利权、商标权、商业秘密或其他权利。

移：……

接：公司有没有有价证券？包括但不限于应收票据、基金、债券、股票。

移：……

接：公司有没有享有特许权、无形资产及相应的权利凭证？

移：……

接：请说明有关公司财产的其他情况。

移：……

接：请说明公司资产是否有被非法处置的情况，包括但不限于放弃债权，资产被侵吞、非法处置等。

移：……

接：公司对外有没有债权？包括合同债权、不当得利债权、无因管理债权、侵权债权等。请说明债权情况。

移：……

接：公司有没有放弃债权行为？请说明一下情况。

移：……

接：公司有没有债务？请说明债务情况。

移：……

接：请说明公司已知债权人名单及债权情况（列明具体的债权人、公司、金额、发生债权债务关系的原因、相关文件、联系人、联系地址、联系电话等）。

移：……

接：请说明公司的国税税务情况。

移：……

接：请说明公司的地税税务情况。

移：……

接：公司目前是否存在正在履行或未履行合同的情况？

移：……

接：公司有没有对外担保或有关承诺的情况？

移：……

接：请说明公司职工安置情况。

移：……

接：公司有没有拖欠职工工资？请说明公司的职工工资支付情况。

移：……

接：请说明公司经济补偿金支付情况。

移：……

接：公司有没有欠缴社会保险费？请说明公司社会保险费用支付情况。

移：……

接：公司有没有欠缴公积金？请说明公司公积金缴纳情况。

移：……

接：请说明公司在××人民法院受理公司强制清算一案后，公司是否对个别债权人进行过债务清偿。

移：……

接：请说明公司在××人民法院受理公司强制清算一案后，是否有如下行为之一：（一）无偿转让财产的；（二）以明显不合理的价格进行交易的；（三）对没有财产担保的债务提供财产担保的；（四）对未到期的债务提前清偿的；（五）放弃债权的。

移：……

接：请说明公司在××人民法院受理公司强制清算一案后，是否有以下行为：人民法院受理申请前六个月内，公司有不能清偿到期债务，并且资产不足以清偿全部债务或者明显缺乏清偿能力的情形，仍对个别债权人进行清偿的，清算组有权请求人民法院予以撤销，但是，个别清偿使公司财产受益的除外。

移：……

接：请说明公司在××人民法院受理公司强制清算一案后，是否有以下行为：（一）为逃避债务而隐匿、转移财产的；（二）虚构债务或者承认不真实的债务的。

移：……

接：请说明公司的董事、监事和高级清算组组员是否存在利用职权获取非正常收入或者侵占公司财产等违反忠实、勤勉义务，致使公司破产的行为。

移：……

接：公司有没有涉及未审结诉讼、仲裁以及未执行完毕的案件？请说明情况。

移：……

接：请说明公司涉及行政或者刑事等案件的情况。

移：……

接：请说明公司的印章保存情况。

移：……

接：请说明公司的证件保存情况，包括但不限于法人营业执照、税务登记证、社保登记证、外汇登记证、海关登记证明、经营资质文件等与公司经营业务相关的批准、许可或授权文件。

移：……

接：请说明公司的账簿保存情况，包括但不限于总账、明细账、台账、日记账、会计凭证、重要空白凭证、会计报表等财务账簿。

移：……

接：请说明公司文书等资料的保管情况。

移：……

接：公司有没有审计、评估等资料？请说明情况。

移：……

接：公司有没有各类合同协议及相关债权、债务等文件资料？请说明情况。

移：……

接：公司有没有税务资料？请说明情况。

移：……

接：公司有没有公司章程、管理制度、股东名册、历次股东会决议、董事会决议、监事会决议以及公司内部会议记录、工商档案等档案文件？

请说明情况。

移：……

接：有没有诉讼、仲裁案件及其案件材料？请说明情况。

移：……

接：有没有人事档案文件？包括职工名单，拖欠职工工资及社会保险金额明细表。请说明情况。

移：……

接：有没有职工工资的支付情况明细资料？请说明情况。

移：……

接：有没有职工社会保险费用的缴纳情况明细资料？请说明情况。

移：……

接：有没有职工住房公积金的缴纳情况明细资料？请说明情况。

移：……

接：有没有电脑数据和授权密码，税务、银行相关U盾、U-key等资料？请说明情况。

移：……

接：公司有没有不属于公司所有但由公司占有或者管理的财产、印章和账簿、文书等资料？请说明情况。

移：……

接：有没有其他财产、印章和账簿、文书等资料，请说明情况。

移：……

接：有没有公司的其他重要资料？

移：……

接：为何出现公司大部分资料缺失情况？是什么原因？

移：……

接：根据《中华人民共和国企业破产法》第126条、第127条、第128条、第129条和第131条的规定，有义务列席债权人会议的债务人的有关人员，经人民法院传唤，无正当理由拒不列席债权人会议的，人民法院可以拘传，并依法处以罚款，债务人的有关人员违反《中华人民共和国企业破产法》的规定，拒不陈述、回答，或者作虚假陈述、回答的，人民法院可以处以罚款；债务人违反《中华人民共和国企业破产法》的规定，拒不向人民法院提交或者提交不真实的财产状况说明、债务清册、债权清册、有关财务会计报告以及职工工资的支付情况和社会保险费用的缴纳情况的，人民法院可以对直接责任人员依法处以罚款；债务人违反《中华人民共和国企业破产法》的规定，拒不向管理人移交财产、印章和账簿、文书等资料的，或者伪造、销毁有关财产证据材料而使财产状况不明的，人民法院可以对直接责任人员依法处以罚款；债务人有《中华人民共和国企业破产法》第31条、第32条、第33条规定的行为，损害债权人利益的，债务人的法定代表人和其他直接责任人员依法承担赔偿责任；债务人的有关人员违反《中华人民共和国企业破产法》的规定，擅自离开住所地的，人民法院可以予以训诫、拘留，可以依法并处罚款；违反《中华人民共和国企业破产法》的规定，构成犯罪的，依法追究刑事责任。请向债务人的有关人员告知上述法律责任。

移：……

接：请移交公司的相关资料。

移：……

接：如果没有其他需要补充的情况，请核对笔录后在每页签字确认。

移：好的，本人确认以上的陈述属实，如有虚假，本人愿意依法承担相应的法律责任。

移交人：　　　　　　　　　　　　　　接收人：

年　月　日　　　　　　　　　　　　年　月　日

三、强制清算中的财产保全

《最高人民法院印发〈关于审理公司强制清算案件工作座谈会纪要〉的通知》第十三点第27条关于强制清算中的财产保全的规定，“人民法院受理强制清算申请后，公司财产存在被隐匿、转移、毁损等可能影响依法清算情形的，人民法院可依清算组或者申请人的申请，对公司财产采取相应的保全措施”。据此，如清算组在接管强制清算企业过程中，发现强制清算企业财产存在被隐匿、转移、毁损等可能影响依法清算情形的，应当依法提请人民法院申请对强制清算企业财产采取相应的保全措施。

四、接管工作报告

清算组在完成强制清算企业的接管工作后，应当及时进行梳理，并向人民法院报告工作，特别是对强制清算企业移交过程中出现的困难以及需法院协调的工作等及时沟通推进，以促进强制清算企业出清工作的顺利进行。

文书范本17：清算组接管工作报告

____________清算组接管工作报告

案号：________

清算组			
负责人		联系方式	
申请人	__________公司		
被申请人	__________公司		
受理时间		指定清算组时间	
报告正文：			

一、接管基本情况

（一）接管财产情况

（二）接管印章情况

（三）接管账簿情况

（四）接管证照情况

（五）接管文书等资料情况

二、接管工作遇到的问题及相关解决方案

____________公司清算组（盖章）

________年________月________日

第四节　僵尸企业强制清算接管重点难点实务探讨

一、找不到僵尸企业法定代表人等负责人如何进行交接

通常情况下，僵尸企业多为长达数年或数十年未经营的企业，很可能出现资料灭失、人去楼空的现象。广州市第一批国有僵尸企业出清时就存在大量无证照、无人员、无账簿的“三无企业”，主管单位仅有部分工商调取的档案资料。清算组团队在接管僵尸企业前可对僵尸企业进行初步调查了解，一些僵尸企业法定代表人可能早已退休联系不到或已经死亡，清算组可以尝试联系股东、主管单位或托管单位负责人员，告知其配合义务，要求其相关负责人提前准备移交清单。

二、托管单位、主管单位配合移交清算企业有何职责

在实践中，僵尸企业多长期无人经营，很多国有僵尸企业由特定的部门或者机构接管，通过全面的改造，改变原有的企业结构和资产结构，从而实现资源的再配置，一般受托管方对托管企业是全面接受的，包括企业的全部财产、全部职员和债务。托管经营是指企业法人财产权主体（一般是股东或主管单位）通过信托协议，将僵尸企业资产或者企业法人财产（整体或者部分）的经营权和处分权让渡给具有较强经营管理能力，并能够承担相应经营风险的托管单位，由托管单位对受托资产进行管理和处理，保证企业资产保值增值的一种经营方式。从实质上来讲，托管经营这种模式引入了信托机制以确保企业资产的所有者与管理者之间的权责分明。僵尸企业托管实质上源于信托，托管单位有义务配合清算组开展交接工作。

根据《企业文件材料归档范围和档案保管期限规定》第 8 条、第 9 条规定，企业需永久保管本企业关于重要问题向有关机关和上级主管单位的请示、报告、报表及其复函、批复，有关机关和上级单位制发的需本企业

办理的重要文件材料，行业协会、中介机构等对本企业作出的重要决定和出具的审计、公证、裁定等重要文件材料，本企业与其他组织和个人形成的重要合同、协议及补充协议等文件材料；企业需定期保管本企业关于一般性问题向有关机关和上级主管单位的请示、报告、报表及有关机关和上级主管单位的复函、批复，有关机关和上级主管单位、行业协会制发的需本企业贯彻执行的一般性文件材料和对本企业出具的一般性证明文件，本企业与其他单位和个人形成的一般性合同、协议文件材料。一些僵尸企业的这些材料或已遗失，可通过上级主管单位对该等企业的相关材料进行查找梳理，以便清算组了解该僵尸企业相关情况。《深圳市属国有企业资产评估管理暂行规定》第 46 条规定，企业主管单位对企业责任人员有人事决定权。在实践中，一些“三无”的僵尸企业，仅剩的资料往往由主管单位或托管单位在进行保管，建议清算组积极与主管单位或托管单位进行沟通，对接相关资料等配合清算工作。

三、分支机构资料如何接管

在实践中，僵尸企业的分支机构如有资料的应当一并接管，如僵尸企业本身无相关资料的，应当注意审查工商档案的资料，了解分支机构具体信息，对分支机构一并进行接管。有些僵尸企业本身无分支机构相关资料，建议清算组在对僵尸企业及相关人员访谈时了解分支机构具体情况，了解僵尸企业是否为自身经营，是否由职工等主体进行挂靠经营等，对分支机构的负责人发函要求协助交接，尽可能地接管分支机构的财产、账簿、证照、印鉴等，以便开展核查工作和相关注销工作。

第五章 强制清算的审计

第一节 强制清算企业的审计单位聘用

很多强制清算企业长期无人经营管理，账簿遗失，存在无账簿可供审计的情形。此种情况下，无法通过法院聘用审计机构开展审计工作。这些强制清算企业可能存在税务多年未申报，被列为非正常户的情形。这些强制清算企业在税务部门和工商部门注销时，税务部门可能要求企业补交每年的税务申报和汇算清缴报告。清算组可与法院、税务部门多沟通协调，尽量简化相关程序。一般情况下，无账簿的强制清算企业不另行开展审计工作。

审计单位一般由法院摇珠选定，一般摇出 1~2 家，由清算组在经费范围内自行磋商审计费用和审计工作时间、内容等。清算组一般优先考虑有强制清算或破产清算审计经验的审计师事务所，强制清算审计与一般年度审计报告工作方式和内容有所不同，费用方面也有区别，一般根据被审计的强制清算企业自身财务情况以及工作量进行磋商确定，审计费用需进一步提交债权人会议审议通过，作为清算费用优先列支。清算结束后需对清算费用等进行审计，建议聘用审计机构时一并协商此项工作内容和费用。审计费用发票也需开具相应清算组抬头的发票。

由于审计的目的是核实裁定该强制清算企业在强制清算当日真实的资产状况，审计单位一般是对申请强制清算日当日的财务情况进行审计，为有针对性地开展强制清算工作提供必要的参考信息。

在强制清算中，审计单位的工作重点是查询审核货币资金、对外投资、存货、产权资产类、盘查实物资产、函证往来款项、审查核实应付职工薪酬、税金、股东投入等。审计机构审查时，需特别关注对外债务，如不能清偿到期债务的则达到破产清算的条件。强制清算企业在历史运营过程中，可能存在一些不规范的做法，如审计过程中发现股东侵占公司资产、存货账实不符、对外投资或对外债权债务未记录、股东出资不实等情况，需沟通清算组进一步核实查明情况。建议在聘用审计合同中明确审计的主要内容，突出工作重点。

文书范本18：聘用审计单位对强制清算企业进行强制清算审计的约定书

审计业务约定书

编号：

甲方：××公司清算组

乙方：××会计师事务所有限公司

兹由甲方委托乙方对××公司（以下简称“强制清算企业”）××年××月××日清算资产负债表及其相关附注表进行审计，经双方协商，达成以下约定。

一、审计的目标和范围

1. 乙方接受甲方委托，对强制清算企业按《企业破产清算有关会计处理规定》（财会〔2016〕23号）编制的××年××月××日的清算资产负债表及其相关附注（以下统称“清算报表”）进行审计。

2. 乙方通过执行审计工作，对清算报表的下列方面发表审计意见：(1) 清算报表是否在所有重大方面按照《企业破产清算有关会计处理规定》（财会〔2016〕23号）的规定编制；(2) 清算报表是否在所有重大方面均公允地反映了强制清算企业××年××月××日的财务状况；(3) 清算企业的注册资本情况；(4) 清算企业债权、债务情况，编制债权债务清册；(5) 清算企业财产情况，编制财产清册；(6) 与清算有关的其他审计事项。

3. 乙方运用特定的审计方法，对强制清算企业在审计期间内的财务、经营活动的真实性、合法性、有效性及相关责任进行审计与评价，用以维护债权人、债务人和第三人的合法权益并完成审计委托内容，包括如下内容。

（1）全面核实审计基准日的资产、负债及所有者权益。

（2）对特殊期间的异常交易事项进行审计，包括但不限于：

①人民法院受理破产申请前一年内，债务人是否涉及无偿转让财产、以明显不合理的价格进行交易、对没有财产担保的债务提供财产担保、对未到期的债务提前清偿、放弃债权等异常财产交易行为；

②人民法院受理破产申请前六个月内，债务人是否存在对个别债权人进行清偿的情况；

③债务人是否为逃避债务而隐匿、转移财产，虚构债务或者承认不真实的债务等异常财产管理行为；

④债务人的股东是否存在注册资金不实、抽逃注册资金、侵占债务人资产的情况；

⑤是否存在债务人的董事、监事和高级管理人员利用职权从企业获取非正常收入和侵占企业资产的情况。

（3）债务人的职工薪酬拖欠情况。

（4）债务人的各项税费拖欠情况。

二、甲方及被审计单位的责任

1. 根据《中华人民共和国会计法》及《中华人民共和国企业破产法》，强制清算企业及其负责人有责任保证会计资料的真实性和完整性。甲方管理层有责任督促强制清算企业妥善保存和提供强制清算企业的会计记录（包括但不限于会计凭证、会计账簿及其他会计资料），这些记录必须真实、完整地反映强制清算企业的财务状况（清算企业相关资料可能存在不完整的情况，对此乙方将根据相应的准则及规范有针对性地开展审计工作）。

2. 协调督促强制清算企业按照《企业破产清算有关会计处理规定》（财会〔2016〕23号）的规定编制和公允列报财务报表是破产企业的责任，这种责任包括：（1）按照《企业破产清算有关会计处理规定》（财会

〔2016〕23号）规定编制清算报表，并使其实现公允反映。(2) 设计、执行和维护必要的内部控制，以使清算报表不存在由于舞弊或错误导致的重大错报。

3. 及时协调督促强制清算企业为乙方的审计工作提供与审计有关的所有记录、文件和所需的其他信息（在××年××月××日之前提供审计所需的全部资料，如果在审计过程中需要补充资料，亦应及时提供），并保证所提供资料的真实性和完整性。

4. 协助乙方不受限制地接触其认为必要的破产企业内部人员和其他相关人员。

5. 甲方对其作出的与审计有关的声明予以书面确认。

6. 协助强制清算企业为乙方派出相关工作人员提供必要的工作条件和协助，乙方将于外勤工作开始前提供主要事项清单。

7. 按照本约定书的约定及时足额支付审计费用。

8. 乙方的审计不能减轻甲方及破产企业的责任。

三、乙方的责任

1. 乙方的责任是在执行审计工作的基础上对强制清算企业清算报表发表审计意见。乙方根据中国注册会计师审计准则（以下简称“审计准则”）的规定执行审计工作。审计准则要求注册会计师遵守中国注册会计师职业道德守则，计划和执行审计工作，以对财务报表是否不存在重大错报获取合理保证。

2. 审计工作涉及实施审计程序，以获取有关清算报表金额和披露的审计证据。选择的审计程序取决于乙方的判断，包括对由于舞弊或错误导致的财务报表重大错报风险的评估。在进行风险评估时，乙方考虑与清算报表编制和公允列报相关的内部控制，以设计恰当的审计程序，但目的并非是对内部控制的有效性发表意见。审计工作还包括评价强制清算企业采用会计政策的恰当性和作出会计估计的合理性，以及评价清算报表的总体列报。

3. 由于审计和内部控制的固有限制，即使按照审计准则的规定适当地计划和执行审计工作，仍不可避免地存在清算报表的某些重大错报可能未被乙方发现的风险。

4. 按照约定时间完成审计工作，出具审计报告。乙方应于甲方或强制清算企业提供审计所需的全部资料后15个工作日内出具审计报告。如甲方或强制清算企业未能及时提供资料，则甲方出具审计报告时间顺延，但因强制清算企业保管不善等原因造成无法提供的除外。

5. 除下列情况外，乙方应当对执行业务过程中知悉的甲方信息予以保密：(1) 法律法规允许披露，并取得甲方的授权；(2) 根据法律法规的要求，为法律诉讼、仲裁准备文件或提供证据，以及向监管机构报告发现的违法行为；(3) 在法律法规允许的情况下，在法律诉讼、仲裁中维护自己的合法权益；(4) 接受注册会计师协会或监管机构的执业质量检查，答复其询问和调查；(5) 法律法规、执业准则和职业道德规范规定的其他情形。

四、审计收费

1. 本次审计服务的收费是以乙方各级别工作人员在本次工作中所耗费的时间为基础计算的。乙方本次审计服务的费用总额为人民币××元整(￥××)。审计费用为包干费用，包括审计、税费、交通差旅费等。

2. 甲方应于本约定书签署并收到相关单位拨付的清算款项之日起7日内支付50%的审计费用，其余款项于审计报告提交日起7日内一次性付清。

3. 如果由于无法预见的原因，致使乙方从事本约定书所涉及的审计服务实际时间较本约定书签订时预计的时间有明显增加或减少时，甲乙双方应通过协商，相应调整本部分第1段所述的审计费用。

4. 如果由于无法预见的原因，致使乙方人员抵达甲方的工作现场后，本约定书所涉及的审计服务中止，甲方不得要求退还预付的审计费用；如上述情况发生于乙方人员完成现场审计工作，并离开甲方的工作现场之后，甲方应另行向乙方支付人民币____元的补偿费，该补偿费应于甲方收到乙方的收款通知之日起____日内支付。

五、审计报告和审计报告的使用

1. 乙方按照中国注册会计师审计准则规定的格式和类型出具审计

报告。

2. 乙方向甲方致送审计报告一式十份。

3. 甲方在提交或对外公布乙方出具的审计报告及其后附的已审计报表时，不得对其进行修改。当甲方认为有必要修改会计数据、报表附注和所作的说明时，应当事先通知乙方，乙方将考虑有关的修改对审计报告的影响，必要时，将重新出具审计报告。

六、本约定书的有效期间

本约定书自签署之日起生效，并在双方履行完毕本约定书约定的所有义务后终止，但其中第四、五、七、八、九、十项并不因本约定书终止而失效。

七、约定事项的变更

如果出现不可预见的情况，影响审计工作如期完成，或需要提前出具审计报告，甲、乙双方均可要求变更约定事项，但应及时通知对方，并由双方协商解决。

八、终止条款

1. 如果根据乙方的职业道德及其他有关专业职责、适用的法律法规或其他任何法定的要求，乙方认为已不适宜继续为甲方提供本约定书约定的审计服务，乙方可以采取向甲方提出合理通知的方式终止履行本约定书。

2. 在本约定书终止的情况下，乙方有权就其于终止之日前对约定的审计服务项目所做的工作收取合理的费用。

九、违约责任

甲、乙双方按照《中华人民共和国合同法》的规定承担违约责任。

十、适用法律和争议解决

本约定书的所有方面均应适用中华人民共和国法律进行解释并受其约束。本约定书履行地为乙方出具审计报告所在地，因本约定书引起的或与本约定书有关的任何纠纷或争议（包括关于本约定书条款的存在、效力、终止，或无效之后果），双方协商确定采取以下两种方式予以解决：

1. 向有管辖权的人民法院提起诉讼。

2. 提交当地仲裁委员会仲裁。

十一、双方对其他有关事项的约定

本约定书一式五份，甲方执三份、乙方执两份，具有同等法律效力。

甲方：××公司清算组	乙方：××会计师事务所有限公司
授权代表：	授权代表：
地址：	地址：
电话：	电话：
	开户行：
	账号：
联系人：	联系人：
签订日期：　年　月　日	签订日期：　年　月　日

第二节　审计工作内容

关于强制清算的审计很多并没有明确的法律规定，根据最高人民法院的会议纪要，一些做法可参照《企业破产法》的规定。根据《企业破产法》第 31 条规定，“人民法院受理破产申请前一年内，涉及债务人财产的下列行为，管理人有权请求人民法院予以撤销：（一）无偿转让财产的；（二）以明显不合理的价格进行交易的；（三）对没有财产担保的债务提供财产担保的；（四）对未到期的债务提前清偿的；（五）放弃债权的”。第 33 条规定，“涉及债务人财产的下列行为无效：（一）为逃避债务而隐匿、转移财产的；（二）虚构债务或者承认不真实的债务的”。所以在强制清算审计中对这些项目的审查是重点工作。强制清算企业由于长期未正常经营，存在的重点难点问题较多，在实践过程中可根据具体情况沟通处理。

一、资产无实物盘点

对于资产，审计单位需要核实其账实相符的具体情况。具体来说，及时盘点核实固定资产的账实情况，对盘亏的资产不能进行取证的，通过待处理固定资产损失科目列示。审计单位应当审计核实固定资产折旧的计提，及时查询账外资产及盘盈资产，并说明原因且在报告中披露。对于没有实物可以盘点的情况，要核查原因，需强制清算企业、股东或主管单位说明情况。

二、全民所有制企业出资不实

有些强制清算企业是《公司法》出台之前设立的，还保留着全民所有制的体制，其往往没有验资报告等验资文件。一些强制清算企业还存在无账册可查验的情况，审计单位在进行此项审计时，建议尽量多方核实，通过工商等多渠道核实其出资义务人主体，如确实存在出资不实情形的，应当依法追究出资人未履行或未全面履行出资义务的责任。根据《最高人民法院关于债权人对人员下落不明或者财产状况不清的债务人申请破产清算案件如何处理的批复》的规定，“债务人的有关人员不履行法定义务，人民法院可依据有关法律规定追究其相应法律责任；其行为导致无法清算或者造成损失，有关权利人起诉请求其承担相应民事责任的，人民法院应依法予以支持。债务人的有关人员不履行法定义务，人民法院可依据有关法律规定追究其相应法律责任；其行为导致无法清算或者造成损失，有关权利人起诉请求其承担相应民事责任的，人民法院应依法予以支持”。审计单位可与清算组沟通采取相应措施。

三、关联主体的应收账款

强制清算企业的对外债权主要包括应收账款、预付账款等。审计人员在审计过程中可以以强制清算日为基点，把企业的债权分为诉讼时效内的债权和超过诉讼时效的债权。对于账龄超过诉讼时效的应收账款，若是关联企业的欠款，如有条件可以沟通清算组追讨企业恶意放弃的债权；若是职工欠款，审计单位应当本着谨慎尽职原则留账待核查讨论；对于账龄在诉讼时效内的应收账款，审计单位应逐笔查阅各项应收款项，向对方函证核对明细账对其应收款账户中的个人大额借款逐笔查阅借据。实践中一些僵尸企业的账目较为混乱，应收款单位仅有姓名或字号，较难查证。审计单位应当以尽职勤勉为原则，尽量按照会计准则要求进行查证，并与清算组积极沟通，多方查核信息，对确有困难无法查证的，需作合理说明。若审发现存在企业 负责人、董事、监事、高级管理人员拖欠公司大额借款未归还，审计单位应当核查情况，详细记录在案。

四、强制清算企业对外债务的审计

在对强制清算企业进行强制清算的过程中，清算组一般会通过书面方式通知已知债权人，同时在国内和地方有影响力的报纸上以公告形式通知债权人申报债权。审计单位可以在一定的期限内（一般参照公告的清算债权申报期届满期间），及时沟通了解清算组收到的及审核的债权申报情况，沟通债权申报资料，将其与企业账面上的债务情况进行比较，对于账面上没有的或无账册的，应对其进行具体的审查，比如让债权人提供借款合同及进账单、买卖合同及交货单、判决书、裁定书、执行文书等能够证明债权债务关系的证据，来核算企业实际的债务。另外，审计人员应当对重大债权进行核实，比如银行贷款的本金、贷款期限、利率，截止到审计日的欠款本息合计，财产担保及依据。审核应付账款的发生事实情况及有关证据、数额、财产担保情况、清偿情况等。

五、强制清算企业对外投资的审计

对于对外投资的股权，除了通过接收的强制清算企业资料进行了解外，清算组可以通过工商档案、企查查、天眼查等多种途径查询，通过走访强制清算企业有关人员核实这些对外投资情况。对于其他投资审计机构需审查账面记录及余额是否与已发生的实际情况相符。

六、强制清算企业抵押财产的审计

对强制清算企业抵押财产的审计，审计单位应当重点关注抵押程序的合规性、相关抵押登记办理情况，以及抵押物的价款是否超过其抵押债务的数额。抵押物的价值超过担保债权的，应考虑转为企业财产，不足的应考虑转为一般债务。

第三节　僵尸企业强制清算审计重点难点实务探讨

一、如何确定僵尸企业审计范围

在实践中，有些僵尸企业自20世纪七八十年代设立，距离法院受理强制清算已数十年未经营，其账册保管较为完整，有时一家企业的账册就存放了几十个档案柜之多，且多年尘封，如果每年都进行审计，审计工作量巨大且审计费用也非常高。对僵尸企业进行审计的目的主要是核查僵尸企业的资产以及核实其是否符合强制清算条件，因此，清算组与审计单位沟通确定审计范围时可重点对审计基准日（一般为法院受理强制清算之日）前三年以及僵尸企业停止营业前三年的财务账簿进行审计。这样做，一方面由于该部分账簿一般足以反映清算企业的资产、债权债务等情况，另一方面由于相应的审计工作量也会大大减少，节约了审计时间和费用，可达到效率和清算费用的平衡。

清算组应当要求审计单位特别关注是否存在抽逃资本、人民法院受理强制清算前一年内是否存在可撤销的行为，还有些僵尸企业可能存在不规范的行为，比如股东或财务负责人员以个人名义存款、存货账实不符、对外投资未记录、以股东名义登记僵尸企业资产等，要求审计单位通过询问、重新计算盘查、审阅会计凭证、函证、商谈等多种方式进行审计，对僵尸企业的资产、债权债务尽量准确审计核查。

二、僵尸企业无账册可供审计怎么办

目前法律对僵尸企业无账册可供审计的情况并无明确规定，参照《深圳市中级人民法院公司强制清算案件审理规程》第55条规定，“清算组接管公司后，应及时申请人民法院摇珠确定审计机构进行审计。公司账册缺

失无法审计的，清算组应对财产状况进行调查并进行说明。清算组经调查、审计或者评估，并编制债权表后，应当制定清算方案；发现公司财产不足以清偿债务的，应区分如下情形分别处理：（一）公司财产状况清晰，账册、重要文件齐全的，清算组应与债权人协商制作债务清偿方案，并提交全体债权人表决，全体债权人同意的，申请人民法院裁定确认债务清偿方案；经协商无法形成债务清偿方案或者债务清偿方案未通过的，债权人、公司或者清算组可以向人民法院申请破产清算；（二）公司主要财产、账册、重要文件等灭失，或者公司人员下落不明，无法清算或无法全面清算的，清算组应参照企业破产法的规定制作清算方案，报人民法院裁定”。

第六章　强制清算债权通知申报

第一节　强制清算债权概念

一、强制清算债权的界定

强制清算债权是指由于强制清算程序启动原因而成立的，经依法申报的程序进行确认，在被强制清算企业的财产中获得清偿的财产请求权。与破产债权相类似，债权申报也是债权人参加强制清算程序的必要条件，强制清算企业的债权人只有在申报债权以后，才有权对强制清算企业的财产提出权利请求。

二、僵尸企业强制清算债权的特征

相对于一般的债权而言，由于强制清算程序的启动，强制清算债权通常具有如下几个本质特征。

1. 强制清算债权是受理强制清算申请时已经发生的债权

"人民法院受理强制清算申请时"作为强制清算债权划定的时间界限，固定了强制清算债权的范围。在法院作出受理企业强制清算申请裁定之后，因为清算组的接管，强制清算企业即丧失对自身财产的管理和处分权。一般来说，在强制清算程序开始后成立的债权更具有优先性，不再称为强制清算债权，通常列为"强制清算费用"或"共益债务"。

2. 强制清算债权在法律上属于财产上的请求权

虽然债权在产生时的目的各不相同，有的是要求支付金钱，有的是要求交付货物，还有的是要求提供劳务或技术等❶，但由于企业强制清算申请被受理后，企业自身已经丧失了管理事务和管理、处分自身财产的权利，强制清算债权人的相对人已经变成了清算组，诸多债务已不可能再实际履行，对债权人予以清偿只能通过货币这一形式。所以必须运用货币化这种方式将所有债权表现出来，这样才能拥有统一标准计算不同性质债权的清偿数额与比例，并在强制清算程序中予以实际偿还。因此，强制清算债权只能是财产上的一种请求权，而这种请求权是能够表现为货币形式的债权的。而对于诸如请求恢复名誉、赔礼道歉等不能以金钱或财产偿还的债权，则不能作为债权申报。

3. 强制清算债权必须经依法申报来行使

债权人客观上享有债权，还必须主动、及时地行使权利才能获得强制清算企业清算组的清偿。根据《最高人民法院关于适用〈中华人民共和国公司法〉若干问题的规定（二）》（以下简称《公司法司法解释二》）第13条规定，"债权人在规定的期限内未申报债权，在公司清算程序终结前补充申报的，清算组应予登记。公司清算程序终结，是指清算报告经股东会、股东大会或者人民法院确认完毕"。据此规定，债权人在企业强制清算程序终结前均可向清算组申报债权。

三、具有特殊情形的强制清算债权

（一）职工债权

职工债权是劳动关系上的债权，不同于一般的商事债权，具有优先受偿的权利。根据《公司法》第186条规定，职工债权是在支付清算费用后优先于税款和其他债务予以清偿的。

为了更好地维护劳动者权益，各地方法院在审理强制清算案件中，亦

❶ 杨婷婷．论破产债权［D］．大连：东北财经大学，2003：9.

参照《企业破产法》的规定，认为职工债权属于免于申报的特殊债权。但考虑到许多强制清算的僵尸企业通常都存在管理、账目上的缺失、混乱和不清晰，清算组应与职工本人核实，能逐个核查的要逐个核查。

（二）税收债权，水、电费，行政罚款等税费债权

企业应纳税额的确定主要采用两种方式：申报纳税和官定纳税。在申报纳税情形下，若企业自己申报的纳税额与根据实际情况应缴纳的税额存在出入，则征税机关有权依法重新进行核定、调整、更正；而在官定纳税的方式下，应纳税额由纳税机关的行政处分加以确定。从而可以看出，不论哪种方式，应纳税额的确定权都由征税机关行使。因此，强制清算程序中，企业的税收债权都应当由相应税务机关向清算组进行申报。有关水、电费和行政罚款等，与税收债权的情形类似，也应当由相应的机关和单位向清算组进行债权申报。

在实践中，有的税务机关利用清算组追收强制清算企业债权需要税务发票或企业资产变价出售后过户或僵尸企业进入税务注销时，强行扣取所欠税款或缴纳全额滞纳金，电力、自来水公司利用清算组管理事务可能需要继续用水、用电，强行要求先支付清算企业拖欠的水电费才给供水、供电，这些都是不符合法律规定的。

另外，有些强制清算企业，由于管理混乱，企业名下存在被挂靠车辆，可能出现车辆违章罚款数十年未处理的情形，清算组如在清算过程中发现此类情况，建议书面通知相关单位申报债权，并告知其逾期未申报的由其承担相应后果。

第二节　强制清算债权申报通知

一、强制清算债权申报通知

从理论上来说，清算组可以通过查阅强制清算企业的财务资料获知债权人债权信息；但在实践中，基于种种原因，进行强制清算的僵尸企业经

常存在资料、账册管理混乱甚至遗失，或者向清算组移交的财务资料不全以及没有移交等情况，无论是对于清算组来说，还是对于强制清算的僵尸企业而言，都未必能够完全掌握所有债权人的债权状况，因此，有必要通知相关债权人进行债权申报。

根据《公司法》第185条规定，清算组应当采用通知和公告两种形式告知债权人，以便最大限度地让债权人得知企业已被法院受理强制清算的事实。

虽然通知可以采取口头（电话）或书面通知两种方式，但对于清算组而言，为便于留存书面证据备查，应当采用书面通知方式，而且通常宜采用中国邮政速递（EMS）方式对债权人履行通知义务。至于公告的刊载媒体，现行法律暂无强制性规定，但从保护债权人的角度考虑，应以权威性媒体为宜。在实务中，强制清算的相关公告刊载媒体通常为《人民法院报》以及强制清算企业所在地的权威媒体。

同时，一些地方法院就审理企业强制清算案件已经制定了专门的规范性文件，其中对于债权申报的通知有了更为具体的指引，这对其他尚未制定专门规范的地方具有借鉴参考意义。

《北京市高级人民法院关于审理公司强制清算案件操作规范（试行）》第54条规定，“清算组应当自收到人民法院指定成立清算组决定书之日起十日内将强制清算事宜书面通知全体已知债权人，同时，根据被申请人规模和营业地域范围，于三十日内在全国或者被申请人注册登记地省级主要报刊上进行公告”。第55条规定，“通知和公告应当载明下列事项：（一）申请人、被申请人的名称或者姓名；（二）人民法院裁定受理强制清算申请的时间；（三）申报债权的期限、地点和注意事项；（四）清算组成员的名称或者姓名及其联系方式、处理事务的地址；（五）被申请人的债务人或者财产持有人应当向清算组清偿债务或者交付财产的要求；（六）人民法院认为应当通知和公告的其他事项”。

《深圳市中级人民法院公司强制清算案件审理规程》第16条规定，“清算组应当自收到人民法院指定清算组决定书之日起十日内将强制清算事宜书面通知全体已知债权人，同时，根据公司规模和营业地域范围，于十五日内在全国或者公司注册登记地省级主要报刊上进行公告。清算组通知已知债权人后又发现新的债权人的，自发现之日起十日内通知新发现的债权人。通知和公告应当载明下列事项：申请人、被申请人的姓名或者名称；人民法院裁定受理强制清算申请的时间；申报债权的期限、地点和注意事项；清算组组成及联系人、联系方式、处理事务的地址；被申请人的债务人或者财产持有人应当向清算组清偿债务或者交付财产的义务；人民法院认为应当通知和公告的其他事项”。

文书范本 19：强制清算公告

×××公司强制清算公告

××中级人民法院于××年××月××日裁定受理××公司对××进行强制清算的申请，受理案号为（××）××强清××号，并依法指定×××担任清算组负责强制清算工作。请××公司的有关债权人于公告之日起四十五日内向清算组申报债权，债权人申报债权应当说明债权的有关事项，并提供证明材料，逾期不申报者，自行承担法律后果。

清算组通信地址：××××××；联系人：×××；电话：×××。

特此公告。

××清算组

年　月　日

文书范本 20：债权申报通知书

××公司债权申报通知书

×××号：

××人民法院根据××有限公司的申请，于××年××月××日作出××强清××号民事裁定书，裁定受理××公司强制清算案，并于××年××月××日作出××强清××号决定书，指定××事务所（或个人管理人）担任××清算组（以下简称“清算组”）。

根据《中华人民共和国公司法》第 185 条的规定，清算组依法负责××公司的债权登记、审核工作，现将有关事宜通知如下。

1. 债权人请在收到本通知之日起 30 日内按要求备齐材料后，向清算组申报债权。

2. 申报债权时需提供以下资料。

(1) 申报债权人为法人，应提供已年检的营业执照复印件（加盖公章）、法定代表人/负责人身份证明书（原件）、法定代表人/负责人身份证复印件（签字确认）；若申报债权人为自然人，则提供身份证复印件（签字确认）。

(2) 委托他人代为申报的，应提供债权人的特别授权委托书（原件）及代理申报人的身份证复印件（签字确认）/律师执业证复印件（加盖律所公章）和律师事务所所函（原件）。

(3)《债权申报书》一份和《债权登记申报表》一式三份（原件）。

(4) 申报债权的证明材料，如合同、协议、收付款会计凭证等。

3. 债权人应在《债权申报书》中详细写明申报人的联系地址、邮编、联系方式等信息，以便于清算组联系。

如单位未在本通知要求的期限内申报债权的，应当承担逾期申报债权的不利法律后果。

特别说明：在以上材料中，身份证复印件须本人签名并捺指模；须提供身份证原件和债权证明材料原件现场核对，经核对无误后退回原件；全部材料均须盖公司章。

特此通知。

附：

1. ××强清××号裁定书和××强清××号决定书。

2.《债权申报书》一份。

3.《债权登记申报表》三份。

4. 授权委托书模板。

5. 法定代表人身份证明书模板。

6. 债权申报表材料清单。

7. 清算组办公地址：××××××；联系人：×××；电话：××××××。

×××××清算组

年　月　日

二、僵尸企业强制清算债权申报期限

从保护债权人权利角度出发，债权申报期限不宜过短，应让债权人有充分的时间来申报债权；但就提升强制清算程序的效率考虑，该申报期限也不宜太长。因为债权申报的时间越长，清算费用的支出就会越多，最终仍然会损害债权人的利益。因此，债权申报时间的确定，必须兼顾债权人权利保护和强制清算程序效率两个方面。

根据《公司法》第185条规定的债权申报期限，被通知的债权人应在收到通知之日起30日内向法院指定的清算组申报其债权，而未被通知的债权人应自公告之日起45日内，向法院指定的清算组申报其债权。同时，《公司法司法解释二》第13条规定，“债权人在规定的期限内未申报债权，在公司清算程序终结前补充申报的，清算组应予登记。公司清算程序终结，是指清算报告经股东会、股东大会或者人民法院确认完毕”。故在强制清算程序终结之前，债权人仍然可以向清算组进行补充申报。

第三节　债权申报

一、债权申报的程序及资料

僵尸企业强制清算程序中，债权申报一般按照如下程序填写表格并提交相应的资料。

1. 填写《债权申报书》和《申报债权登记表》

《债权申报书》通常包括以下内容：（1）申报人的名称或姓名、住所，法定代表人、委托代理人的姓名；（2）申报债权的数额和计算依据；（3）申报的简要事实和理由。

《申报债权登记表》包括以下内容：（1）债权人的名称或姓名，法定代表人、委托代理人的姓名，法人营业执照号码，自然人身份证号码、住所及联系方式；（2）申报债权的数额；（3）债权发生的原因；（4）有无财产担保；（5）是否存在争议；（6）有无判决、裁定或仲裁裁决；（7）有无债权证明材料；（8）由清算组进行填写的编号。

债权人应当在《债权申报书》上盖章（签名），并注明申报日期。

2. 提交债权金额和债权发生事实的证据材料，填写《债权申报文件清单》

《债权申报文件清单》应包括但不限于：（1）债权基础文件，如合同、协议、欠条等；（2）债权人的支付凭证，如付款证明、发货记录等；（3）债权人请求偿债的证明、财产担保证明、债权人已获偿还部分的证明、法院及仲裁机构文书等文件；（4）申报的债权有财产担保的，应当提交证明财产担保的证据，如抵押合同、质押合同、抵押物登记凭证及他项权证等。

3. 提供债权人的主体身份资料，如委托代理人申报的，还应提供《授权委托书》和代理人的身份资料复印件，授权委托书载明代理人的姓名、住址、联系方式及授权委托权限等事项

僵尸企业清算组在进行债权申报通知时可以一并提供《债权申报书》《申报债权登记表》《债权申报文件清单》《授权委托书》等示范文本，以便规范债权申报文书的统一性。对于填写有困难的申报人，应当给予必要指导，以便促使债权人所提交的相关材料规范、完整。

二、债权申报文书的接收

（一）出具《债权登记回执》

清算组在收到债权申报材料后，应当向债权人出具《债权登记回执》。《债权登记回执》通常记载如下内容：申报人名称、申报编号、申报债权数额、申报时间、申报债权的性质、申报债权有无财产担保（担保人姓名、担保财产名称）、清算组接收申报材料清单等。

（二）制作《债权人申报债权登记册》

僵尸企业清算组接受债权申报后，应当登记造册，制作《债权人申报债权登记册》。

《债权人申报债权登记册》应当载明的项目包括但不限于：（1）申报人

基本情况，即企业名称或个人姓名，法定代表人或负责人姓名及职务、住所、联系方式等；（2）代理人的基本情况，即姓名、住所、联系方式；（3）申报时间；（4）申报债权数额，即原始债权数额、孳息债权数额；（5）申报债权的类别及有无优先权；（6）申报债权发生的原因（如因税款或费用拖欠而产生的债权、因借款合同、委托合同而产生的债权、因解除合同而产生的债权、因担保而产生的债权等）；（7）涉诉情况，包括诉讼或仲裁、受诉法院或仲裁机构、案件名称、编号、经办法官等；（9）其他。

《债权人申报债权登记册》应当对申报的债权进行分类编号，并按照号码顺序排列债权人申报资料，以便查找。

文书范本21：债权申报书

债权申报书

申报人：

地址：

法定代表人：

联系电话：

联系人：

申报债权数额：人民币________元

申报的事实和理由：

特此申报。

此致

×××清算组

申报人：

年　月　日

附：

1. ______________________；

2. ______________________。

文书范本22：申报债权登记表

申报债权登记表（此表一式三份）

编号：

债权人名称					
法定代表人（负责人）			营业执照号码		
委托代理人			委托代理人身份证号码		
联系方式	通讯地址			邮编	
	固定电话		手机	传真	
	电子邮箱				
债权形成原因					
合同情况（非合同类债权比照本栏要素填写）	合同名称				
	合同金额（本金）			约定收益（如有）	
	合同约定情况（简要说明）				
	合同起止日期			已支付金额	
申报债权金额	大写：人民币　　（元）；小写　　（元）				
债权有无担保	1. 无□ 2. 有□	担保金额：			
		担保形式：1. 保证□　2. 抵押□　3. 质押□			
债权有无争议	1. 无□ 2. 有□	有无诉讼、裁定或仲裁裁决			1. 有□ 2. 无□
债权证明材料					
债权人签章					
法定代表人签字（负责人）					

注：1. 本表用钢笔或签字笔填写；2. 编号由清算组填写；3. 本表不构成无效债权（如已过诉讼时效的债权等）的重新有效确认；4. 债权人应保证提供的资料及债权情况真实、合法、完整，否则应承担因此造成的一切法律后果；5. 债权证明材料附在本表之后，加债权人签章后与本表一并提交清算组；6. 债权人所填通信地址、联系电话、电子邮箱必须真实有效，作为债权人唯一联系方式，如变更的应及时书面通知清算组，否则应承担因此造成的一切法律后果。

债权人（或委托代理人）签名（章）　　　　申报日期：　年　月　日

文书范本23：债权登记回执、强制清算债权人申报登记册

债权登记回执

××公司清算组于________年________月________日，收到申报人××提交的《债权申报书》______份、《债权登记申报表》（编号为:______）份及相关材料的复印件________份。

债权申报金额为：人民币大写________________，小写￥________元。

申报债权的担保情况为：________。

申报人提交的资料（复印件）清单：（详见《债权申报表材料清单》）

1. 证明申报人主体资格的材料；
2. 证明债权发生事实以及数额的材料；
3. 其他材料。

接收人：××公司清算组

日　期：　　年　　月　　日

××公司强制清算债权人申报登记册

债权人基本信息	债权编号	
	债权类型	
	债权人名称	
	法定代表人	
	委托代理人	
	住所	
	联系电话	
	电子邮箱	
债权申报信息	申报日期	
	债权性质/形成原因	
	申报债权金额	
	是否存在财产担保	
	主要债权依据/裁判文书	

第四节 僵尸企业强制清算债权申报重点难点实务探讨

一、清算组超过《中华人民共和国公司法》规定的时间通知债权人是否属于未依法履行通知义务

这样的问题在实务中不能一概而论。强制清算程序与常规的公司清算程序毕竟存在不同之处，因僵尸企业强制清算程序中清算组可能难以接收或掌握僵尸企业核心资料，一般无法在清算组成立之日即了解到全部债权人信息，故需给予清算组一定时间去查找债权人信息。

从公平清偿的角度来说，清算组应负有持续查找债权人的义务，故清算组通知债权人的时间应与清算组知道债权人的时间相匹配，即对清算组在成立之日起 10 日内已掌握的债权人，应依法通知；对此之后清算组掌握的债权人，应及时予以通知，即可视为清算组履行了通知义务。

在已知债权人法定标准不甚明了的情况下，僵尸企业清算组在履行强制清算职责时应保持较高的注意义务，例如，通过行政、司法部门查找或通过网络公开平台查找等方式确认已知债权人，穷尽法律赋予清算组的一切手段。对法定通知时间之后发现的债权人，清算组仍应及时予以通知。在此期间，清算组应尽可能留存好有关查找债权人、通知债权人时的记录和文件，留存调查痕迹，为可能存在的纠纷保留好免责依据。

二、僵尸企业强制清算程序中如何把握通知已知债权人的标准

一般实务认为可从以下两方面把握债权人的“已知”标准。

其一，债权人是否在强制清算程序终结前主张过债权。对于在强制清算程序终结前债权人主动主张过债权，包括在强制清算程序启动前曾主张过的债权，可以认定为已知债权。否则，应视为未知债权。

其二，债权人之信息是否记载于强制清算企业相关文件。争议债权人或债权记载于僵尸企业相关文件（如出资协议、公司章程、股东会决议、

财务会计报表及其他公司或其他股东知悉之文件）中，则应认定为已知债权。

最高人民法院认为：已知债权人是掌握企业基本情况的，留有通信地址和交易信息的交易伙伴。基于诚实信用原则，企业应对其尽较高的注意义务，必须采用书面通知的方式告知其已启动清算程序的事实和债权申报的有关事项。而未知债权人一般是企业侵权行为的权利人，如产品责任、环境污染责任的受害者，企业只需要对其尽一般的注意义务，以公告方式提示其及时申报债权。

三、境外债权人债权申报是否有特殊要求

如果债权人是注册地为境外或属境外的企业，债权人提交的所有资料均需经过有公证资质的公证机构进行公证并经认证。以下是各地区公证认证程序，仅供参考。

1. 国外的公证认证程序

（1）将需要进行公证的材料送至该国外交部进行认证；

（2）将已经该国外交部认证的材料送至中国驻该国使领馆进行认证；

（3）将经过认证的法律文书拿回国内使用。

2. 我国香港地区的公证认证程序

（1）委托中国司法部指定的香港公证机构做公证（查核和公证）；

（2）委托香港律师到中国法律服务（香港）有限公司加盖转递章[1]；

（3）将该份文件拿回内地使用。

3. 我国台湾地区的公证认证程序

（1）到台湾公证机关公证；

（2）台湾公证机关将公证文书副本寄交内地公证员协会；

（3）内地一方将该公证文书拿到公证员协会作进一步核证，核证通过后即可使用。

---

[1] 陆宇星．企业破产清算时职工权益核算需要重点关注的法律问题［J］．人民之声，2016（1）．

四、僵尸企业强制清算时的税收债权是否需要申报

强制清算僵尸企业的税收债权仍须进行申报，主要理由在于：(1) 参照《中华人民共和国企业破产法》的规定，除清算企业职工工资、医疗、伤残补助、抚恤费用、应当划入职工个人账户的基本养老保险、基本医疗保险费用，以及法律、行政法规规定应当支付给职工的补偿金无须申报，由清算组调查后列出清单予以公示外，其他债权均应按照规定的期限和程序向清算组申报债权。(2) 税款的计算专业性较强，例如，会计上的收入、成本和税法上确认的收入、成本往往不一致，可能存在暂时性或永久性差异，需要进行纳税调整方能确认税款金额；如果税务机关不积极申报或仅以僵尸企业财务记账显示的欠税金额确认，很有可能导致应予缴纳的税收债权与实际不符。(3) 僵尸企业一般在管理上、财务上均存在一定的问题，有的僵尸企业财务账簿甚至缺失或部分损毁，如果税务机关不申报，清算组根本无法得知是否存在税收债权，也无法确认税款金额。

但在实践中也可能会出现各种问题。例如，某些僵尸企业强制清算案例中，清算组通知了税务机关申报债权，税务机关未予申报，又或者税务机关在债权申报时遗漏了部分应纳税事项，结果待分配完成清算终结了，税务机关以有欠税未清为由拒绝办理注销手续，而此时已无财产分配，从而导致强制清算程序陷入僵局。这都是因为现行《中华人民共和国税收征收管理法》对强制清算企业（也包括破产企业）的税务征管和清结没有明确规定，导致基层税务人员在办理强制清算企业税务事项时存在顾虑。税收问题应引起立法机构、税务主管部门及理论研究者的高度重视，我国应尽快完善相关法律法规的衔接。

五、强制清算的僵尸企业欠缴税款产生的滞纳金能否作为债权进行申报

这个问题的通常处理方式与破产清算程序相类似，对于欠缴税款之滞

纳金是否作为强制清算企业的债权应当区分情形，以强制清算申请受理作为分界点，至此之前的可列入强制清算企业的债权，但是清偿时该滞纳金不具有税收债权同等的优先性，应作为普通债权进行清偿，强制清算申请受理后的滞纳金则不再列入强制清算企业的债权。

第七章　强制清算债权审核和确认

第一节　债权审核概述

强制清算清算组接收了债权人的申报材料后，需要对债权人申报的债权进行审核。清算组对申报债权审核的目的在于确定申报人所申报的债权是否真实存在，是否合法有效，是否应当受到法律的强制性保护，申报的主体是否为债权的真正权利主体。

由清算组对债权人申报材料进行审核的理论依据在于以下两点。一是强制清算程序中清算组的中立性法律地位。这决定了清算组在对债权进行审查时既不会偏向于债权人，也不会偏向于强制清算的僵尸企业，能够对债权审核做到客观公正。二是清算组的专业性。法院指定的僵尸企业清算组成员由法律和财务等方面的专业人士组成，相对于非专业人士来说，他们具有丰富的债权审核经验，具备对债权进行实质审核的能力，能够在债权审核中做到科学、准确审核。

清算组对债权人申报的材料进行审核，可以分为形式审核和实质审核两个方面。形式审核的内容主要包括是否采用书面形式，是否在规定的期限内申报，是否提交了证实债权申报主体资格、证实债权是否成立、债权数额以及有无财产担保的证明材料。[1] 对此项审核，清算组作为专业人士，在不违背自己职业道德的前提下，应尽勤勉之责，及时指出债权人申报材料所存在的疏漏，要求债权人予以补正，但债权人因材料欠缺而导致申报

[1] 郭茂佳．国有企业破产难点透析［J］．武汉金融，1997（10）．

债权未被认可的法律后果应当由其自行承担。实质审核的目的是核实债权的真实性与否，主要审查债权债务关系是否真实发生，债权证据材料是否真实，债权的具体数额是否准确，是否已超过诉讼时效，债权是否已经重复申报等。

清算组对申报债权进行审核的基本要求如下。第一，经过生效法律文书确认的，应当根据生效法律文书进行债权确认，但申报时超过申请执行时效的债权不再列入僵尸企业的强制清算债权。第二，未经过生效法律文书确认，但满足证据真实、合法、充分的条件的，或满足证据虽然不充分，但债务人有明确记载财务记录或者有其他相印证的证明文件的，应当根据证据、财务记录或其他证明文件对相应债权进行确认。第三，法律、行政法规、司法解释明确规定不列入强制清算债权（或破产债权）的，从其规定。第四，对于应当列入强制清算债权但债权人未依法进行申报的债权，暂不予以确认，待债权人申报后再予以审核。

第二节　债权审核的流程

债权审核有如下流程。

第一，接收债权申报材料，向申报人出具《债权申报回执》，并要求申报人填写《债权人送达地址确认书》。

第二，形式审核，审查申报人是否按要求提交了相关材料，核对材料原件并予以注明。发现申报材料不齐全的，要求申报人定期补正。

第三，实质审核，由清算组中法律专业人士负责审查申报人所申报的债权是否具有法律依据，是否已超过诉讼时效或申请执行时效等，出具债权审核意见。

第四，数额审核，经由清算组中法律专业人士审查，认为申报人所申报的债权具有法律依据，真实存在，且未过诉讼时效或申请执行时效的，则交由审计专业人士审查，计算具体的债权金额。

第五，告知债权人初步审核结论，等待债权人反馈意见。债权初步审核完成，清算组应当制作《债权初步审核函》，并将《债权初步审核函》

书面通知债权人。[1]《债权初步审核函》记载的内容涵盖：（1）申报情况（包括但不限于债权人名称、申报债权数额及申报证据、有无财产担保等概述）；（2）审查情况（包括但不限于清算企业的意见、清算组查明的基本事实、清算组对该债权的审查结果、审查差异说明以及不予认定的事实和理由等其他需要说明的事项）；（3）对于个别无法定性或者债权构成复杂、债权金额难以认定的债权，清算组应当通知该债权人进一步补充申报资料。同时，清算组应当告知债权人，如对《债权初步审核函》存在异议，则应当在规定时间内向清算组提出书面异议，同时提交相应证据材料。

第六，若债权人对清算组的初步审核结论书面提出异议，清算组应当自收到书面异议及相应证据材料之后，及时进行复核，并根据复核情况以《债权复核通知书》形式作出维持原初审结论或进行相应调整的复审结论的书面回复。《债权复核通知书》应当满足理由充分、法律依据明确的条件，同时告知债权人如仍有异议的，可依法向人民法院提起诉讼。

第七，编制债权表，对强制清算僵尸企业的债权人会议（如有）进行核查，并在无异议后最终报人民法院审查备案。清算组根据《债权初步审核函》《债权复核通知书》的记载，以及债权人的确认或反馈意见进行复查，编制并形成《债权表》，作为清算组债权审核的书面文件，提交债权人会议核查债权。[2]如果僵尸企业强制清算程序中未能形成债权人会议，则直接提交法院审查备案。《债权表》通常记载债权人名称、申报债权金额、审核债权金额、有无财产担保、备注说明等事项，且《债权表》的形式可以根据具体情形的需要进行适当变化。在僵尸企业强制清算案件中，若接受申报的债权简单、明确，可以以一张总表的形式反映；若债权人数量较多，债权债务关系复杂，则可以在总表基础上，分类细化出《普通债权表》《有财产担保债权表》《税收款项债权表》《无表决权组债权表》《职工债权表》等若干债权附表，并在对债权性质进行分类的基础上，明确不同债权的审核结果，便于债权人会议分别表决。

---

[1][2]郭茂佳．国有企业破产难点透析［J］．武汉金融，1997（10）．

第三节　债权审核的内容

一、债权的形成依据

清算组对债权审核的第一要点为债权的形成依据，即能够证明债权真实存在的证据。债权的形成依据主要有以下几类。

一是合同。合同是债权债务关系发生的重要法律依据。申报的债权如果是基于合同而形成的，则清算组应当重点审核合同是否合法有效并得到履行。申报人依据无效合同或未履行的合同申报的债权不能成立。

二是人民法院的判决书、调解书。申报人依据人民法院的判决书、调解书申报债权，清算组主要审核判决书、调解书的真实性以及其是否已经生效、有无超过申请执行时效。未生效的判决书、调解书不得作为债权的申报依据。

三是仲裁裁决书。仲裁委员会依法制作的仲裁裁决书一旦生效，则与人民法院的判决书具有同样的法律效力，其当然是重要的债权申报依据。清算组对依据仲裁裁决书申报债权的审核，特别要注意的是当事人之间是否存在有效的仲裁条款，仲裁事项是否在当事人所约定的仲裁范围之内等情况。

四是其他能够证明债权成立的依据。凡是能够证明债权债务关系真实发生的收款收据、债务确认函、转账凭证、往来电报、函件欠条等材料，都可以作为债权申报的依据。清算组对这些债权申报依据进行审核时，不仅需要对这些证据材料本身的真实性进行审核，同时还必须审核是否有其他证据材料证明当事人之间发生了真实的债权债务关系，从而形成相应的证据链。

二、债权的诉讼时效和申请强制执行时效

超过诉讼时效和申请强制执行时效的债权，虽然实体权利仍然存在，

但从程序上来说，已经丧失了请求人民法院强制债务人履行债务的权利。因此，诉讼时效和申请强制执行的时效乃是清算组债权审核的重要内容。

三、债权的具体金额

清算组对债权具体金额审查的主要要点如下。

（1）债权人根据合同、协议书、判决书、裁决书等债权文书进行计算债权金额的，应依据债权文书约定或确定的债权计算标准进行审查；对于债权人没有依据债权文书约定或确定的债权计算标准计算债权金额的，清算组应当予以纠正；约定的债权计算标准不符合法律法规的强制性规定的，清算组应当按照法律法规的规定对债权人的债权金额进行纠正并重新计算。

（2）申报债权包含利息的，清算组须特别注意利息计算的截止日期。由于针对企业强制清算尚未出台专门的法律，法院审理时除参照适用《中华人民共和国企业破产法》的相关规定外，各地方法院对此制定的规范性文件在债权利息的处理上可能会存在一些差异。例如，《北京市高级人民法院关于审理公司强制清算案件操作规范》第58条规定，“未到期的债权，在人民法院决定受理强制清算申请时视为到期。附利息的债权在人民法院决定受理强制清算申请时停止计息”。《深圳市中级人民法院公司强制清算案件审理规程》第47条规定，“未到期的债权，应视为已到期，在强制清算程序中依法予以清偿。附利息的债权利息计至实际分配之日止”。并且，申报人计算利息应以合同约定或生效法律文书确认的利率计算，除非该利率约定违反法律规定，利率约定不明的，按人民银行同期的一年期贷款利率计息。一般来说，申报的债权利息中包含逾期贷款利息的，该利息超出中国人民银行同期的一年期贷款利息的部分不确认为清算债权。若申报的债权利息中包含罚息或复利的，均不予确认。

申报的债权包含违约金、定金的，以实际损失为限，如无生效判决确认该损失，则清算组不予确认。申报的债权包含强制清算企业未支付的应付滞纳金部分，清算组通常也不予确认。

第四节　特殊债权的审核

一、债权申报期限届满后申报债权的处理

《最高人民法院关于适用〈中华人民共和国公司法〉若干问题的规定（二）》第13条规定，“债权人在规定的期限内未申报债权，在公司清算程序终结前补充申报的，清算组应予登记。公司清算程序终结，是指清算报告经股东会、股东大会或者人民法院确认完毕”。第14条规定，“债权人补充申报的债权，可以在公司尚未分配财产中依法清偿。公司尚未分配财产不能全额清偿，债权人主张股东以其在剩余财产分配中已经取得的财产予以清偿的，人民法院应予支持；但债权人因重大过错未在规定期限内申报债权的除外。债权人或者清算组，以公司尚未分配财产和股东在剩余财产分配中已经取得的财产，不能全额清偿补充申报的债权为由，向人民法院提出破产清算申请的，人民法院不予受理”。因此，在债权人无重大过错未在规定期限内申报债权的，依然可以补充申报，若强制清算企业有尚未分配财产的，可以取得清偿，不能全额清偿的，还可以主张从股东在剩余财产分配中已经取得的财产清偿。另外，《北京市高级人民法院关于审理公司强制清算案件操作规范》第63条还规定，“为审查和确认补充申报债权的费用，由补充申报人承担”。故由于补充申报导致增加的清算费用或其他费用，通常都由补充申报的债权人来承担。

二、担保债权的审核

与破产程序中的债权审核无异，对于债权人申报的对清算企业的特定财产享有担保权的债权审核包括但不限于：（1）债权人申报主体的资格、申报人与清算企业之间的债权债务关系、债权担保是否合法、是否进行财产担保登记，必要时应到相关登记部门进行调查核实；（2）同一担保财产有多项担保权存在的受偿顺序；（3）在人民法院受理强制清算申请1年

内，清算企业有无对没有财产担保的债务提供财产担保，若有，清算组应依法行使撤销权；（4）担保财产的价值；（5）担保权的受偿范围；（6）担保财产的价值少于担保债权金额的，以担保财产的价值为限，债权金额超过担保财产价值的债权部分为普通债权。

三、税收债权的审核

税务机关就强制清算僵尸企业欠缴的税款及因此产生的滞纳金向清算组申报债权的，清算组应按照以下方法进行处理。（1）对于僵尸企业在人民法院裁定受理强制清算申请前所欠税款及补偿性质的利息应依法确认并列为优先债权，但其中包含的罚款、罚金应予剔除，不列为优先债权受偿范围。（2）对于僵尸企业在人民法院裁定受理强制清算申请前产生的滞纳金，应依法确认并列为普通债权；对于强制清算申请受理后因欠缴税款产生的滞纳金应予剔除，不列为清算企业的债权，但清算组也应当对税务机关的申报进行登记。税务机关申报债权，清算组可以凭税务机关自己作出的生效行政决定、上级机关作出的生效行政复议决定或者人民法院的生效行政判决文书等依法确认。[1]

四、附条件、附期限债权的审核

《北京市高级人民法院关于审理公司强制清算案件操作规范（试行）》和《深圳市中级人民法院公司强制清算案件审理规程》，均参照《中华人民共和国企业破产法》规定，“附条件、附期限的债权和诉讼、仲裁未决的债权，债权人可以向清算组申报”。对附条件、附期限的债权审查，应当重点审查债权所附条件和期限。强制清算申请受理前成立的附解除条件的债权，应当认定为清算债权，该债权人在债权人会议上享有表决权；强制清算申请受理前成立的附生效条件的债权，应当认定为清算企业的债权，该债权人在债权人会议上不享有表决权。附期限的债权在强制清算申

[1] 严耿斌．公司强制清算受案审查制度的研究［D］．上海：上海交通大学，2013.

请受理时尚未到期的，均应当认定为清算企业的债权。

五、诉讼、仲裁未决债权的审核

对债权人申报的正在诉讼、仲裁尚未裁决的债权，清算组不需要对该债权进行实质审查，但需对其进行申报登记，等法院或仲裁机构作出裁决后，再依据裁决结果认定其债权是否成立及其债权金额。对于上述债权，清算组可以考虑向人民法院申请给予该债权人在债权人会议上的临时表决权。

六、连带债权的审核

申报的债权是连带债权的，《北京市高级人民法院关于审理公司强制清算案件操作规范（试行）》第 61 条、第 62 条，《深圳市中级人民法院公司强制清算案件审理规程》第 49 条、第 50 条均规定：（1）连带债权人可以由其中一人代表全体连带债权人申报债权，也可以共同申报债权；（2）被申请人的保证人或者其他连带债务人已经代替被申请人清偿债务的，以其对被申请人的求偿权申报债权。也就是说，在强制清算程序中，清算企业的保证人或者连带债权人未代替清算企业清偿债务的，其债权申报是不被确认的。

七、职工债权的审核

职工债权具有特殊性，应当给予特殊保护。

《北京市高级人民法院关于审理公司强制清算案件操作规范（试行）》第 57 条规定，“被申请人所欠职工的工资和医疗、伤残补助、抚恤费用，所欠缴的应当划入职工个人账户的基本养老保险、基本医疗保险费用，以及法律、行政法规规定应当支付给职工的补偿金，不必申报，由清算组调查后列出清单并予以公示。职工对清单记载有异议的，可以要求清算组更正；清算组不予更正的，职工可以向有管辖权的人民法院提起诉讼”。

《深圳市中级人民法院公司强制清算案件审理规程》第46条规定，“公司所欠职工的工资和医疗、伤残补助、抚恤费用，所欠的应当划入职工个人账户的基本养老保险、基本医疗保险费用，以及法律、行政法规规定应当支付给职工的补偿金，不必申报，由清算组调查后列出清单并予以公示。职工对清单记载有异议的，可以要求清算组更正；清算组不予更正的，职工可以直接按本规程第四条的规定向人民法院提起诉讼”。

从上述规定可以看出，对职工债权的特殊保护，仅涉及职工的部分经济权利，特定条件下职工可以要求用人单位支付的赔偿金（如加倍支付赔偿金、基于用人单位过错而导致劳动合同无效的赔偿金、人身损害赔偿金）并不属于特殊保护的职工债权。

清算组对职工债权的审核，应当以劳动合同为基础，审查劳动合同的签订时间、劳动合同期限、工作内容、工作地点、工作时间、劳动报酬、试用期、服务期、培训和保密事项以及补充保险、劳动福利等情况，考察劳动合同的真实性和合法性，审查职工是否依照劳动合同的约定，履行了劳动义务。清算组不仅应当查看清算企业的人事档案资料，更要查看清算企业的考勤记录，查看其工资发放情况等。同时，参照《中华人民共和国企业破产法》相关规定的处理，清算企业的董事、监事和高级管理人员的工资形成的债权，按照该企业职工平均工资计算的部分作为职工债权；高出该企业职工平均工资计算的部分，则可以作为普通债权来清偿。

第五节 债权审核的确认

一、债权确认前的沟通工作

在收到债权人申报债权的资料，明确债权人的基本情况以后，清算组需要和债权人，特别是对僵尸企业提出强制清算申请的债权人保持密切的沟通，主动告知债权审核的进展，以减少工作中不必要的阻力。

为保证清算程序的正常进行，可充分发挥法院的作用，引导强制清算僵尸企业的债权人尊重清算组意见。针对矛盾比较尖锐的问题，尽量采取在法院的主持下“多议事，先议事，后表决”，通过协商、沟通的方式来解决争议并形成书面协议，避免各方的矛盾激化。从而通过清算程序，来实现和谐化解债权人的质疑或强制清算企业的破产危机的目的。

对强制清算企业的债权作出确认前应有一个缓冲期，给债权人提出问题的时间或发泄的时间，同时这个时间也是各方利益主体相互角力的时间。针对债权人提出的问题、要求，清算组应当要求其提供书面说明并附证据材料，清算组在核查落实后，形成书面材料再次进行反馈。当然，对于债权人提出的无理、无据的要求，清算组应当明确拒绝。

二、债权确认程序

僵尸企业强制清算中的债权确认程序分为非诉程序和诉讼程序。

非诉程序是指通过清算组和债权人会议（如有）审核以及人民法院审核的方式确认债权；诉讼程序是指在债权人或清算企业对清算组编制的《债权表》有异议的情况下，通过人民法院作出判决的方式确认债权。债权人、清算企业对于《债权表》记载无异议的，在非诉程序中经债权人会议审核，由受理强制清算案件的人民法院审查备案予以确认。

债权人或清算企业对清算组编制的《债权表》记载有异议的，可以向受理强制清算申请的人民法院提起债权确认之诉。债权异议包括债权人对自己债权的异议以及强制清算企业对《债权表》记载事项的异议。债权确认诉讼程序，应当以清算组为被告启动诉讼。如果人民法院裁定异议不成立，则按清算组原审核确认的债权列入《债权表》，作为强制清算企业的债权参与分配；如果人民法院裁定异议成立，则该债权经人民法院裁定后，应将调整后的债权列入《债权表》[1]，重新进入强制清算企业的债权参与分配。

---

[1] 田维桢，罗义新．律师担任破产管理人的执业要点及风险防范［J］．法治研究，2007（9）．

三、债权异议的处理

对于有异议的债权，清算组应当要求有异议的债权人提交正式的债权异议表，详细说明异议的具体事实与理由，并附相关证据材料。清算组应在合理的期限内对有异议债权进行审查，并向异议人发出书面审查意见，不予采纳的告知异议人在合理期限内（通常为15日内）向人民法院提出确认之诉，以防止相对人滥用债权异议权，导致强制清算程序的拖延。

四、债权的临时确认

对于债权是否存在、债权性质如何以及债权数额多少等内容有一项或多项内容没有得到证实的❶，清算组可为其临时确定债权额，债权人按照临时确定的债权性质和数额，参加债权人会议。

五、债权确认的后果

根据《深圳市中级人民法院公司强制清算案件审理规程》第52条的规定，“依法申报债权的债权人在强制清算程序中享有本规程规定的表决权，享有表决权的债权人可以组成债权人会议对财产变价、分配等重大事项进行表决，表决程序参照适用企业破产法的规定”。即被确认债权的债权人有权组成并出席债权人会议，依据其被确认的债权性质及债权数额等在债权人会议中享有投票表决权；在清算财产分配时，列入同类债权的清偿顺位，并以此为依据计算可获得的清偿数额。而对于临时确认债权，在债权人会议中按照临时确认的债权性质和债权数额行使表决权，如果最终被确认不属于强制清算债权，则不得参加清算财产分配，已经获得的分配应当予以返还；如果最终被确认为强制清算债权，则按照最终确定的债权比例进行分配，已经按临时债权额行使的表决权不再纠正。❷

---

❶ 郭茂佳．国有企业破产难点透析［J］．武汉金融，1997（10）．

❷ 田维桢，罗义新．律师担任破产管理人的执业要点及风险防范［J］．法治研究，2007（9）．

第六节　僵尸企业强制清算债权审核确认重点难点实务探讨

一、债权人提出异议时，能否对其他债权人的债权提出异议

僵尸企业强制清算程序中的债权异议问题，不能简单适用破产程序的相关规定，而应从强制清算程序本身的特点及确认之诉的法理分析。债权人对清算组核定的他人债权提出异议，在性质上属于确认之诉，债权人应当具有诉的利益。按照诉讼法理，诉的利益是基于原告主张的实体利益因侵权行为或者处于争议状态而现实地陷入危险或不安时产生的，这种危险或不安能直接促成原告请求诉权保护的理由或事实。❶ 在破产清算程序中，由于破产财产的范围是确定的，债权人之间的利益是此消彼长的关系，因此债权人与管理人确认的其他债权人的债权之间有利害关系。而在强制清算程序中，前提是强制清算企业资产大于负债，清算组确认的各债权人的债权数额大小，在债权人之间并不产生直接的利益冲突，影响的是股东剩余财产分配权的实现。❷ 换言之，清算组确认的甲债权人债权数额的多少，对乙债权人的实体利益并未造成现实的危险或不安，乙债权人因欠缺诉的利益而不能提出对甲债权的异议之诉。

当然，如果在强制清算程序中，由于清算组对于某个债权的确定有误，导致资不抵债，则此时清算组可通过与全体债权人协商制定清偿方案，债权人可以选择提出异议而不同意协商，在这种情况下，强制清算程序只能转入破产清算程序，而在破产清算程序中，债权人可以对其他债权人的债权提出异议。

---

❶ 王志永．股东申请公司强制清算中的债权人利益保护［D］．上海：华东政法大学，2015.

❷ 刘涛．我国公司强制清算法律制度研究［D］．重庆：西南大学，2013.

二、债权人对清算组核定的债权有异议，是否应当先经清算组重新核定再起诉

僵尸企业强制清算程序通常应当坚持清算效率原则，同时体现司法权的有限介入。《最高人民法院关于适用〈中华人民共和国公司法〉若干问题的规定（二）》第12条规定，债权人对清算组核定的债权有异议的，可以要求清算组重新核定，而不是直接提起诉讼，即是清算效率原则的体现。由清算组先行处理，也体现了司法权在强制清算程序中的审慎介入。如果允许债权人债权未经清算组重新核定，即向法院起诉，除了债权人要预交诉讼费外，清算组因应诉而增加的诉讼成本最终会由清算企业的股东承担，也不符合诉讼经济原则。

三、发现强制清算企业资不抵债时，是否必然进入破产程序

一般来说，在企业法人解散但未清算时，在存在破产原因和强制清算原因竞合的情况下，债权人对于是向人民法院直接申请债务人破产清算还是申请强制清算享有选择权。因此，在僵尸企业强制清算实务操作中，也应当允许债权人根据实际情况进行选择，一方面应当判断强制清算企业的实际财产情况，另一方面应当考虑到申请强制清算或申请破产清算后仍然存在互相转化的情况。在综合考虑法律风险和经济收益之后，可由债权人进行选择，从而实现债权人的利益最大化。

若清算组发现强制清算的僵尸企业资不抵债时，清算组应事先与相关债权人进行沟通，确认能否达成相应的和解或减免方案，以确定是否申请进入破产程序，并报人民法院最终审核确认。

四、僵尸企业强制清算时的税收债权如何进行审核确认

在实务中，清算组通常采用如下的确认方式。

（1）已发生的欠税应予确认，即僵尸企业强制清算受理时已发生了税收债权，即使纳税义务发生时间未届满，税务机关也应当申报，清算组对

此应予确认。

（2）对于所得税等按年计算的税收，僵尸企业在年中进入强制清算程序时，应以当年公历1月1日起至强制清算申请受理之日止，作为一个纳税年度，计算应纳所得税款。根据《中华人民共和国企业所得税法》第53条规定，“企业所得税按纳税年度计算。纳税年度自公历1月1日起至12月31日止。企业在一个纳税年度中间开业，或者终止经营活动，使该纳税年度的实际经营期不足十二个月的，应当以其实际经营期为一个纳税年度。企业依法清算时，应当以清算期间作为一个纳税年度”。

（3）税收债权中还应区分所欠税款与涉税罚款、利息、滞纳金等概念。

参照破产清算程序中的规定，行政机关对破产企业的罚款不属于破产债权，原因就在于，税收是政府公共资金的来源，本身具有公益性，需要特别保护，而罚款或罚金属于惩罚措施，不是政府运作的收入基础，不能赋予优先受偿权。因此，僵尸企业强制清算时的涉税罚款也不具有优先受偿权。

关于欠税利息，一般认为是对资金占用的补偿，而不是一种行政处罚措施，一般并入强制清算僵尸企业的所欠税款，优先于普通债权受偿。

而关于欠缴税款之滞纳金是否作为强制清算僵尸企业的债权应当区分情形，以强制清算申请受理作为分界点，在此之前的应作为清算企业的债权，但是清偿时该滞纳金应作为普通债权进行清偿，强制清算申请受理后的滞纳金则不再作为强制清算僵尸企业的债权。

与企业破产程序相同，僵尸企业强制清算申请受理后所发生的税收也通常不再作为强制清算企业的债权予以确认。

第八章 强制清算调查

第一节 强制清算调查

强制清算调查是指在强制清算过程中，清算组对债务人的债权债务、出资人情况、职工情况、签订协议等情况进行调查以为清算工作的开展提供事实依据的过程。因此，强制清算调查也可称强制清算中的尽职调查。

强制清算中尽职调查的主体是清算组，调查的客体是强制清算公司的各个方面，清算调查的主要目的在于清算组能够顺利履行职责，对债务人的资产进行盘点清算，对债权、债务等一切需要了解的信息进行调查，以对公司进行清算、重整等。这样一方面可收集对于清算工作有效可用的信息，另一方面也是履行清算组的法定义务，对公司进行全面客观的调查了解，评价各种事项是否符合法律规定，防范风险，避免损失或承担责任。

第二节 调查内容及方式

清算组接管后，必须对公司的基本情况，包括企业资产、投资架构、股东构成、所属行业、经营范围、强制清算原因、人员组织结构等情况进行初步了解，以便清算组下一阶段工作的顺利开展。调查的问题主要涉及以下几个方面。

一、出资核查

所谓僵尸企业的出资核查，是指对僵尸企业出资的初始情况、历史演变及现状进行全面的法律调查，以明确其资产来源的合法性、充分性，同时这也是厘清企业资产情况及产权的前提条件。有的僵尸企业是全民所有制，但有的仅是国有控股，也存在员工代表持股等情况。因此，有必要对出资情况进行全面的核查，以保证在重整出清过程中，准确把握产权关系。

（一）法院调档

清算组在接到法院确定其为指定清算组的通知后，方可立即与法院预约以查阅该强制清算企业的档案。强制清算申请人一般会将申请强制清算的事由，以及对强制清算企业的情况向法院进行申请汇报，以便清算组核查强制清算事由是否合理，对强制清算企业有初步了解。

（二）工商调查

公司的注册登记机关是工商行政管理局，它所提供的资料是了解公司背景最为重要的途径。因此，必须通过网上查询及现场调取工商局全部档案登记资料等方式，尽可能全面获取工商登记信息，以了解公司出资等有关情况。清算组中的成员，如果具有律师身份，一般情况下可凭律师执业证、律师事务所介绍信调取公司登记档案；某些地方工商部门需要由公司开具介绍信及持有公司证明文件如营业执照原件等才予以查询。另外，如果查询受阻，也可通过致函法院，通过法院开具有效证明文件的方式进行，但此方式需要与法院经办人员进行有效沟通。

值得注意的是，清算组不仅需要查询公司的材料及通过国家企业信用信息公示系统、地方工商部门官方网站、地方性信用网站（如广州信用网等）查询公司工商、征信等情况，同时也需要对公司开办的分公司、子公司等分支机构进行查询，以便对公司在外的分支机构进行全面了解及把控。

现场调取工商档案的，工商局针对不同的市场主体给予的权限也不相同。一般以携带清算企业营业执照原件、副本申请调取档案的调取范围最广。目前僵尸企业资料保管情况良莠不齐，有些僵尸企业连营业执照、印鉴等基础资料都已遗失，清算组可以法院指定清算组的裁定，办理相关授权去查询企业的工商档案，一些工商局给清算组开放的权限相当于诉讼查询范围，清算组可以多与工商部门沟通，争取最高的查询权限。

（三）国有资产监督管理部门

地方政府是实施供给侧结构性改革，消化僵尸企业的最终执行者。而地方国有资产监督管理部门作为地方政府的职能部门、法定的监管主体，负责对地方国有资产进行监管。同时，在僵尸企业破产清算、重整过程中，地方国有资产监督管理委员会也是主要的协调及保障僵尸企业破产清算费用的主要部门。因此，其对僵尸企业历史资产演变情况也最为清楚，通过出函申请等方式，可以清楚了解企业的历史出资情况，从而核实企业出资及资产的情况。

（四）托管单位

大部分的僵尸企业在进入破产清算的司法程序处理之前，地方政府多已经通过发布政策等方式对其进行了集中托管。以广东省为例，部分省属僵尸企业通过与广东省股权托管中心签订《关停企业集中托管协议》集中托管。集中托管是指将僵尸企业出清重组的工作交由专业化的服务平台管理，由托管单位对托管企业进行梳理和分析。此举明显加快了企业重组的效率，规范了企业重组的处置流程。目前，广州主要是依托股权托管中心、产权交易所等专业处置平台，集中实施僵尸企业的出清重组工作。对托管单位进行函调及了解，有助于对僵尸企业出资及历史情况进行全面了解。

（五）人员访谈

虽然大部分僵尸企业存在无人员、无资产、无资料等情况，但一般情况下，仍能通过联系托管企业或者通过发掘工商资料信息寻找企业的高管、法定代表人、财务负责人、老资历员工等，对公司的资产出资情况进行了解。

文书范本24：清算企业强制清算案件笔录

清算企业强制清算案件笔录

接管人：××清算组

被接管人：××（以下简称“清算企业”）

时间：××年××月××日

地点：××公司会议室

谈话人：××　　　　记录人：××

受访人：××　　　　职　务：总经理、法定代表人

告知：××人民法院于××年××月××日作出××号民事裁定书，裁定受理××强制清算一案，并指定××担任××清算组，负责清算工作（以下简称“清算组”），根据法律规定，清算组依法接收××的财产、印章、账簿、文书等资料，××年××月××日，清算组已与清算企业托管单位进行了接管，接受托管人提交的其所保存的材料，现在仍需要进一步了解情况及处理有关问题，请予以配合。

受访人（以下简称“受”）：

谈话人（以下简称“谈”）：请介绍一下你的个人身份信息、与清算企业关系等情况。

受：我叫××，身份证号是××，住所为××。我从××年××月至今，担任清算企业公司经理、法定代表人。

谈：现告知及出示关于清算企业强制清算的裁定书及指定×××为清算组的决定书。

受：……

谈：根据《最高人民法院印发〈关于审理公司强制清算案件工作座谈会纪要〉的通知》第39条规定，清算企业的有关人员未依法妥善保管其占有和管理的财产、印章和账簿的，清算企业拒不向人民法院提交或者提交不真实的财产状况说明、债务清册、债权清册、有关财务会计报告以及职工工资的支付情况和社会保险费用的缴纳情况的，清算企业拒不向清算组移交财产、印章和账簿、文书等资料，或者伪造、销毁有关财产证据材

料而使财产状况不明的，清算企业股东未缴足出资、抽逃出资，以及清算企业董事、监事、高级管理人员非法侵占公司财产等，准用《中华人民共和国企业破产法》相关规定，人民法院可以对直接责任人员依法处以罚款，或予以训诫、拘留并处罚款，损害债权人利益的，清算企业的法定代表人和其他直接责任人员依法承担赔偿责任，构成犯罪的，依法追究刑事责任。

受：……

谈：现告知清算企业已进入强制清算并已成立清算组，清算企业的相关人员不得自行处理清算企业的有关事务，与清算企业有关的事项需要通过清算组的同意才能处理。另外，清算企业的相关人员需要维护及保管好公司的资产及相应的材料，并如实告知清算组有关情况，否则将承担相应的法律责任。

受：……

谈：请介绍清算企业的情况。

受：……

谈：请介绍清算企业与××托管情况。

受：……

谈：请介绍清算企业与××进行交接的情况。

受：……

谈：请介绍清算企业包括资产、印章和账簿、文书等资料保存的情况。

受：……

谈：为何出现清算企业公司大部分资料缺失情况？是什么原因？（可根据具体情况调整)

受：……

谈：请说明清算企业的出资人的出资情况。

受：……

谈：主管部门有无过问企业情况?

受：……

谈：请说明清算企业的经营状况。

受：……

谈：请说明清算企业是否有分支机构。

受：……

谈：请说明清算企业的资产状况。

受：……

谈：请说明清算企业对外投资的情况。

受：……

谈：根据工商查询资料显示，清算企业曾对××等进行投资，请说明上述情况及现状。

受：……

谈：请说明关于清算企业银行账户的情况。

受：……

谈：请说明清算企业公章等印鉴有关情况。

受：……

谈：请问有无法定代表人私章。

受：……

谈：请说明清算企业资产是否有被非法处置的情况（包括放弃债权、资产被侵吞、非法处置等）。

受：……

谈：请说明清算企业的税务情况。

受：……

谈：请说明清算企业的债权债务情况。有无相关资料？如有请提供。

受：……

谈：请说明清算企业是否有放弃债权行为？有无相关资料？如有请提供。

受：……

谈：请说明清算企业目前在履行或尚未履行合同的情况。有无相关资料？如有请提供。

受：……

谈：请说明清算企业的对外担保或有关承诺的情况。有无相关资料？如有请提供。

受：……

谈：请说明清算企业职工安置、职工工资、经济补偿金支付情况及社会保险费用的缴纳情况。

受：……

谈：请说明清算企业在××人民法院受理清算企业强制清算一案后，清算企业是否对个别债权人进行过债务清偿？

受：……

谈：请说明清算企业在××人民法院受理清算企业强制清算一案后，是否有（1）无偿转让财产的；（2）以明显不合理的价格进行交易的；（3）对没有财产担保的债务提供财产担保的；（4）对未到期的债务提前清偿的；（5）放弃债权的这些行为？

受：……

谈：请说明清算企业在××人民法院受理清算企业强制清算一案后，是否有以下行为：人民法院受理申请前六个月内，清算企业不能清偿到期债务，并且资产不足以清偿全部债务或者明显缺乏清偿能力，仍对个别债权人进行清偿的情形，但是个别清偿使清算企业财产受益的除外？

受：……

谈：请说明清算企业在××人民法院受理清算企业强制清算一案后，是否有以下行为：（1）为逃避债务而隐匿、转移财产的；（2）虚构债务或者承认不真实的债务的？

受：……

谈：请说明清算企业的董事、监事和高级管理人员是否存在利用职权获取非正常收入或者侵占清算企业财产等违反忠实、勤勉义务，致使清算企业被强制清算的行为？

受：……

谈：请说明有关清算企业的未审结诉讼、仲裁以及未执行完毕的案件情况。

受：……

谈：请说明清算企业涉及行政或者刑事等案件的情况。

受：……

谈：请说明有关清算企业财产的其他情况。

受：……

谈：是否有补充？

受：……

告知：如果没有其他需要补充的情况，请核对笔录后在每页签字确认。

受：好的，本人确认本人以上的陈述属实，如有虚假，本人愿意依法承担相应的法律责任。

二、资产调查

（一）不动产类

1. 方式

（1）网站公示。

清算组可通过国土资源、规划部门、房产管理部门、法院等的官方网站和渠道进行查询，以广州市为例，相关查询方式如下。

① 广州市规划和自然资源局：http：//www. gzlpc. gov. cn/。

② 广州市住房和城乡建设局：http：//www. gzcc. gov. cn/。

③ 人民法院诉讼资产网：http：//www. rmfysszc. gov. cn/。

（2）不动产登记机关现场查询。

不动产登记交易中心是土地使用权、房屋所有权的登记机关。在实践中，各地对查询相关信息的手续及程序可能有所不同，建议在窗口查询前电话咨询确认查询所需手续，以提前进行准备。以广州市为例，中心区域的越秀、天河、荔湾、海珠、白云、黄埔6区可以在广州市房地产交易登记中心进行集中查询；但南沙、番禺、增城、从化、花都5区仍需到各区房产交易登记中心查询，如要全面查询，需携带人民法院签发的函件或者清算组有效证明文件。

2. 土地类

土地作为企业资产的重要组成部分，清算组在对企业资产进行核查之前，必须要查清楚公司的土地状况，查清土地产权是否拥有使用权证，权属取得方式，用地面积、性质、范围、查封抵押租赁等情况。如存在设定抵押情况，必须明确抵押方式及抵押期限、担保额度，同时清算组需要与抵押权人取得联系，了解该地块的具体抵押情况及细节。清算组对土地是否存在查封情况，也需要进行核实。如已经被查封，需了解查封法院及申请查封人、查封原因，以寻求解除对该宗土地的查封，以便清算组后期处置土地。另外还需要了解一下该宗土地规划变动及是否存在拆迁安置等情况，如有，需要参与达成拆迁补偿协议，实现资产处置变现。

3. 房产类

房产，是指企业的不动产，其也是企业资产的一部分，对于以实业为主的企业来说，房产是必不可少的生产资料。因此，清算组在接管企业之后，也应当对企业的房产情况作一个细致的了解。需注意有无房产代持或被代持的情况存在，特别注意对公司财务账目中及财务审计机构的审计报告的核查，从中寻找线索，以便找到相关的房产信息。

另外，如属于自建房产，需要对房产的规划、建设、消防等历史情况进行了解，核查建设工程规划许可证、建设工程施工许可证、土地使用权证，核实是否存在程序瑕疵或者证件缺失等情况，明确可否通过非正常程序补办相关权证。这类案件的处理可能会涉及诸多部门，依靠清算组的力量或难以全部处理，因此清算组可以向人民法院申请，通过法院及部门之间的沟通通力合作。需要注意的还有企业原来可能存在的房屋分配及办理房改等情况，此类问题需尊重历史及客观情况，如不违反法规及政策，可协助对未完善的手续进行完善，并通过访谈有关人员、函调材料的方式，确立事实，以为清算组开展资产清点查收及处理工作提供客观依据，避免出现清算失误，承担相关责任的情况。

（二）动产类

1. 存款：调查银行账户

公司一般的资金往来都是通过银行账户实现的，因此在清算组接管公司之后，有必要了解清算公司银行账户的信息。根据中国人民银行的规定，公司要开设银行账户，应当先取得该公司所在地的人民银行开具的《机构信用代码证》和《开户许可证》，然后开通一个基本账户用于日常的资金转账与提取。若该公司资金来往频繁，则可以开设若干子账户。清算组应当根据企业账目信息，制作公司明细表，将清算企业的所有银行账户列明。然后至开户的银行查询公司的账户。清算组持公司开户时预留的财务专用章、法定代表人印鉴章就可以至开户银行查询该账户的资金往来，并可以将账户内的剩余资金划转至清算组账户。如果公司账户较多，清算组可以制作一个资金划转明细表，在明细表中列明账户的开户行名称、地点、账号、剩余金额、划转金额、划转时间、有无查封等具体信息，这样便于对公司资金进行集中管理。在查询公司账户时，为了解企业清算前资金往来情况，清算组可要求银行相关人员打印资金往来的明细及相关凭证。

另外，在查询公司在银行开设的账户时，还应注意另一问题，即公司和银行如果存在借款关系，在公司进入清算程序前，若此时公司还拖欠银行借款的话，银行会未经公司的同意，擅自从公司的账户中划转资金以偿还借款，这样的行为严重侵犯了公司的财产，因此如果清算组发现银行存在上述行为，应当及时告知银行，要求银行返还已经扣划的公司账户内的款项。如果银行拒不返还，清算组可以向法院起诉，要求银行返还并支付利息。公司向其借款，应当向清算组依法申报债权。现实中也确实存在这样的情况，清算组应当尽职尽责履行责任，要求银行返还。

有些僵尸企业处于无账册的情形，清算组可以通过工商档案等载明的银行账户线索，逐一向相关开户行进行核实。有时由于清算组没有营业执照、法定代表私章、身份证资料等，一些银行不一定接待，可能也不会出具相关材料，建议清算组实地调查的同时，也可以发函向各个了解情况的开户行查询清算企业的银行账户情况。

2. 应收账款

应收账款的信息可以通过核实债务人、保证人和第三人签订的合同获得，而且债务人、保证人已经质押的应收账款可以通过注册并登录动产融资统一登记系统获取。

3. 设备

设备是生产企业必不可少的生产资料，也是企业资产的重要组成部分，清算组必须对企业存在的设备，包括生产设备、配套设施、附属装备、特种工具等进行全面的调查，需要注意对设备进行详细的分类。首先，需要明确企业的设备资产可能存在的类型，必须紧密联系该企业的类型及工商登记经营范围进行查询。例如，一些航运企业，需要对其船舶进行查询，通过地区及省级以上海事部门，申请查询船舶登记情况，以明确是否存在船舶登记在册及转让行为是否合规的情况。其次，注意设备是否存在融资租赁情况，对融资租赁的合同进行详细审查以明确付款及回购等条件的情况；另外需要注意设备是否存在质押、查封的情况，如存在，需要联系相关人员及机构了解情况，并寻求合法合理的解决措施。

4. 机动车

车辆作为交通工具，在企业生产运行中必不可少，因此在清算组接手企业后，应当核查企业所拥有的车辆情况。最直接的方式是到当地车管所查询，持有企业的介绍信即可在车管所查询车辆的登记情况。

如在查询过程中发现车辆因拖欠债款被债权人扣留的情形，清算组需要向扣留车辆的债权人发函要求其返还车辆，如其拒不返还，可以向人民法院起诉，并要求其按市场价格支付车辆使用费。如车辆被公司员工强行占有，清算组应当向其发函，说明其非法侵占车辆行为违法，倘若存在拖欠工资的情况，员工可向清算组提交书面情况说明，经清算组核查确有此事后，员工工资可作为职工债权申报，在此后的破产分配中优先得到清偿。但如其拒不返还车辆的话，可以向人民法院起诉，并可以向其主张车辆使用费。

5. 货物

对于存在进出口资格的企业，清算组需要注意该企业是否存在海关仓储货物的情况。在这种情况下，如存储在海关部门，需要及时进行处理，以免出现货物存储时间过长而产生违规风险以及额外的费用。

6. 仓单、提单

对于企业仓单、提单、提货单，清算组也需要进行调查。鉴于单据是交易各方之间的书面凭证，不需要公示，所以核查单据主要是通过从交易各方签订的合同中寻找线索。如果是已经质押的单据，可以通过注册并登录动产融资统一登记系统查询。

（三）对外投资

1. 股权投资

（1）网络查询。

鉴于企业股权投资信息不能通过国家企业信用信息公示系统查询，因此清算组可以在企业所在的地方市级工商管理部门查询。目前有个别地方还开通了关于信用查询的网站，也可能有对外投资的信息，因此建议同时通过查询地方的信用网站了解情况。在官方途径无法查询的情况下，可通过天眼查、企查查、启信宝等辅助网站、APP，检索企业名称或个人姓名，查询其股权持有情况，根据该查询结果进行交叉核查，最终查询结果以国家企业信用信息公示系统等官方网站公示内容为准。

（2）窗口查询。

在通过官方网站查询的情况下，清算组仍需要向地方工商部门申请调取企业内档，以最终确定企业对外投资信息。在很多地方国有企业的年度报告中，都会有关于对外投资的信息，也会提及被投资方及投入情况等，但个别资料并不详细，可在了解后，通过网络途径检索交叉核实，进一步梳理对外投资的沿革情况（需注意个别被投资企业可能出现更名或被兼并、分立等情况）。

（3）人员访谈。

通过对企业的原高管、现高管及法定代表人、办公室负责人、财务负责人等人员进行访谈，了解公司对外投资的情况，根据获取的信息再通过工商部门查询或者向有关部门去函进行核查确认。

2. 境内股票

（1）网站公示。

境内股票可以在巨潮资讯网进行查询，但该网站认为不能对外公示的信息则无法进行查询。

（2）现场查询。

如需要查询他人或其他企业上海或者深圳证券交易所名下登记的股票信息，需要提供法院开具的证明或者有效司法文书，到上海或深圳证券交易所查询。

3. 新三板股票

（1）公示信息。

在全国中小企业股份转让系统可查询新三板发行的股票。

（2）现场走访。

查询他人或其他企业新三板股票需携带人民法院出具的调查令以及律师执业证至全国中小企业股份转让系统有限责任公司查询。

4. 基金份额

（1）公募基金。

中国证券登记结算有限公司设有基金查询柜台，如需查询其他企业或他人名下公募基金，持律师执业证、法院出具的调查令、被查询人的名称、法人注册登记证书的号码、营业执照等，可以在中国证券登记结算有限公司广州、深圳、上海等分公司查询其他企业或者个人名下的公募基金。

（2）私募基金。

私募基金根据组织形式的不同，分为公司型、契约型、有限合伙型私募基金。企业或个人对基金的投资，会以对外股权投资形式显现，这一部分财产统一显示在对外股权投资部分中，可参照股权排查的方法进行。契约型私募基金并非公开交易，不存在投资人公示形式，投资人信息无法公开查询。

5. 其他有价证券

中央国债登记结算有限责任公司是债券查询的相关单位。但除公检法机关外，其他个人、机构无权查询第三方的债券持仓情况，如需查询的，或需积极与人民法院沟通，请其协助调查相关情况。

6. 贵金属

因贵金属交易平台较多，各平台管理要求不同，是否允许查询、查询范围、查询条件等均不相同。在排查具体债务人、保证人财产线索时，需要先行根据已经了解的情况，摸排其可能持有的贵金属类型、交易平台等，再向具体的交易平台查询具体持有情况。

7. 矿产权益

企业采矿权、探矿权等矿产权益可登录国土资源部矿产资源管理网站进行查询，因这些网站并非覆盖全国所有的矿产权利信息，因此还可以登录地方国土资源部门的网站查询。

（四）知识产权（专利权、商标权、著作权）

1. 专利权

企业、个人的专利信息可以进入国家知识产权局网站，在中国及多国专利审查信息查询入口进行查询。

2. 商标权

商标信息可通过国家知识产权局商标局网站商标查询系统进行查询。

3. 著作权

企业或个人著作权信息可通过中国版权保护中心网站公告查询系统进行查询。

文书范本 25：某清算企业强制清算事宜告知书（致银行）

××清算企业强制清算事宜告知书

（ ）第 号

致：××银行

经某公司的申请，××中级人民法院以××号民事裁定书裁定受理××清算企业强制清算申请，同时以××号决定书指定××为清算组负责清算事宜，为依法推进清算工作，清算组告知如下。

1. ××律师为××清算企业清算组的负责人，请贵单位予以备案。

2. 请贵单位核查××清算企业在贵单位开设的所有银行账户信息（包括名称、账号及账面余额等），如有相关情况，请贵单位详细列明并在30日内以书面形式告知清算组，以便清算组依法处理。

3. 除上述事宜外，如仍有清算组需要处理的事项，请贵单位在30日内一并以书面形式告知清算组，以便清算组及时处理。

特此告知。

（清算组印鉴）

年　月　日

附件一：《××号民事裁定书》

附件二：《××号指定清算组决定书》

附件三：清算组于××年××月××日发布在××的清算公告

三、债权债务情况核查

（一）对公司财务账目的调查

公司财务账目作为记载公司财产情况的重要凭证，清算组在接管公司后应当对公司财务账目重点排查。清算组可以从账目中反映的交易往来，向债权人发出通知并告知其可以向清算组申报债权，向债务人发出要求返还债务的通知。

值得注意的是，由于原有企业发展制度不健全等原因，部分企业存在外账或者小金库等情况，清算组需要合理客观地看待这些历史产物，同时，必须尽可能对这些账目进行登记、封存，以便进行审计。审计有助于了解公司的财务情况，为清算提供依据，因此清算组应根据审计的结果进行调查核实，并核对记账凭证。对于账务的核查，事实上就是通过对公司财务情况的了解，掌握公司的资产、对外投资、债权债务等情况。

（二）债务调查

债务调查是针对企业的对外负债进行全面清查，以便于为核实申报的债权提供依据。对于债务调查，清算组应当着重注意企业的应付账款、应收账款、银行借款等财务资料。

（三）债权调查

对于债权调查，清算组可以通过清查企业与他人签订的合同，获取相应的债权信息。同时，可通过最高人民法院裁判文书网、执行信息公开网核查债务人、保证人的到期债权及法院裁判的权益。

四、董监高行为核查

清算组在清算过程中，及时安排对清算企业董事、监事、经理、财务人员的访谈工作，阐明移交责任和配合清算责任，对清算企业资产状况、近期重大处置资产等行为需重点核查。在调查过程中遇到需进一步核实的情形也可通过访谈笔录等方式多方核查确定。

五、未履行完毕合同情况核查

清算组对未履行完毕的合同也应当认真核查，包括未履行完毕的原材料采购合同、委托生产合同、运输合同、招投标合同、借款合同、担保合同、技术转让、技术合作、技术研究和开发、技术服务等合同。

六、诉讼、仲裁

（一）查询途径

1. 内部查询

（1）信贷档案中留存的财产线索；

（2）工商档案资料中出现的财产或权益；

（3）与第三人签署的相关协议中出现的财产或权益；

（4）与第三人诉讼司法文书中确认或载明的财产或权益。

2. 外部查询

（1）权利登记机关网站公示或现场查询；

（2）查询包括但不限于如下法院网站、走访其他执行法院了解其控制的财产线索。

①中国裁判文书网：http://wenshu.court.gov.cn/。

②人民法院公告网：http://rmfygg.court.gov.cn/。

③中国执行信息公开网：http://zxgk.court.gov.cn/。

④全国法院被执行人信息查询：http://zxgk.court.gov.cn/zhzxgk/。

⑤人民法院诉讼资产网：http://www.rmfysszc.gov.cn/。

⑥省级法院公开平台及各地方法院官网。

第三节　僵尸企业强制清算调查重点难点实务探讨

一、调查后发现资产，如何解决取回等疑难问题

清算组在对“僵尸企业”进行调查的过程中，发现了企业存在对外投资或持有的资产后，在资产如何取回的问题上，根据不同的资产类型及持有形式，可能碰到关于资产取回的各种难题。例如，企业对外投资，但由于历史原因，可能存在用账外资产进行投资或购买资产，并由员工或管理人员代为持有的方式，在这种情况下，清算组需寻找代持人员并与其沟通，进行访谈笔录确认，如果公司及有关人员能够提供有效证明，清算组也需要进行调查确认。同时，对购买资金的来源进行确认，对购买协议等材料进行证明，进一步完成资产权属的确认。但在该过程中，也可能存在员工以这是企业发放的福利或者奖励为由，不予以配合，在这种情况下，需要在收集充分证据的情况下，通过司法途径进行确权，以尽最大可能保护企业资产。由于僵尸企业在资产托管过程中，可能存在资产处理不规范甚至资产流失的情况，所以更应该对资产的调查、发现、处理尽最大的努力，在必要时，必须向主管部门及法院反映情况，并通过合法的行政方式、仲裁诉讼等司法程序取回资产。

二、遇到不配合情况清算组工作如何处理

律师事务所或律师个人作为清算组，在履行清算组的尽职调查职责时，以律师的身份进行调查，享有律师的调查权。一般情况下持法院出具的破产裁定书、指定律师事务所作为清算组的决定书、律师事务所介绍信、律师执业证即可进行调查，一般的单位都会协助律师调查。但有些单位也会以各种理由拒绝调查，如一些具体办事部门。遇到这种情况，清算组可以向法院申请调查令，或者申请由法院调查，借助法院的司法强制权完成尽职调查任务。清算组也可通过当地协会或法院联合协调会等反映沟通情况，排除调查障碍。

三、僵尸企业“三无”情况如何获取线索

僵尸企业的“三无”情况是指在对企业进行清算过程中，企业已无资产、无人员、无账册。对于“三无”企业，仍需对企业的各方面情况进行调查，尽量获取企业清算有效材料，在穷尽调查之后，才可最大限度地对国有资产负责，更好地履行清算组的义务。即使表面上是“三无”企业，仍然可能在企业既往的经营管理、接受监督指导等过程中，向有关部门或者上级部门提交部分关于财务、合同、公司规章制度、人员任命、资产报备等资料，因此，可以通过向有关部门申请调取的方式，最大限度地获取有效信息。具体包括但不限于以下几种方式。

（一）工商资料分析

“三无”僵尸企业在地方托管并进行初步整理的情况事实上比较常见。对于“三无”企业，清算组并不能简单地进行常规查询后即宣告公司无法清算而申请终结，出于对企业及出资方的利益保护及清算组积极履行清算义务的角度出发，应积极全面地寻找“三无”僵尸企业的各种线索并进行综合分析，以尽最大的可能获取有效信息。

对于工商资料，清算组应尽可能获取全部历史档案信息，对分支机构的工商资料的获取也尽可能全面。查取到工商资料后，清算组应对工商资

料进行详细全面的阅读并进行二次检索、信息获取及综合分析。仔细研究企业的经营范围，对于特殊经营范围，必须迅速联系到相关经营范围所可能涉及的行政许可的情况、可能产生关联的行业或者存在特定主管部门的情况，这些信息能够为寻找信息提供方向。

在工商内档资料中，往往有年度企业报告，在该报告中，往往有对外的投资及具体金额，因此，可以对每年的报告中对外投资等情况进行对比，发现变化的规律，并综合分析原因，为进一步寻找对外投资提供工作方向及有效线索，继续通过具体名称检索及向有关部门查询工商、税务等信息，环环相扣，达到有效检索资料信息的目的。

（二）税务部门查询

公司有依法纳税的义务，必须每月向税务部门缴纳相应的税款，逾期未缴纳的将会受到税务机关的行政处罚。公司一般情况下都会正常按期缴纳税款，但在公司出现特殊事由时无法正常缴纳，例如，法定代表人下落不明，公司无法正常运作等情形。无法正常缴纳的税款在进入清算程序后就会成为税务债权。根据《企业破产法》的规定，税务债权属于优先清偿的债权。因此清算组在接手公司后，应当主动与税务部门取得联系，了解公司是否存在拖欠税款的情况，如果存在，则告知其向清算组申报债权。此外，还应当了解公司是否可以正常缴税，因为根据相关税法的规定，公司连续三个月不进行税务申报，将自动锁定公司的纳税系统，公司将不能进行纳税，由此会影响此后一系列的资产清算工作。

清算组在进行资产处置变现过程中，需要向买受人开具发票，并缴纳税款。如果纳税系统被锁定，则无法开具发票，或给资产处置带来困难。在这种情况下，就需要清算组开展工作将非正常税户恢复成正常税户。一般清算组需要以公司名义向税务部门提出申请，要求恢复正常税户。税务部门会依据税法规定对公司进行行政处罚，一般是进行罚款处罚，公司缴纳了罚款后，经省级税务部门批准，解除非正常户，恢复正常税户；如僵尸企业无资产可缴纳罚款的，建议可多方协调申请减免相关罚款。

税户恢复正常后，此时的公司一般情况下都处于停止营业状态，没有发生纳税事由，但在破产案件终结前，在税务登记注销前，仍然需要进行纳税申报，俗称“零申报”。依据《中华人民共和国税收征收管理法实施细则》第32条的规定，“纳税人在纳税期内没有应纳税款的，也应当按照规定办理纳税申报。纳税人享受减税、免税待遇的，在减税、免税期间应当按照规定办理纳税申报”。因此清算组在接管公司后仍然需要定期向税务部门进行纳税申报，这是清算组必须要注意的一个问题。

（三）监管部门

企业在特定的经营范围内，可能接受特定的组织机构的监督监管，当然，国有企业在经营过程中肯定接受国有资产管理部门的监督，因此，可以从国有企业监督管理部门获取企业的诸多信息。但除此之外，对于一些特殊业务的监督管理部门，向其进行函调了解情况仍然十分必要。以金融类公司为例，从中央到地方，可能都需要地方的金融办公部门进行监督及指导管理。某些行业还要定时报送关于公司的资产及运营的情况报告，同时需要提交有关财务报表。因此在上述企业的监管过程中，可能存在部分对清算工作开展的有效信息，需要通过清算组申请或通过法院开具调查令的方式进行查询，以获取有效信息。

四、僵尸企业调查后确定为“三无”情况，应如何处理

对于经充分调查仍属于无资产、无人员、无账册的僵尸企业，经向股东、董事等直接责任人员释明或采取罚款等民事制裁措施后，仍然无法清算或者无法全面清算的，应以无法清算或无法全面清算为由终结强制清算程序。根据《最高人民法院印发〈关于审理公司强制清算案件工作座谈会纪要〉的通知》第29条的规定，“债权人申请强制清算，人民法院以无法清算或者无法全面清算为由裁定终结强制清算程序的，应当在终结裁定中载明，债权人可以另行依据《公司法司法解释二》第十八条的规定，要求被申请人的股东、董事、实际控制人等清算义务人对其债务承担偿还责任”。另外，在该过程中，如果确认了资不抵债的情况，则需要及时报告法院。根据《公司法》第187条的规定，“清算组在清理公司财产、编制

资产负债表和财产清单后，发现公司财产不足清偿债务的，应当依法向人民法院申请宣告破产”。《最高人民法院印发〈关于审理公司强制清算案件工作座谈会纪要〉的通知》第 32 条也有相关规定。但在强制清算过程中，发现资不抵债后并不必然导致破产。《最高人民法院关于适用〈中华人民共和国公司法〉若干问题的规定（二）》（以下简称《公司法司法解释二》）第 17 条规定，“人民法院指定的清算组在清理公司财产、编制资产负债表和财产清单时，发现公司财产不足清偿债务的，可以与债权人协商制作有关债务清偿方案。债务清偿方案经全体债权人确认且不损害其他利害关系人利益的，人民法院可依清算组的申请裁定予以认可。清算组依据该清偿方案清偿债务后，应当向人民法院申请裁定终结清算程序。债权人对债务清偿方案不予确认或者人民法院不予认可的，清算组应当依法向人民法院申请宣告破产”。

公司强制清算转入破产清算后，原强制清算中的清算组是由《人民法院中介机构管理人名册》和《人民法院个人管理人名册》中的中介机构或者个人组成或者参加的，除该中介机构或者个人存在与本案有利害关系等不宜担任管理人或者管理人成员的情形外，人民法院可根据《企业破产法》及其司法解释的规定，指定该中介机构或者个人作为破产案件的管理人，或者吸收该中介机构作为新成立的管理人的成员。一般情况下，为了节约司法资源，管理人仍由原来的强制清算中的清算组负责人担任，这是僵尸企业在破产中与普通企业在程序处理中的差别。

五、无法清算案件对于清算义务人而言存在的法律风险

如果僵尸企业属于公司性质，根据《公司法司法解释二》第 18 条第 1 款规定，有限责任公司的股东、股份有限公司的董事和控股股东未在法定期限内组成清算组开始清算的，应对债权人主张的债权在造成公司财产减少的范围内承担赔偿责任。该款的法律依据是《公司法》第 20 条第 2 款，公司股东滥用股东权利给公司或者其他股东造成损失的，应当依法向其他股东承担赔偿责任。同时根据《最高人民法院印发〈关于审理公司强制清算案件工作座谈会纪要〉的通知》第 29 条的规定，“债权人申请强制清

算，人民法院以无法清算或者无法全面清算为由裁定终结强制清算程序的，应当在终结裁定中载明，债权人可以另行依据公司法司法解释二第十八条的规定，要求被申请人的股东、董事、实际控制人等清算义务人对其债务承担偿还责任。股东申请强制清算，人民法院以无法清算或者无法全面清算为由作出终结强制清算程序的，应当在终结裁定中载明，股东可以向控股股东等实际控制公司的主体主张有关权利”。

上述规定的依据是公司法人格否认制度，即《中华人民共和国公司法》第20条第3款的规定，公司股东滥用公司法人独立地位和股东有限责任，逃避债务，严重损害公司债权人利益的，应当对公司债务承担连带责任。

在实践中，有限责任公司与股份有限公司有所不同。有限责任公司的股东对公司负有清算责任，其起诉公司控股股东、实际控制人承担清算清偿责任，需证明自己无过错且被告系公司无法清算的直接责任人（如公司账册系被告掌管并毁损、被告与公司人格混同等）。股份有限公司的非控股股东，其对公司无清算义务，可以起诉公司董事、控股股东承担清算清偿责任。对于该情况，即使是在处理僵尸企业存在政策特殊性的时期，也应该加以注意防范所存在的法律风险。

六、如何处理企业出资不到位

对于一些全民所有制企业、集体企业以及国有企业来说，由于历史原因，它们有些并没有验资报告，可能只有一份出资证明。如强制清算无债权人，则建议不再出资再分配。如该企业存在债权人，且债权人均为国有单位的，亦建议不再出资再分配。如债权涉及其他性质企业的，建议多方协调处理，提出相关解决方案经债权人会议同意后执行。

七、如何追诉无偿划拨资产

对于无偿划拨资产是否追诉问题，如超过一年，建议按《企业破产法》规定不再追溯；如未超过一年，建议核查相关程序是否合法合理，如存在违法违规行为的依法追溯。故建议僵尸企业出清前将无偿划拨资产等内部处置资产行为也进行初步梳理，避免违法违规行为还需依法追诉，导致不能及时进行出清工作。

第四节 清算案件尽职调查清单

清算案件尽职调查清单	
一、设立及历史沿革	
1	到公司注册地工商行政管理机关查询并打印一整套在工商局存档的公司工商登记资料，包括公司设立登记申请文件（包括股东协议、章程、验资报告、评估报告等）、历次工商变更（包括股东、股权结构、注册资本、营业范围等事项的变更）相关文件，要求工商局盖章
2	到公司各子公司、分公司注册地工商行政管理机关查询并打印一整套在工商局存档的工商登记资料，包括设立登记和历次工商变更登记文件，要求工商局盖章
二、股东及实际控制人	
1	提供公司各自然人股东及实际控制人的身份证复印件
2	提供各股东之间关于股权特定安排的协议
三、主营业务	
公司生产或经营资质，包括但不限于与公司生产经营有关的行政许可、授权或批复、批号以及资质证书等	
四、财务	
1	提供公司最近两年一期经审计的财务报告及其附注
2	提供公司最近两年企业所得税汇算清缴报告
五、主要资产	
1	土地
（1）	请提供公司拥有和使用的全部土地使用权证书，无土地使用证的，提供合法获得土地使用权的协议或政府文件
（2）	租赁使用的土地，请提供土地使用权租赁协议、出租方有权出租的证明（出租方的土地证）
（3）	如土地上设定抵押权，请提供抵押协议、抵押登记文件、主合同
2	房产

续表

清算案件尽职调查清单	
五、主要资产	
（1）	请提供公司拥有和使用的全部房屋所有权证和房屋购买合同。租赁使用的房产，请提供房屋租赁协议、租赁登记文件和出租方有权出租的证明（出租方的房产证）
（2）	如房产存在抵押权，请提供抵押协议、抵押登记证明文件和主合同
3	在建工程
（1）	根据工程进度，请提供土地使用权证、工程立项批文、建设用地规划许可证、建设工程规划许可证、工程开工许可证、工程竣工验收证明等文件
（2）	工程承包合同、重大建筑设备采购及安装合同等与在建工程相关的协议
4	知识产权
（1）	商标、专利、著作权等知识产权清单，需列明权利名称、权利主体、权利期间及权利取得方式
（2）	商标、专利、著作权等证书
（3）	是否有许可他人使用上述知识产权，如有，请提供许可使用协议
（4）	是否存在以上述知识产权出资的情形，如有，请说明并提供出资协议
（5）	是否设定质押权，如有，请提供质押协议、质押登记文件、主合同
5	车辆
提供车辆清单，并提供行驶证复印件	
6	其他固定资产
提供固定资产清单，并注明名称、规格、型号、原值、净值、购买时间等	
六、债权债务	
公司目前正在履行的合同，包括原材料采购合同、委托生产合同、产品销售合同、运输合同、招投标合同、借款合同和担保合同、技术转让、技术合作、技术研究和开发、技术服务等合同，技术许可或技术进出口合同等	
七、公司治理及运作	
1	公司目前组织机构图，另说明股东会、董事会、总经理、副总经理及公司部门设置及负责人等
2	公司股东大会、董事会及监事会议事规则
3	股东大会、董事会、监事会、总经理办公会等的历次会议决议、会议记录和会议通知
4	公司目前执行的各项规章制度，如生产、采购、销售、行政、财务、劳动保障等各环节和部门的规章制度

续表

清算案件尽职调查清单	
八、关联交易	
公司与主要股东、实际控制人以及实际控制人控制的其他企业（“关联方”）之间所发生交易的情况说明、协议及款项支付证明	
九、高管薪酬	
1	公司现任董事、监事、总经理、副总经理、财务负责人、董事会秘书的名单和聘用合同
2	公司高管薪酬制度、股权激励制度、竞业禁止、保密等情况的安排和协议以及该等制度的执行情况
3	公司与任何董事、监事、高级清算组员进行任何交易的所有文件
十、劳动债权	
1	公司最近一次统计的员工总数，按部门统计列明，如有正式工、临时工及其他员工类别的，请同时按类别统计并予以说明
2	现行有效的劳动合同。列表统计截至目前已签订劳动合同人数、未签订劳动合同人数，说明未签订劳动合同的具体原因
3	社会保险登记证、为职工缴纳社会保险的种类、金额。列表统计截至目前已缴纳社会保险的人数、未缴纳社会保险的人数，说明未缴纳社会保险的具体原因
4	住房公积金缴存开户证明。列表统计截至目前已缴纳及未缴纳住房公积金的人数、说明未缴纳的具体原因
5	职工福利（如年金、除社会保险外的住房公积金和商业保险）、奖励，提供相关文件及缴纳凭证
十一、税务	
1	公司及子公司（如有）的国税登记证和地税登记证
2	公司目前适用的主要税种和税率
3	公司是否享有税收优惠政策，提供批准文件及优惠依据（包括相关法规、政策等）
十二、环境保护与产品质量标准	
1	公司目前生产经营场所的环境影响评价验收和批复报告
2	公司是否有因违反环保法律、法规或涉及环保问题、发生安全事故而发生的诉讼、仲裁、行政处罚。提供有关文件（如判决书、裁决书、行政处罚通知书）
十三、诉讼、仲裁和行政处罚	
1	目前正在进行的诉讼、仲裁和行政处罚。提供司法机关及行政机关作出的生效法律文书以及案件进展情况法律文书
2	公司是否存在可预见的诉讼、仲裁以及行政处罚的说明文件

第九章　债权人会议

由于当前法条依据的缺失，债权人会议制度在借鉴破产程序经验的同时，应根据企业强制清算具体情形的需要，可以由全体登记在册的债权人作为参与主体组成债权人会议，表达债权人意志，统一债权人行动，对强制清算程序中一些重大事项进行表决，以维护全体债权人的共同利益。

第一节　债权人会议流程

一、债权人会议的召集

与破产程序的召集不同，首次债权人会议由清算组召集。其他债权人会议，可以由以下主体召集：清算组、债权人委员会、拥有 1/4 以上债权总额的债权人或者人民法院，他们认为必要时都可提议召集。需要注意的是，清算组可以作为债权人会议的召集者，但是并不能主持债权人会议，债权人会议由债权人会议主席主持。

债权人会议设主席 1 人，与破产程序中法院的参与度不同，债权人会议主席由清算组指定报人民法院备案或者清算组提议人民法院予以审查指定。

债权人会议作为债权人行使权利的载体，债权人通过权利的行使来维护自身的利益，债权人会议作为一个组织体，在寻求组织共同利益的同时，组织内部利益冲突也时有发生。要组织这样一个特殊的利益群体开会，进行议事、表决形成决议，完成会议的议程，很不容易，因此，会议主席的指定应当慎重。一是要优先考虑从高额债权人中选任；二是其应当具备一定的法律或财务知识，较强的组织协调能力；三是其应在社会上或在债权人中有一定的威望和号召力；四是其应具有奉献精神和较强的责任心；五是其本人愿意。

除此之外，需要注意的是，当债权人会议的主席被指定为法人或其他组织体时，应该从该法人或组织中指定一名常驻人员履行清算会议主席的职权，而不能由他人代为行使职权。会议主席因病、意外或者不可抗拒等原因无法出席债权人会议时，则应另行按照前述程序重新指定，同样不能由其委托他人代为行使。

二、债权人会议准备

（一）债权人会议通知

首次召集债权人会议，清算组应当提前通知已知的债权人。清算组应勤勉尽责地履行义务，除统一发布公告外，建议辅以书面或电话、微信、短信通知。具体做法可参照破产程序的操作，由清算组制作会议通知，向全体已知的债权人一一发出。通知的内容一般应包括债权人会议召开的原因、时间、地点和会议的主要议程，以及债权人出席应携带的文件资料和授权文件、身份证明等。

（二）债权人会议的会场

债权人会议会场是选择强制清算法院的法庭或是清算企业的营业场所，又或是租用适合的场地，要根据清算案件债权人情况酌情考虑，而不能一概而论。原则上一般不选用在法庭的审判场所召开；为避免债权人情绪过激而不适宜在清算企业经营场所召开；租用适合的场所要避免豪华，选择简朴实用、费用节省的场所。

（三）债权人会议会场安排

清算组应对会场提前做好安排，尽量考虑周到。会场一般需要设置主席台、发言席、清算组工作区、债权人座席区、列席人员区等区域。债权人座席应该按照表决权有无加以区分。

主席台一般要高于正对面的债权人座席区域，前排应留作清算组及清算企业相关人员的列席座席，债权人后排为备用区域，债权人座席区域左右也各空出适量座席，以便区分债权人和维持会议秩序的工作人员的座位。

主席台中间为债权人会议的主席座席，而发言席可以设置在主席台偏右侧，清算座席设置在左后侧。这样在会议表决时，既能保证债权人和清算组对计票结果的清晰观察，也能保证计票结果在监票人的监督下更加公开、透明。清算组工作人员坐席在主席台左后侧，以便清算组在会议表决后和在计票的过程中，能够直观观察，并在监票人监督下更加公开透明。

(四) 债权人会议人员签到

关于债权人会议决议的表决，投票权属于有表决权的债权人。因此，清算组应在会议前设签到组，签到组一组至少三人，其中分工一人专门负责核对出席会议的债权人身份；核对身份无误后，由第二人引导核对身份无误的债权人在签到表上本人序号栏中签字，以证明该债权人到会参加会议；由第三人发给会议文件资料和座席号，也可以发带编号的债权人会议证。签到处设在会场的入口处，门口工作人员凭座位号或会议证引领债权人入会场。如债权人人数较少的，上述工作也可根据情况安排适当数量工作人员开展。

(五) 债权人会议注意事项

召开债权人会议要“精心准备、充分评估、确保平稳、达成决议”。首次债权人会议有可能作为以后债权人会议的基础、范例，所以此次会议十分重要。为此，要特别注意以下事项：(1) 拟订好要讨论的文件、撰写好相关报告；(2) 会议议程：紧凑、规范、透明、合法；(3) 制定一个会议安保预案；(4) 大会工作人员安排表，特别是针对表决票要提前演练，以保证最快统计得票。

关于债权人会议召开的形式，除现场召开以外，还可以根据债权人的情况，召开电话、网络会议，甚至还可以采用书面表决意见的形式召开。一般情况下，首次债权人会议应现场集中召开，以后的会议可以视具体情形灵活采用其他多种方式便利进行。必要时，清算组可以通过法院协调相关党政行政机关协助先做一些情绪激烈的债权人的思想工作，理顺情绪，以确保会议平稳召开。

债权人人数多的，最好在会场上方制作会议横幅，债权人人数少的，可以不用挂会议横幅。会议现场布置应干净整洁，并提供饮用水。

三、债权人会议议程

债权人会议可能召开一次，也可能召开多次。首次债权人会议通常应完成如下议题。

（1）宣布债权人会议主席。债权人会议须由债权人会议主席主持，因此第一项议程必然是宣布债权人会议主席，然后由债权人会议主席主持债权人会议。

（2）审核债权。除选举债权人会议主席以外，债权人会议必须对清算组所编制的《债权表》进行审核，以确认申报了债权的债权人是否真正具有债权人资格，是否具有表决权，能否参与债权人会议决议的表决。

（3）决定清算企业继续或停止营业。清算组在首次债权人会议对清算企业在强制清算申请受理后是否继续营业作出决定的，应当提交首次债权人会议表决。

（4）报告清算组报酬方案。清算组应当在首次债权人会议上报告清算组报酬方案内容。其中，《北京市高级人民法院关于审理公司强制清算案件操作规范》第32条规定，“清算组由中介机构或者个人组成的，其报酬由中介机构或者个人与被申请人协商确定；协商不成的，由人民法院参照《最高人民法院关于审理企业破产案件确定管理人报酬的规定》确定”。《深圳市中级人民法院公司强制清算案件审理规程》第24条也规定，“人民法院指定本院管理人名册中的社会中介机构作为清算组成员的，其报酬由中介机构与公司协商确定；协商不成的，由人民法院参照本院《管理人报酬确定和支取办法（试行）》的有关规定确定”。很多僵尸企业没有可供清偿的财产，导致清算组工作成本较高，工作报酬无计算基础，开展清算工作的热情较低，目前广州地区采取的方式为：根据主管部门拨付的清算工作费用，由人民法院综合整批僵尸企业清算工作的情况确定一个清算组工作报酬的幅度，再根据案件情况的难易程度、清算组工作时间、是否有账册、案件推进进度等多方因素确定每个案件中具体的清算组工作报酬费用。

（5）选任债权人委员会成员。根据《企业破产法》的相关规定，债权人委员会作为非必设机构，可以在第一次债权人会议中从参会的债权人中选举产生，也可以在以后的债权人会议中选举产生。

（6）其他事项。其他事项可以根据强制清算案件的实际情况确定。

四、债权人会议决议

（一）表决规则

债权人会议召开的主要目的在于对有关清算事项进行讨论、表决，形成决议。通常情形下，采用的是传统方式即现场表决，但考虑到有些参会人员是受债权人委托而代理债权人参会的，其所拥有的代理权限仅为一般授权，无权在会议上现场作出表决，也可以采用通信方式。例如，有些机构债权人可能委托一般工作人员参会，其表决意思事先需要经过内部讨论才能决定。因此，在实务中，为提高会议效率，尽可能形成有效的会议决议，在会议召开前将有关会议所需表决的事项提前告知债权人，以便于债权人在会议前做好相关工作，保证参会时能够得到债权人的明确表意，形成有效决议。而采用通信表决的方式相对于现场表决来说，具有成本低、效率高、便于参会人员参会的优点。但是，债权人会议如果采用通信表决方式，应当注意如下几个问题：第一，应当由首次债权人会议就以后可以采用的通信方式召开债权人会议作出决议，以确保通信表决方式具有程序上的合法性；第二，根据债权人的实际情况，确定通信表决方式的具体情况，如果条件允许，最好采用视频会议方式；第三，邀请有关人员对通信表决方式进行监督，增加通信表决方式的透明度，尽可能减少有关债权人对会议公正性、合法性的怀疑。

债权人会议应当制作会议笔录，由清算组指派 1 名工作人员代为记录，会议笔录由出席会议的成员签名，并报人民法院备案。

债权人对债权人会议所讨论的事项表决，是定量化的意思表示，即只可以在同意或者不同意（反对）两种意思表示中选取一种。但在实务中，有些债权人对所欲表决的事项，既不作同意的意思表示，也不作不同意（反对）的意思表示，而是“弃权”。对于此种“弃权”性的意思表示，在表决权计算时通常可能会存在三种选择，即视为同意、视为不同意（反对）和视为缺席，一般清算组为了督促债权人积极行使表决权，在表决规则中多设置视为同意的条款，但许多学者认为，视为缺席的解释也许最符合债权人内心的真实意思。清算组可以根据具体情况设定具体明确的标准并提前通知债权人，以便债权人明确其相应行为的法律后果。

（二）会议决议

债权人会议决议的通过采用双过半原则，即由出席会议的有表决权的债权人过半数通过，并且其所代表的债权额占无财产担保债权总额的1/2以上。会议决议分为一般决议和特殊决议，一般决议自债权人会议通过之时即告生效，而特别决议须经过人民法院依法批准或者认可后才能生效。须由人民法院依法批准才生效的情形具体包括三种。第一，申请人民法院更换清算组、调整清算组报酬的决议。由于强制清算案件的清算组由人民法院指定，其报酬由人民法院确定，因此债权人会议作出更换清算组、调整清算组报酬的决议当然需要人民法院的批准。第二，选举和更换债权人委员会成员。参照适用《企业破产法》对债权人委员会的选任和更换规定，强制清算程序中的债权人委员会成员的选任和更换通常也应由人民法院批准。第三，清算财产分配方案。

1. 决议的效力

债权人会议的决议，对全体债权人均有约束力。按照《北京市高级人民法院关于审理公司强制清算案件操作规范》第79条的规定，清算组制作的债务清偿方案，经全体债权人确认且不损害其他利害关系人利益的，人民法院可依清算组的申请裁定予以认可。《深圳市中级人民法院公司强制清算案件审理规程》第 55 条也规定了“清算组应与债权人协商制作债务清偿方案，并提交全体债权人表决，全体债权人同意的，申请人民法院裁定确认债务清偿方案”。

2. 决议无法形成时的救济

基于种种原因，债权人之间可能存在利益分歧，最终导致无法形成有效决议，从而需要相应的制度予以救济，通常参照适用《企业破产法》的相关规定。按照《企业破产法》第 65 条、第 66 条的规定，债务人财产管理方案、破产财产变价方案经由债权人会议讨论后无法形成有效决议的，由人民法院裁定。人民法院作出裁定后，可以在债权人会议上予以宣布或者另行通知债权人。债权人对人民法院作出的关于债务人财产管理方案、破产财产变价方案不服的，可以自人民法院裁定宣布之日或者收到通知之日起 15 日内申请复议，但在复议期间不停止裁定的执行。同时，《企业破产法》第 64 条规定，债权人认为债权人会议的决议违反法律规定，损害其利益的，可以自债权人会议作出决议之日起 15 日内，请求人民法院裁定撤销该决议，责令债权人会议重新作出决议。

当然，债务清偿方案不予确认或未通过决议的，债权人、清算企业或清算组可以向人民法院申请破产清算。

3. 决议瑕疵时的救济

债权人会议决议瑕疵可以分为四种：一是债权人会议决议内容违反法律规定，例如，债权清偿顺序不合法；二是债权人会议召集程序违反法律规定，例如，债权人会议提议人不符合规定；三是债权人会议决议程序违反法律规定，例如，通过决议的债权人人数未达到规定；四是债权人会议具有其他违反法律规定的情况，例如，投票统计错误。

债权人请求人民法院撤销债权人会议决议，必须在法定的期限内提出，如果超过法定期限就不能再提出请求，这样可以避免债权人会议决议的法律效力处于不确定状态，以及影响强制清算程序的顺利推进。

文书范本26：债权人会议通知书

债权人会议通知书

（××）××强清字第××号

××公司各债权人：

×××公司（下称“清算企业”）于××年××月××日被×××人民法院裁定受理强制清算申请，并指定×××担任×××公司清算组（下称“清算组”）。

现定于××年××月××日下午14：30（14：15报到）在××××××召开×××公司强制清算一案［（××）××强请××号］第一次债权人会议，就与该强制清算案有关的各事项（会议议程各事项详见附件）进行讨论、表决，请贵方准时参加。

参会债权人（必须与申报债权时的申报主体一致）须提交下列材料。

1. 债权人系自然人的，提交身份证原件和复印件；自然人委托他人出席的，提交委托人的身份证复印件、授权委托书原件、受委托人身份证原件和复印件。

2. 债权人是机构（企业）的，提交营业执照复印件、法人身份证明书、法人身份证复印件；机构（企业）委托他人出席的，提交委托人的营业执照复印件、法人身份证明书、法人身份证复印件、授权委托书、受委托人身份证原件和复印件。

特此通知。

××公司清算组

年　月　日

附：

1.《会议议程》；

2.《法定代表人身份证明书》及《授权委托书》模板；

3. 会议召开地点的详细地址；

4. 清算组联系人及联系电话。

文书范本27：第一次债权人会议议程清单

第一次债权人会议议程清单

1. 报告到会债权人情况；

2. 报告强制清算案件受理及审理情况；

3. 报告法院指定清算组情况；

4. 债权人会议职权及其他有关事项的说明；

5. 指定债权人会议主席；

6. 报告清算组执行职务的阶段性工作报告；

7. 提请债权人会议核查债权表；

8. 提请债权人会议审议聘请会计事务所审计费用及审计报告情况；

9. 提请债权人会议审议清算组的报酬方案；

10. 讨论并审议对各债权人关于本强制清算事项资料的送达方式及逾期不交回表决票的处理方式；

11. 其他需要讨论和审议的事项；

12. 解答债权人询问事项；

13. 宣布散会。

（以下空白）

××公司清算组

年　月　日

第二节　债权人委员会

债权人委员会作为债权人共同意志的代表，在有效开展债权人会议，负责企业强制清算活动的日常监督中发挥着重要作用。但是作为非常设机构，债权人委员会的设立取决于债权人会议。

一般而言，对于债权人人数较多，清算企业财产规模大，清算工作涉及利益复杂，社会影响面广的强制清算案件，可以考虑设立债权人委员会；对于债权人人数较少，清算工作简单，社会影响不大的清算案件，可以考虑不设立债权人委员会。

一、债权人委员会的组成

债权人委员会一般由两类成员组成。一是债权人代表，由债权人会议选任，要求应该能够胜任该工作，一方面需要有一定的奉献精神，有责任心，愿意为债权人共同利益工作；另一方面需要有能力为债权人工作，即有相关的管理、法律、财务工作知识，且与清算企业或者清算组不存在共同利益关系。二是清算企业的职工代表或者工会代表，目的在于保护职工利益。

对于债权人代表的选任，《企业破产法》没有过多的规定，既可以按照意思自治原则，采取无记名投票的方式选任债权人代表；也可以采用多种方式进行选举，例如，债权人会议主席提名、债权人会议成员的联合推举等。债权人委员会的成员在任期间，既可以自行辞去债权人委员会的成员身份，也可以经由债权人会议撤换。债权人委员会的成员并不一定包含债权人会议主席，但是债权人会议主席可以选任为债权人委员会的成员。

债权人委员会成员的人数构成，各国的规定都有所不同。根据我国《企业破产法》的规定，债权人委员会的成员最高不能超过 9 人，但是具体人数以及人数的单双，应该根据债权人会议的需要而定。特别是对于人数的单双问题，从实践的角度来看，最好是单数有利于决策的做出。从法理的角度来说，债权人委员会主要承担的是替债权人行使职权，对破产清算程序的日常监督等执行性质的职能，因此其组成人员不一定为单数。

二、债权人委员会的职权

债权人委员会的职权，一般包括对管理人日常工作的监督，查阅债务人会计账簿等财务资料；审查批准管理人对重要财产等的处分行为，提议召集债权人会议等。而根据我国《企业破产法》第 69 条等的相关规定，债权人委员会有权行使以下职权。

1. 监督清算财产的管理和处分

债权人债权的清偿以清算财产为物质基础，清算组对清算财产的管理和处分，直接关系到债权人的利益，接受债权人的监督。债权人委员会作为债权人会议的代表机构，有权要求清算组、清算企业报告清算财产状况，调查清算组对清算财产的清理、估价、保管等工作是否以有利于债权人利益的原则进行。

债权人委员会如果对清算组管理、处分清算财产的行为有异议，可以采取如下措施：一是要求清算组及时纠正其不当的管理或者处分行为；二是请求召开债权人会议，向人民法院提议撤换清算组；三是对清算组管理处分清算财产行为有异议而请求纠正，清算组不予回应的，可以请求人民法院对其异议予以裁决。

2. 监督清算财产的分配

清算财产的分配对于债权人而言最具有实质意义，清算财产分配完毕，也就意味着债权人与清算企业之间债权债务关系的终结。清算财产的分配关乎每个债权人的切身利益，需要清算组依法、公正、严格地按照人民法院最终批准的清算财产分配方案所确定的财产范围、分配比例、分配顺序和分配方式进行，对此，债权人委员会有权对清算财产的分配进行监督。

3. 提议召开债权人会议

债权人委员会作为债权人会议的常设机构，主要负责对破产清算活动进行监督，当出现以下情况，例如，管理人履职不尽责可能会严重损害债权人利益、委员会成员的撤换和辞职等重大事项需要债权人会议作出决议时，债权人委员会有权在债权人会议闭会、休会期间提议召开债权人会议。

4. 债权人会议委托的其他职权

债权人会议认为有必要，可以将本应属于自己行使的职权委托给债权人委员会。例如，在债权人会议闭会期间，委托债权人委员会审查清算组费用的支出，共益债务的负担、支出等。当然，债权人会议委托债权人委员会行使的职权必须是债权人会议的职权，不属于债权人会议的职权，债权人会议不得委托债权人委员会行使。

三、债权人委员会运作规则

债权人委员会决议的作出采用多数决定的规则，得到1/2以上委员会成员的支持即为通过。但是决议的作出，应当与债权人会议的决议相一致，不能与债权人会议决议相背离。如有冲突，应以债权人会议的决议为准。毕竟债权人委员会的产生来自债权人会议的选任。除此之外，债权人委员会职权的行使，还需要相关清算关系参与者的配合与支持，例如清算组、破产清算企业、人民法院等主体。

债权人委员会行使职权的主要方式是对清算组、清算企业有关人员（通常指清算企业的法定代表人，也可以包括企业的财务管理人员和其他经营管理人员）提供的有关资料进行审查，必要时，可以对有关现场进行查验。

第三节 僵尸企业债权人会议重点难点实务探讨

一、债权人会议前，清算组是否需要与债权人提前做议案沟通

在僵尸企业的强制清算过程中，在债权人会议召开之前，清算组应当将会议审议事项向债权人予以充分披露，便于及时听取债权人所反馈的意见，沟通解释工作的集中开展。这样做不仅有利于节省待表决事项在债权人会议环节的审议时间，提高审议事项的表决通过率，也有助于债权人进行事前监督，切实发挥债权人的监督职能。债权人会前沟通机制可根据强制清算案件特点采用多种方式，以体现一定的灵活性。如对于债权人较少、程序简单的强制清算案件可以采用电话沟通、在线答疑等方式；对于债权人较多、程序复杂的强制清算案件，以集中召开会议形式为宜，甚至可以考虑根据债权类型召开分组会议。[1]

[1] 姚志坚，蒋伟．完善债权人会议制度运行的实践探索［N］．人民法院报，2016-08-10（7）．

实际上，与破产程序类似，强制清算程序中债权人内部的博弈也是相当激烈的。任何债权人会议决议，都是对债权人利益的调整。清算组应当辩证看待，即清算组所提出的债权人会议议案，可以允许有一半人（一半额度）不同意。在此基础上，清算组在制定相关议案时就有了针对性，这个针对性就是需要分析债权人会议的构成。❶

分析债权人会议的构成，有利于清算组更好地制定与表决目的相适应的债权人会议议案，并在具体议案表决前，与相关债权人进行充分的沟通，否则，债权人会议议案无法通过，清算组自身的工作能力也可能会因此受到质疑。事实上，许多债权人会议议案的通过，通常不是投票投出来的，而是清算组与债权人提前沟通后做工作做出来的。

二、僵尸企业强制清算时，债权人会议怎样对债权进行核查

债权人会议核查债权通常按照以下程序。首先由僵尸企业清算组宣读被核查债权的申报登记情况以及证据资料，并由该债权人进行说明。随后依次由清算组、强制清算企业、其他债权人、其他利害关系人陈述意见。其次由该债权人解释。经核查后，清算组、强制清算企业、其他债权人等对该债权无异议的，列入债权表。最后将债权表上报给法院最终确认。

三、网络方式召开债权人会议有何好处？如何召开网络债权人会议？

一般来说，选择召开网络债权人会议的强制清算案件主要有三个基础。一是案件涉及的债权人人数众多，组织召开现场会议难度巨大，无论是场地、安保等都无法得到有效保障。二是最高人民法院推行审判信息建设，特别是企业破产重整案件信息网的开通，为网络债权人会议召开提供了强大的技术支持。三是 2016 年 8 月 1 日起施行的《最高人民法院关于

❶ 张燮平．债权人会议议案研究——以利用“清算式重整”模式处置僵尸企业为视角［EB/OL］．［2016-07-12］．http：//www.sxlawyers.cn/actionnewsshow.asp？n_id=2245.

企业破产案件信息公开的规定（试行）》第 11 条规定，“人民法院、破产管理人可以在破产重整案件信息网召集债权人会议并表决有关事项。网上投票形成的表决结果与现场投票形成的表决结果具有同等法律效力”。由此，对僵尸企业进行强制清算时，采用网络方式召开会议及网上投票也有了参照性的法律支撑。

相比于现场会议，采用网络方式召开债权人会议的优势明显，主要表现在以下方面。

（1）大大降低会议组织成本。网络债权人会议节约了会议场地租用、安保维稳防控等费用；节约了会议资料印刷、邮寄费用；大大减少了会务人员，节约了人力费用。

（2）简化了会务组织工作。网络债权人会议只需在会前做好设备调试、确保网络畅通，确保债权人信息准确，做好债权人信息的导入工作就可以。不再设置会议签到、收发表决票、统计计票的会务环节，简化了组织工作。

（3）方便债权人出席会议。债权人只需一台电脑，在网络环境下登录会议网址进行参会，不必前往会场，不必为出席会议支付任务费用，节约债权人参与会议的时间及资金成本。

关于网络债权人会议流程及相关注意事项，可参照以下方式。

（一）网络债权人会议的筹备流程

（1）编制网络债权人会议预案并报请法院。网络债权人会议预案主要包括组织机构及职责；会议召开时间、地点、预计参会人数；会场设置及安排；会议主要议程；表决事项及表决规则；可能出现的问题及应对方案等。

（2）与网络平台签订服务合同，委托网络技术部门提供技术支持。包括调试网络及直播传输设备；导入债权人信息及生成登录账号密码；发出会议及会前测试短信通知；建立表决事项及表决程序等。

（3）整理与核对债权人信息。债权人信息的准确是保证网络债权人会议成功的关键环节。核对债权人信息首要的是核对债权人身份证号（组织机构代码证号）、手机号码是否正确。身份证号或组织机构代码证号是债权人参加会议的登录账号，债权人通过手机短信接收会议通知及登录密码，因此身份信息及手机号码必须准确无误。同一债权人申报多笔债权的应进行合并，因为一个债权人对应一个登录账号及密码，该债权人的债权额应为其所有债权额之和；同一债权人同时委托多位代理人的，则仅向其中一位代理人发送用户账号及密码。

表决事项需分组表决的，要根据债权人的不同性质区分表决组，如担保债权组、职工债权组、税收债权组、普通债权组、出资人或股东组等，各表决组中的债权人信息特别是身份信息要求必须与导入的债权人信息一致。

（4）起草会议及会务文件。会务文件包括：会议通知书、会议议程、网络债权人会议操作手册。会议文件包括：主持词、清算组履职报告、强制清算企业财产状况报告、债权审查报告等。

（5）通知债权人。参照《企业破产法》的规定通知债权人，清算组应当提前15日通知已知债权人，通过邮寄、短信方式，向债权人发送参会通知的同时，为便于债权人提前熟悉网络债权人会议，可将参会须知、会议议程、网络债权人会议参会手册一并邮寄给各债权人。

（6）开通债权人会议测试页面。为使债权人进一步熟悉网络参会方式、熟悉会议流程，应当在会前2~3天内建立债权人会议测试页面，并通过短信将参会债权人的账号、密码告知债权人，告知债权人登录网站进行测试。在债权人会议测试的同时，清算组可将相关会议文件、表决事项上传至测试页面，供债权人提前查阅、熟悉会议内容，可充分保障债权人行使权利。

（7）会议前一天准备工作。正式会议前一天，应根据实际需要并参照破产程序中债权人会议现场的布置做好会场安排，会场分设主席台区和列席区。

（二）会议召开流程

（1）会前一小时，开通网络会议端口，同时再次发布参会通知，提示债权人登录参会。

（2）法官（如有必要）、清算组、强制清算企业股东及债权人代表等人员入场，会议正式开始。债权人通过网络形式观看会议直播视频，并下载查阅相关文档。

（3）表决统计。会议开始后，可以由法院或清算组确定投票开始与截止时间，投票开始后，投票通道开启，债权人可以投票。投票时间截止时，债权人会议主席宣布投票时间截止，投票通道关闭。会议平台将投票数据回传至会议现场，由清算组根据回传数据统计表决结果，确认无误后，由债权人会议主席通过直播方式当场宣布投票结果。

总之，网络债权人会议要成功召开，离不开会议平台的技术支持与保障，清算组与平台之间良好的沟通以及精心的筹备，特别是债权人信息的核对、会议测试、会议表决事项设置等环节是成功召开网络债权人会议的基础。[1]

---

[1] 冯广益，君和诚．如何召开大型网络债权人会议［EB/OL］．［2017-11-07］．http://www.pcglr.cn/shownews/show-727.html.

第十章　僵尸企业清算费用和共益债务

第一节　清算费用

一、清算费用的范围

清算费用，是指在清算程序进行中，出于保障强制清算程序的顺利进行和维护债权人利益的需要，而由清算组以强制清算财产随时支出的费用。

目前，法律层面没有对企业强制清算的清算费用范围作出明确的规定，我们可以参照《企业破产法》相关规定确定清算费用的范围，根据《企业破产法》第 41 条的规定，“人民法院受理破产申请后发生的下列费用，为破产费用：（一）破产案件的诉讼费用；（二）管理、变价和分配债务人财产的费用；（三）管理人执行职务的费用、报酬和聘用工作人员的费用”。

在司法实践中，一般参照《企业破产法》关于破产费用的相关规定来确定清算费用，广东省深圳市、江苏省等地区对清算费用范围的规定来自地方司法层面的指引性规范，清算组也可以参照这些规范来确定清算费用的范围。例如，《深圳市中级人民法院公司强制清算案件审理规程》第 42 条规定，“人民法院受理强制清算申请后发生的下列费用，为清算费用：（一）强制清算案件的申请费及衍生诉讼案件应由公司负担的诉讼费用；（二）管理、变价和分配公司财产的费用；（三）清算组执行职务的费用、报酬和聘用工作人员的费用”。《江苏省高级人民法院关于审理公司强制清算案件若干问题的意见（试行）》第58条规定，“人民法院裁定启动强制清算程序后发生的下列费用，为清算费用：（一）公司强制清算案件的诉讼费用；（二）管理、变价和分配公司财产的费用；（三）清算组执行职务的费用、报酬和聘用工作人员的费用”。

结合上述规定，人民法院受理公司强制清算申请后的诉讼费用、管理、变价和分配公司财产的费用及清算组执行职务的费用和报酬，以及为履行义务而聘请律师、会计师等专业人员及工作人员的费用，均可以列为强制清算费用。

1. 强制清算案件的诉讼费用

（1）强制清算的申请费用。当事人申请强制清算的，应当交纳申请费。《诉讼费用交纳办法》并没有对强制清算的收费作出明确规定，一般会参照破产收费的规定。

（2）其他诉讼费用。如强制清算公告费用，即在强制清算过程中，根据相关规定，需要在《人民法院报》等媒体上对外发布一些公告，以便相关利害关系人知晓相关情况。又如清算企业财产需要保全而产生的保全费用，人民法院为查清相关事实而支付的鉴定、勘察费用等。

（3）案件诉讼费用。在强制清算过程中，清算组往往会发现一些与强制清算企业有关的民事诉讼案件，如果依法应当由债务人承担案件诉讼费用，则这些费用需从清算企业的财产中支付，从而属于清算费用。

2. 管理、变价和分配公司财产的费用

（1）管理费用。管理强制清算企业财产的费用是指清算组受聘担任强制清算企业清算组后管理强制清算企业财产所花费的各种费用。一是接收费用。强制清算企业将财产移交给清算组和审计单位，清算组将强制清算企业分散于不同地方的财产集中而产生的运输、搬迁费用。二是强制清算企业财产的清理费用。清算组接管强制清算企业的财产后，需要对强制清算企业的财产进行清理、登记而产生的费用。三是保管费用。清算组为保管清算组财产而承租的场地、聘用的安保人员等而产生的费用。四是维护、保养、修缮费用，包括但不限于维持清算企业场地正常运营的水电费，消防设施维修更换费用，车辆、船舶登记费用等。五是保险费用。如清算企业已购买财产保险的或清算组为防止清算企业财产遭受意外损害认为需要购买保险的，购买相应的保险而产生的费用。六是清算组为管理清算企业而支出的其他费用。

（2）变价费用。变价费用主要包括以下三种费用。一是评估费用。强制清算企业特别是僵尸企业多涉及国有，清算企业在变价前，需进行价值评估，以确保财产在变价时不被低估。为此，清算组需聘请专业机构或人员对清算企业需变价的财产进行评估从而需要支付相应的评估费用。二是拍卖、变卖费用，包括清算组拍卖、变卖债务人财产所需支付的公告费、交易费、佣金等费用。三是财产过户费用和相关税费，包括清算企业财产变价过户登记费用、支付的营业税、增值税、印花税等费用。四是其他变价过程中产生的费用。

（3）分配费用。分配费用主要包括债权人会议费用，通知或公告债权人费用，支付款项给债权人产生的手续费，提存费用等。

3. 清算组执行职务的费用和报酬，以及为履行义务而聘请律师、会计师等专业人员及工作人员的费用

（1）清算组报酬。根据《最高人民法院印发〈关于审理公司强制清算案件工作座谈会纪要〉的通知》第25条的规定，“中介机构或者个人担任清算组成员的，其报酬由中介机构或者个人与公司协商确定；协商不成的，由人民法院参照《最高人民法院关于审理企业破产案件确定管理人报酬的规定》确定”。《北京市高级人民法院关于审理公司强制清算案件操作规范（试行）》第32条规定，“公司股东、实际控制人、股份有限公司的董事或股东大会确定的清算义务人担任清算组成员的，不计付报酬。上述人员以外的有限责任公司的非股东董事、监事、高级管理人员，股份有限公司监事、高级管理人员担任清算组成员的，可以按照其上一年度的平均工资标准计收报酬。清算组由中介机构或者个人组成的，其报酬由中介机构或者个人与被申请人协商确定；协商不成的，由人民法院参照《最高人民法院关于审理企业破产案件确定管理人报酬的规定》确定。清算组由被申请人股东、董事、监事、高级管理人员，以及中介机构或者个人共同组

成的，被申请人股东、董事、监事、高级管理人员的报酬按本条第（一）、（二）款规定的标准支付。中介机构或者个人的报酬，由清算组与被申请人协商确定，协商不成的，由人民法院参照《最高人民法院关于审理企业破产案件确定管理人报酬的规定》确定整个清算组的报酬后，按照中介机构或者个人在清算中付出劳动量的比例，合理确定其报酬”。强制清算的僵尸企业往往没有可分配的财产作为基数计算，需要通过结合强制清算的僵尸企业自身情况及清算组工作量，由人民法院决定清算组报酬。

（2）聘请工作人员费用。工作人员一般包括专业人员和辅助人员。专业人员是指从事法律、财务、审计、评估、金融、管理、经营等相关专业的人员，辅助人员是指了解清算企业相关事务，从而对清算组处置相关事务提供帮助的人员。《企业破产法》有明确规定，聘请该等必要的工作人员需经人民法院许可，对企业的强制清算虽没有明确规定，但一般在操作过程中建议参照此流程，由清算组报请人民法院决定。选定律师事务所作为清算组的，如有账册，法院一般会摇珠选定审计单位对强制清算企业进行审计。但是审计单位往往不负责财务事务跟进、税务申报等工作，律师事务所或个人担任清算组的，需要聘用专业财务人员开展此类工作；僵尸企业如有主管或托管单位的，可以协调由其继续协助此类工作，以节约相关费用。如果律师事务所或会计师事务所、个人担任清算组，通过聘请本专业的其他社会机构或者人员协助履行清算组职责的，所需费用一般从其报酬中支付。

（3）清算组执行职务的费用。具体是指强制清算企业的清算组在执行职务、履行职责过程中所发生的费用。清算组执行职务的费用与管理、变价和分配清算企业财产的费用如果难以区分，则应当根据实际情况确定。一般来说，清算组执行职务费用包括但不限于：刻制清算组印章的费用；开立清算组账户的费用；召开债权人会议所需支付的费用；调查强制清算企业财产而花费的费用，如差旅费、查档费、邮费等；清算组的办公费；其他费用。

二、法规政策支持及来源

一般企业申请强制清算后，法院会要求申请人垫付一笔费用，作为开展强制清算的费用，如果完全无启动费用，申请受理后即需安排的公告程序则无法推进，但僵尸企业往往无资产的较多，如无启动资金，清算工作较难开展。因此有些协会会资助部分启动资金，如广州市破产人协会一般会对公告费用进行援助。僵尸企业的重整与清算，是国家供给侧结构性改革的一个着力点，因此，国家政策层面对此大力支持。第十二届全国人民代表大会第五次会议关于2016年中央和地方预算执行情况与2017年中央和地方预算的决议中规定“安排补助资金，支持中央企业处置僵尸企业”。在地方层面，目前大部分省份出台了政策法规给予支持，以广东省为例，《广东省人民政府关于全省国企出清重组“僵尸企业”促进国资结构优化的指导意见》（粤府〔2016〕29号）第4条第3款规定，“省财政厅会同省有关部门研究制定出清重组‘僵尸企业’中财政支持政策措施。统筹使用省财政现有支持技术改造、创业就业、社会保险补贴等专项资金，对出清重组‘僵尸企业’任务重、处置绩效好、进展快的欠发达地市按规定给予倾斜支持，优先用于职工安置。推进企业退休人员社会化管理，‘僵尸企业’退管活动经费按规定标准由退管机构在接收退休人员时一次性收取。经同级地方政府审核确认无力为退休人员交纳退管活动资金的，其退管活动经费由同级财政解决。有关诉讼费等清算费用，按规定优先从企业资产处置收益中解决；企业确实无力支付的，按规定从国有资本经营预算或现有相关财政专项资金中予以适当支持”。而在广州地区，广州市人民政府则通过《市属国有企业出清重组“僵尸企业”促进国资结构优化的实施方案》第7条第5款规定，“从市属国有资本经营预算中安排专项资金，用于统筹解决市属国有‘僵尸企业’关闭破产清算中无力支付的清算和托管等部分费用”。

很多僵尸企业停工停产多年，因无力支付清算费用而无法进入清算程序。破产费用中的清算费部分虽可减免，但律师、会计师等破产清算组的报酬部分应当支付。目前，务必要克服僵尸企业因无力支付清算费用而无法进入清算程序的问题。建议财政部门拨出资金建立破产费用专项资金。人民法院要抓住机遇，积极争取财政部门支持，补充企业破产案件中的破产费用缺口，要保证清算组能够按劳取酬，激发破产清算组工作积极性。已经建立清算费用专项资金的人民法院，要依法依规妥善利用专项资金，做到专款专用。要在使用清算费用专项资金的过程中及时总结经验，做好开源节流，适时推动建立政府财政援助的常规机制，同时逐步探索企业正常经营中自行提取清算费用资金等措施。❶

关于该笔财政或上级主管单位拨款的性质，笔者认为该笔费用可以作为清算企业的共益债权，在清算工作完成后，扣除支付的清算组报酬、审计费用、清算费用等，退还至原拨款单位。僵尸企业清算过程中，由于需要对财政拨款使用的具体用途、数额进行严格的监督，在实践过程中，可以通过清算费用的审计及法院监督等方式合理监督该笔款项的支出。

三、强制清算费用的清偿

目前法律层面尚未对强制清算费用的清偿顺序作具体明确的规定，清算组可以参照《企业破产法》相关规定处理，《企业破产法》第 43 条规定，“破产费用和共益债务由债务人财产随时清偿。债务人财产不足以清偿所有破产费用和共益债务的，先行清偿破产费用。债务人财产不足以清偿所有破产费用或者共益债务的，按照比例清偿。债务人财产不足以清偿破产费用的，管理人应当提请人民法院终结破产程序。人民法院应当自收到请求之日起十五日内裁定终结破产程序，并予以公告”。在司法实践中，法院一般也是参照上述规定确定清算费用的清偿顺序的，如《江苏省高级人民法院关于审理公司强制清算案件若干问题的意见（试行）》第 60 条规定，“清算费用和共益债务经人民法院批准可由公司财产随时清偿”。《深圳市中级人民法院公司强制清算案件审理规程》第 44 条规定，“清算费用和共益债务经人民法院批准可从清算财产中随时清偿”。

---

❶ 杜万华．依法处置“僵尸企业”开创破产审判工作新局面［N］．人民法院报，2016-03-28（2）．

清算费用从强制清算企业财产中支付，对于有担保物权或优先权的财产是否可以计入，在实务操作中可能存在疑问，笔者认为，由于清算财产的管理、变卖等包含此类财产，因此应当计算在清算企业财产基数内。若在僵尸企业中，主管部门或托管部门垫付清算费用的，如发现僵尸企业财产，应当予以退还代垫的费用。

第二节　共益债务

一、共益债务的认定

共益债务，是指在强制清算程序中，为了全体债权人的利益或基于保障强制清算程序顺利进行而发生的，应当以清算企业财产随时优先受偿的债务。其一般为人民法院受理公司强制清算申请后发生的与清算有关的经营活动所产生的债务、公司财产受无因管理所产生的债务、公司不当得利或导致他人损害所产生的债务、清算组执行职务致人损害所产生的债务等。

二、共益债务的范围

目前法律层面上尚未对强制清算的共益债务进行明确规定，司法实践中一般参照《企业破产法》规定。根据《企业破产法》第42条的规定，“人民法院受理破产申请后发生的下列债务，为共益债务：（一）因管理人或者债务人请求对方当事人履行双方均未履行完毕的合同所产生的债务；（二）债务人财产受无因管理所产生的债务；（三）因债务人不当得利所产生的债务；（四）为债务人继续营业而应支付的劳动报酬和社会保险费用以及由此产生的其他债务；（五）管理人或者相关人员执行职务致人损害所产生的债务；（六）债务人财产致人损害所产生的债务”。江苏和深圳的法院在司法层面上对强制清算的共益债务进行了规定，根据《江苏省高级人民法院关于审理公司强制清算案件若干问题的意见（试行）》第59

条的规定，“人民法院裁定启动强制清算程序后发生的下列债务，为共益债务：（一）因清算组或者公司请求对方当事人履行双方均未履行完毕的合同所产生的债务；（二）公司财产受无因管理所产生的债务；（三）因公司不当得利所产生的债务；（四）为公司继续营业而应支付的劳动报酬和社会保险费用以及由此产生的其他债务；（五）清算组或者相关人员执行职务致人损害所产生的债务；（六）公司财产致人损害所产生的债务”。《深圳市中级人民法院公司强制清算案件审理规程》第43条规定，“人民法院受理强制清算申请后发生的下列债务，为共益债务：（一）因清算组开展与清算有关的经营活动所产生的债务；（二）公司财产受无因管理所产生的债务；（三）因公司不当得利所产生的债务；（四）清算组执行职务致人损害所产生的债务；（五）公司财产致人损害所产生的债务”。清算组在列支清算费用时，可以参照上述标准。

需要特别说明的是，有些清算企业员工较多，裁定进入强制清算时已停止营业，为公司继续营业而应支付的劳动报酬和社会保险费用以及由此产生的其他债务属于共益债务，清算组应当及时做好员工的相关工作，如初步确定已无重整可能，清算组应当保留维持强制清算企业运营的人员，及时清理超出正常经营需要的劳动关系。清算组应当制定解除劳资关系的方案并以书面方式通知被申请人的全体职工终止劳动合同。有关职工的经济补偿，按《中华人民共和国劳动法》《中华人民共和国劳动合同法》的相关规定执行。经人民法院许可，清算组可以聘用被申请人的有关人员作为留守人员，留守人员的劳动报酬根据现行有关法律法规司法解释以及被申请人的实际情况确定。

三、共益债务和清算费用的区别

共益债务和清算费用都发生在强制清算程序中，即强制清算申请受理后至清算程序终结前的期限内，都是强制清算企业财产优先清偿、随时清偿。两者的主要区别在于：一是发生的原因不同，共益债务因为强制清算企业的行为而发生，清算费用因法定清算程序而发生；二是性质不同，共益债务属于清算程序中发生的实体性债务，清算费用因程序性行为而发生；三是概率不同，清算费用的发生是必然的，而共益债务是根据清算企业具体情况而发生的，并不具有必然性；四是内容不同，共益债务的内容是合同之债、无因管理之债、不当得利之债、侵权损害之债等方面，清算费用包括强制清算案件的诉讼费用、管理、变价和分配清算财产的费用，清算组执行职务的费用、报酬和聘用工作人员的费用等。

四、共益债务的清偿

共益债务的清偿相较于一般债务的清偿比较特殊，即作为第一顺位清偿，且需遵循以下原则进行。(1) 优先清偿原则，即清算费用和共益债务优先于一般债务的清偿顺序清偿。(2) 随时清偿原则，清算企业财产足以清偿清算费用和共益债务时，二者的清偿都是“随时发生，随时清偿”。(3) 足额支付和清偿原则，即清算费用和共益债务花费和欠付多少，就应全额拨付和清偿，如果不能足额拨付或清偿，清算程序应转为破产程序。而如果因清算组的过失未及时提请人民法院转换破产程序，而使清算费用和共益债务增加，清算组可能因此而承担风险。

第三节　僵尸企业强制清算清算组重点难点实务探讨

一、如何解决长效的破产经费问题

目前对僵尸企业启动破产程序仍面临着不少障碍，其中最为凸显的问题就是企业破产费用如何支付。因为破产案件一旦受理，必然面临着公告费用、审计费用、管理人报酬等费用的支出，甚至大量的僵尸企业还存在职工安置费用的问题。对此，我国现行的法律没有明确规定。随着大量的僵尸企业进入破产程序，如果没有足够的资金去支付破产费用，往往难以开展相应的工作。

深圳、杭州、温州等地的中级人民法院都建立了由市级财政资金拨付的破产专项基金，每年拨付的金额多达两三百万元。[1] 从基金的运作来看，这种方式已取得了良好的法律效果和社会效果。广州市中级人民法院在全国率先建立破产清算公益基金、国资专项资金、财政专项经费“三位一体”的破产费用保障机制，以消除因缺乏启动费用导致破产案件受理难的问题。[2]

僵尸企业的清算与破产工作所必须产生的费用，解决路径之一是法院向省、市国资委发出相关司法建议并得到采纳后，对通过省、市国资委主导提起的国有僵尸企业清算案件，区分有无账册的情形，由国资委出面协调以解决相关清算费用的垫付问题。广州市对国有企业，由国资委统筹落实国有“僵尸企业”破产及强制清算案件的启动经费。对于无财产破产企业，按照有账册 20 万元、无账册 10 万元的标准进行垫付，破产程序终结后将剩余垫付经费返还至垫付单位。若发现破产企业有可供分配的财产，则将垫付费用作为共益债务优先支付。三年来通过国资专项经费支持，共保障了 480 家国有“僵尸企业”司法清算程序顺利推进，有效化解债务 50 多亿元，为深入推进供给侧结构性改革提供了极大助力。[3]

各地破产管理人协会在人民法院的指导下也可成立破产清算公益基金解决一部分经费难问题，管理人协会会员承办的破产及强制清算案件，无启动经费的，由公益基金代为垫付公告费、刻章费、差旅费等除管理人报酬以外的必要费用支出，以保障清算程序的顺利推进。广州市破产管理人协会制定了《破产（清算）公益基金筹集和支出管理办法》《“无启动经费”的破产或强制清算案件申请公益基金支持的条件及审批流程》，对公益基金的收支进行规范化管理。2017~2019 年，通过援助资金有效解决百余件无财产案件的破产基本费用支出，保障破产程序顺利开展。[4]

另外，通过财政专门针对清算与破产审判的专项援助基金也可以解决一部分经费难问题。国资专项资金快速有效地解决了一批国有僵尸企业清

---

[1] 郭一鸣．加强国企督导工作 推进僵尸企业清理［N］．人民法院报，2016-12-22（5）．

[2][3][4] 广州市中级人民法院，《广州市中级人民法院破产审判白皮书》，载 http：//www.gzcourt.gov.cn/xwzx/bps/2020/01/13154542157.html.

算案件的清算费用，但这种方式的局限性也是显而易见的。其一，未能覆盖其他主体提起的僵尸企业清算案件。对于零散的通过其他途径提起的僵尸企业清算案件，清算费用的保障仍然需要依靠破产管理人协会破产清算公益基金解决，不仅费用保障有限，大额审计费用、管理人报酬等费用支出都暂时无法满足，而且意味着是由管理人自行垫付费用义务劳动，有违市场经济规律，可能会挫伤破产管理人的工作积极性。随着案件数量的逐渐增多，尤其一些购买资产包的资产管理公司以债权人身份提起破产清算申请却不愿意垫付任何费用的情形越来越多，这种局限性更加凸显。其二，未能覆盖执行转破产案件。通过执行转破产路径清算的僵尸企业，通常面临无财产支付破产费用的困境。目前在全国各地，如广东深圳、广州、江苏启东、浙江江山等，越来越多的当地政府进行财政拨款设立专项破产费用基金。

各地可结合自身情况，尽快推进各项破产费用专项基金的设立、运行，为僵尸企业顺利出清提供有力的资金支持和保障，进一步推动破产清算程序高效推进，提高管理人依法履职的积极性，促进管理人队伍的良性发展，为建立市场化的管理人队伍奠定基础。

二、如何实现破产清算组成员专业化

僵尸企业清算业务烦琐且专业化要求较高，清算过程中，涉及企业财产清点、接受和核查，债权申报通知、登记及审核认定，债权人会议的召集和决议，企业财产的追回、评估、处置和分配，还可能涉及职工安置、小产权房、信访和诉讼等。涉诉问题包括但不限于债权确认之诉、取回权之诉、撤销权之诉等。而且，在僵尸企业清算过程中，不但涉及与法院、债务人、主管单位的协调沟通，还涉及与职工、债权人甚至是政府部门的协调与沟通。

由于之前僵尸企业强制清算业务量不大，相关法律规范较少，很多法院、律师事务所也是在业务进展过程中，不断探索、规范。僵尸企业强制清算业务量有一定政策性因素，结合破产清算等业务的不断增加，以及相关风险的不确定性，建立一个稳定的、长期的、专业处理强制清算及破产清算业务的团队非常有必要。

首先，明确相关工作制度指引或工作规范很有必要。广东省高级人民法院发布了《关于“僵尸企业”司法处置工作指引》，对立案、审判、管理人接管工作、管理人调查工作、评估、快速审理机制，以及与破产程序的衔接、工作机制等，均进行了较为详尽的规定[1]，为僵尸企业出清团队的工作专业化，在一定程度上提供了制度的保障。各地法院或破产管理人协会可以结合法律法规规定、根据实践经验制定相关工作制度指引或工作规范。

其次，团队管理和培训专业化。一方面，在实践过程中，不断建立和完善清算团队的工作制度、细化工作流程指引；另一方面，对现有及新加入的成员进行定期的、明确的、细致的培训也很有必要。在实践过程中，尽量形成一套标准的业务流程文本，加强业务处理审核流程的把关，降低相关业务法律风险。

最后，合理的薪资报酬是有力支撑。一些律师担心专业从事强制清算和破产清算业务，后续行业前景和报酬不具有可持续性。目前多数法院都通过摇珠的方式选定清算组或破产管理人，业务有一定不确定性。对于强制清算和破产清算企业较多的地区，保障合理的、可持续性的破产费用，将更有利于清算组团队成员的成长、更加专注于从事该领域的义务，从而达到良性循环。同时结合团队情况采取合理的薪酬分配制度，更有利于新从业律师专注于该业务，致力于提升业务的专业化、标准化。

---

[1] 广东省高级人民法院，《关于“僵尸企业”司法处置工作指引》，载 http://www.gdcourts.gov.cn/index.php? v=show&cid=221&id=53712

第十一章　强制清算的资产评估

根据《深圳市中级人民法院公司强制清算案件审理规程》第59条规定，“处置公司财产应当通过拍卖进行。清算组通过拍卖方式处置公司财产时应由人民法院通过随机方式选定评估、拍卖中介机构。但深圳市内的不动产，应按照法律、司法解释和市政府有关文件规定进行拍卖。清算组应当参照评估价确定拍卖保留价，报人民法院备案。第一次拍卖时，保留价不得低于评估价的百分之八十；如果出现流拍，再行拍卖时可以降低保留价，但每次降低保留价不得超过前次保留价的百分之二十。第三次拍卖流拍的，清算组可以经债权人会议或者股东会同意后，以第三次拍卖的保留价变卖或者协议转让”。

强制清算财产的分配一般以货币形式，针对强制清算企业的非货币财产需要经过合法评估程序，通过拍卖等方式转化成货币资产。僵尸企业处置过程中应当严格依照法律规定经过评估，涉及国有资产的，其评估工作应当符合相关的法规和政策要求。鉴于僵尸企业强制清算通常涉及国有资产的处置，比一般的非国有资产评估程序更复杂，本章主要参照国有资产评估的相关事项进行探讨，其他性质的清算企业可以参照执行。

第一节　资产评估机构

一、资产评估机构的资质

与非国有资产评估机构的选择不同，国有资产评估对资产评估机构有资质要求，清算组在选定评估机构时要注意评估机构的资质是否符合法律法规的要求。根据《国有资产评估管理办法》第9条规定，国有资产评估机构应符合以下条件之一：（1）持有国务院或者省、自治区、直辖市人民政府国有资产管理行政主管部门颁发的国有资产评估资格证书的资产评估公司、会计师事务所、审计事务所、财务咨询公司。（2）经国务院或者省、自治区、直辖市人民政府国有资产管理行政主管部门认可的临时评估机构。

二、评估机构的选定

目前我国法律制度针对强制清算案件如何选定国有资产评估机构没有统一硬性的规定，各地区为统一高效办理强制清算案件，根据实际情况，制定了适应各地区的规程，大致有以下两种处理方式：第一，自行选定；第二，经法院通过随机方式选定。

例如，广东地区主要采用通过法院随机选定评估机构的方式。北京地区没有限制选定方式，根据案件的类型及复杂性，可以采用上述两种方式中的其中一种方式选定评估机构。具体相关规定如下。

（1）《广东省高级人民法院关于委托评估、拍卖工作的若干规定》第3条规定，“人民法院审判、执行案件需对涉案财产委托评估、拍卖的，应当由一个部门统一归口对外办理委托事务。人民法院审理破产案件组织成立的破产清算组织，需对破产财产进行评估、拍卖的，应当在法院选定的受托机构中摇珠选定，接受人民法院的监督”。

（2）《广州市法院审理破产案件规程》第5条规定，“审理重整、和解及破产清算案件需要选定评估、拍卖等中介机构或指定管理人的，应从《广州市中级人民法院司法委托中介机构名册》《广州市中级人民法院企业破产案件管理人名册》中选定”。

（3）《深圳市中级人民法院公司强制清算案件审理规程》第59条规定，“处置公司财产应当通过拍卖进行。清算组通过拍卖方式处置公司财产时应由人民法院通过随机方式选定评估、拍卖中介机构。但深圳市内的不动产，应按照法律、司法解释和市政府有关文件规定进行拍卖”。

(4)《北京市高级人民法院关于审理公司强制清算案件操作规范》第67条规定，“清算组处置被申请人财产应事前报经人民法院批准，并可自行选定或在《北京市高级人民法院委托司法鉴定和拍卖机构名册》中选定评估、拍卖中介机构”。

三、评估委托方

根据《中华人民共和国资产评估法》规定，“资产评估工作应当由委托人和评估机构签订委托合同，约定双方的权利和义务。评估事项涉及两个以上当事人的，由全体当事人协商委托评估机构”。根据《国有资产评估管理办法》第16条规定，“申请单位收到准予资产评估立项通知书后，可以委托资产评估机构评估资产”。

强制清算案件评估工作中，清算组作为委托方签订合同存在两种情形：第一，评估事项只涉及一个当事人的，清算组作为委托方与评估机构签订评估合同；第二，评估事项涉及两个以上当事人的，清算组与其他当事人共同作为委托方与评估机构签订评估合同。

第二节　评估程序

一、资产评估的一般程序

根据《国有资产评估管理办法》第12条规定，“国有资产评估按照下列程序进行，(一) 申请立项；(二) 资产清查；(三) 评定估算；(四) 验证确认”。在强制清算案件中由清算组代为行使清算企业或单位的职责，占有单位及申请单位履行资产评估的职责由清算组承担。国有资产评估程序及要求见表11-1。

表 11-1　国有资产评估程序及要求

程序步骤	要求
（一）申请立项	1. 提交申请。申请评估的单位，应先经其主管部门审查批准后，向同级国有资产行政主管部门提交申请，并附上会计报表与财产目录。 2. 审批申请。国有资产管理行政主管部门应当在收到申请书之日起 10 日内审查，并作出是否准许立项的决定，当然国有资产管理行政主管部门也可以授权申请评估单位的主管部门进行审批。
（二）资产清查	3. 委托进行资产评估的机构应当对被评估的债权债务作一个全面的了解，并且核查账面与实际是否相符，然后作出评估。
（三）评定估算	4. 受委托的机构应当在一定时间内作出专业的评定与估算，并提交资产评估结果报告书。 5. 资产评估结果报告出具后，应当报委托单位的主管部门进行审查，主管部门审查通过后，再报同级国有资产管理行政主管部门确认。当然，经国有资产管理行政主管部门授权，委托单位的主管部门也可以进行确认。
（四）验证确认	6. 在收到资产评估结果报告书之日起 45 日内，国有资产管理行政主管部门应当进行验证、确认等工作，并向委托单位发送确认通知书。 7. 占有单位对确认通知书有异议的，可以自收到通知书之日起 15 日内向上一级国有资产管理行政主管部门申请复核。 8. 上一级国有资产管理行政主管部门应当自收到复核申请之日起 30 日内作出裁定，并下达裁定通知书。

二、评估范围

《国有资产评估管理办法》第 6 条规定，“国有资产评估范围包括：固定资产、流动资产、无形资产和其他资产”。评估范围应包括截至评估基准日，清算企业的所有财产。鉴于强制清算案件参照适用《最高人民法院关于适用〈中华人民共和国企业破产法〉若干问题的规定（二）》，评估财产的范围及类型如下。

（1）所有的货币、实物。

（2）依法享有的可以用货币估价并可以依法转让的债权、股权、知识产权、用益物权等财产和财产权益。

（3）债务人已依法设定担保物权的特定财产，无论担保物权人是否放弃优先受偿权。

不属于评估财产的范围及类型如下：

（1）债务人基于仓储、保管、承揽、代销、借用、寄存、租赁等合同或者其他法律关系占有、使用的他人财产。

（2）在所有权保留买卖中尚未取得所有权的财产。

（3）所有权专属于国家且不得转让的财产。

（4）其他依照法律、行政法规不属于强制清算企业的财产。

三、核准与备案

国有资产评估与非国有资产评估的区别在于，国有资产评估增加了核准与备案程序。清算组作为强制清算工作的实施者，应当认真履行核准与备案工作，以降低执业风险。根据《关于改革国有资产评估行政管理方式加强资产评估监督管理工作的意见》以及《国有资产评估管理若干问题的规定》第 8 条规定的“国有资产评估项目实行核准制和备案制”，具体负责部门和要求如表 11-2 所示。

表 11-2　国有资产评估项目核准与备案的部门和要求

适用程序	负责部门	项目级别要求
核准	财政部	经国务院批准实施的重大经济事项涉及的资产评估项目
	省级财政部门（或国有资产管理部门，下同）	经省级（含计划单列市，下同）人民政府批准实施的重大经济事项涉及的资产评估项目
备案	财政部	中央管理的企业集团公司及其子公司，国务院有关部门直属企事业单位的资产评估项目
	集团公司或有关部门	子公司或直属企事业单位以下企业的资产评估项目
	地方管理的占有单位的资产评估项目备案工作比照上述规定的原则执行。	

此外，在评估过程中，清算组应与评估机构、法院、债权人委员会、担保物权人保持沟通，并将评估结果及时通报给法院、相关担保物权人。

四、评估报告有效期

法律规定评估报告应当载明报告的有效期，评估的有效期是为了提醒清算组在有效期内利用报告书来完成拍卖等工作，有效期一般为一年，一般资产评估报告有效期自评估基准日起算，而房地产评估报告有效期自出具估价报告之日起算。

第三节　僵尸企业资产评估重点难点实务探讨

一、强制清算企业的地上建筑物所有权与土地使用权分离，如何进行评估

按照《中华人民共和国城镇国有土地使用权出让和转让暂行条例》第47条规定，“无偿取得划拨土地使用权的土地使用者，因迁移、解散、撤销、破产或者其他原因而停止使用土地的，市、县人民政府应当无偿收回其划拨土地使用权，并可依照本条例的规定予以出让。对划拨土地使用权，市、县人民政府根据城市建设发展需要和城市规划的要求，可以无偿收回，并可依照本条例的规定予以出让。无偿收回划拨土地使用权时，对其地上建筑物、其他附着物，市、县人民政府应当根据实际情况给予适当补偿”。这就造成了强制清算企业的地上建筑物所有权与土地使用权分离的情况。为了避免所有权与使用权分离的情况，清算组应当与土地管理部门协商，使得清算组和土地管理部门分别对强制清算财产和土地使用权进行评估，如果拍卖的话则可以委托同一家公司进行拍卖，拍卖所得的价款则分别存入法院指定的清算组账户和土地管理部门的账户。

二、无形资产是否仅仅包括专利权、商标权、著作权

根据中国资产评估协会印发的《资产评估准则——无形资产》的规定，无形资产包括可辨认无形资产和不可辨认无形资产。可辨认无形资产包括专利权、商标权、著作权、专有技术、销售网络、客户关系、特许经营权、合同权益等。不可辨认无形资产是指商誉。因此，无形资产并不仅仅包括专利权、商标权、著作权，还包括商誉等。

第十二章　僵尸企业强制清算财产的处置

第一节　僵尸企业强制清算财产的变价

参照《企业破产法》第114条规定，“破产财产的分配应当以货币分配方式进行。但是，债权人会议另有决议的除外”。强制清算财产变价，也称强制清算财产的变现，是指在强制清算程序中要将非货币的清算财产、人民法院审查确认的强制清算财产变价方案、债权人会议决议，转变成货币财产的行为或过程，这对于维护债权人权益，保证强制清算程序的公平，具有非常重要的意义。而所谓强制清算财产变价方案是指把清算财产中的非货币财产以拍卖、变卖等方式转变为货币财产的方案。

一、变价财产清点

强制清算财产的清点，除了清算企业所有的货币外，还包括实物、依法享有的可以货币估价并可以依法转让的债权、股权、知识产权、用益物权等财产或财产权益。除此之外还包括已依法设定担保物权的特定财产。清算组在接管强制清算的僵尸企业时，应当详细清点并分类造册，制作财产明细目录清单。

二、变价方案事前的市场调查

为了最大化实现强制清算财产的价值，清算组在法院的指导下，可以对市场行情进行调查分析，了解市场的需求，主要有以下几种方式。

（1）在充分了解市场行情、政府政策的基础上，清算组与债权人、清算企业积极沟通，集思广益，合理拟订强制清算财产变价方案。

（2）合理利用招商引资平台和网络宣传等传播媒介，吸引更多的投资者参与竞拍。

（3）提前就相关事项对接国土、工商、税务等部门，尽量结合当地具体政策因素考量变价方案的具体实施、操作可行性。

三、强制清算财产变价方案的确认

根据《最高人民法院关于适用〈中华人民共和国公司法〉若干问题的规定（二）》第15条规定，“公司自行清算的，清算方案应当报股东会或者股东大会决议确认；人民法院组织清算的，清算方案应当报人民法院确认。未经确认的清算方案，清算组不得执行。执行未经确认的清算方案给公司或者债权人造成损失，公司、股东或者债权人主张清算组成员承担赔偿责任的，人民法院应依法予以支持”。因强制清算财产变价方案属于清算方案的一部分，故清算组应当将拟订的强制清算财产变价方案提交人民法院裁定确认后方能实施。

四、强制清算财产变价方式

参照《企业破产法》第112条规定，“变价出售破产财产应当通过拍卖进行。但是，债权人会议另有决议的除外。破产企业可以全部或者部分变价出售。企业变价出售时，可以将其中的无形资产和其他财产单独变价出售。按照国家规定不能拍卖或者限制转让的财产，应当按照国家规定的方式处理”。因此，强制清算财产变卖应遵循以下原则。

（1）强制清算财产的变价原则上应当以拍卖方式进行。

采用拍卖方式的目的在于有效防止清算财产变价过程中诸如“暗箱操作”或“徇私舞弊”等不当或者不法行为的发生，也有利于确保清算财产的价值最大化。拍卖机构的选定应当由清算组在人民法院的监督下，从拍卖机构名册中采用抽签或洽谈的方式确定。拍卖可以参照《最高人民法院关于人民法院民事执行中拍卖、变卖财产的规定》执行。债权人会议另有决议的，应另行报请人民法院决定是否采纳。

（2）强制清算财产可以全部或者部分变价出售。

根据财产的具体情况，如成套设备适合整体拍卖出售，应当整体出售；如车辆适合单独出售，应当单独出售。总之，变卖的根本原则是要实现清算财产的价值最大化。

按照国家规定不能拍卖或者限制转让的财产，应当按照国家规定的方式处理。例如，一些涉及国家经济秩序或管理秩序的有关物品，如黄金、白银、文物、矿产品等，需要交国家指定的单位处理或收购。

五、强制清算财产变价程序

（一）强制清算财产估价

强制清算财产在变价前，需要进行估价的，应当进行估价。强制清算财产的估价是保证清算财产价值最大化的重要举措。强制清算财产的估价应当由具备合法资质的评估机构或评估师进行。房屋、土地使用权等重要财产的估价，应当由符合有关规定资质的评估人员，按照规定的程序进行。对于不能变卖的实物进行折价分配的，一般也应当进行估价。实物为动产，并有可供参照的市场价格的，为节省时间和费用，也可以采取全体债权人协商定价的办法。协商定价时，除市场价格外，还要适当考虑财产的折旧、用途、市场供求等因素。

（二）制定强制清算财产变价方案

关于制定强制清算财产变价方案在前文中已作阐述，此处不再赘述。

（三）公开拍卖

参照破产程序中的处理方式，僵尸企业的强制清算财产一般采用拍卖的形式，但是，按照国家规定不能拍卖或者限制转让、流通的财产，应当按照国家规定的方式处理。清算组应当将拍卖公告张贴在受理强制清算案件的人民法院公告栏内。拍卖标的物为不动产的，拍卖公告还应当张贴于不动产所在地。

清算组在选择拍卖方式时可以考虑选择网络拍卖，一方面可以降低清算成本，另一方面网络拍卖不受时间和空间的限制。

清算组可以考虑选择的网站有：

（1）淘宝网，网址为 www. taobao. com；

（2）京东网，网址为 www. jd. com；

（3）人民法院诉讼资产网，网址为 www. rmfysszc. gov. cn；

（4）公拍网，网址为 www. gpai. net；

（5）中国拍卖行业协会网，网址为 www. caa123. org. cn。

文书范本 28：强制清算财产变价方案

××公司强制清算财产变价方案

一、变价原则

阐述本方案确定的财产变价原则，例如"本次财产变价遵循公平合法、产权确定、财产价值最大化、效率和成本相结合的变价原则"。

二、强制清算财产状况

分别列明经审计、评估的清算企业货币（有价证券）资金、应收账款和预付账款、对外债权、对外投资、存货、固定资产、无形资产等各类破产财产的状况。

三、强制清算财产变价方案

分别列明各类强制清算财产的处置措施。

（一）对外债权、对外投资的处置

1. 经调查后发现确无追回可能或追收成本大于债权本身的，报请债权人委员会审议，予以核销处理。

2. 清算企业的债务人已破产的，依法申报债权。

3. 其他对外债权、投资的处置方案。

（二）存货、固定资产、无形资产的处置

一般采取拍卖方式进行变价。需要采取拍卖方式之外的变价措施的，列明相应的变价措施。

（三）其他破产财产的处置

四、变价的财产范围

……

五、变价拍卖标的

……

六、设定担保权的特定财产的变价处置方案

……

七、拍卖机构

……

八、拍卖次数与拍卖保留价

……

九、拍卖成交后实物资产的交付

……

十、拍卖过程在【　】人民法院监督下进行

……

十、拍卖费用的承担及财产的权证办理

……

十一、变价说明

……

第二节　强制清算财产的分配

一、强制清算财产清单

根据《公司法》第184条的规定，清算组应在会计师的协助下就公司目前的财务状况编制完整的资产负债表和财产清单。

文书范本29：强制清算财产清单

×××公司强制清算财产清单

序号	财产性质	财产名称	账面原值	现值	数量	建筑面积	是否存在权利限制	备注
1								
2								
3								
4								
5								
6								
7								
8								
9								
10								

二、强制清算财产的分配顺序

根据《公司法》第186条的规定，“清算组在清理公司财产、编制资产负债表和财产清单后，应当制定清算方案，并报股东会、股东大会或者人民法院确认。公司财产在分别支付清算费用、职工的工资、社会保险费用和法定补偿金，缴纳所欠税款，清偿公司债务后的剩余财产，有限责任公司按照股东的出资比例分配，股份有限公司按照股东持有的股份比例分配。清算期间，公司存续，但不得开展与清算无关的经营活动。公司财产在未依照前款规定清偿前，不得分配给股东”。

同时，参照《企业破产法》第113条中的清偿顺序，一些地方法院在专门就强制清算程序进行规范指引的文件中，对强制清算财产的分配顺序也作出了类似的规定。

《北京市高级人民法院关于审理公司强制清算案件操作规范（试行）》第68条规定，“清算财产按下列顺序分别支付：（一）清算费用；（二）职工的工资、社会保险费用和法定补偿金；（三）缴纳所欠税款；（四）清偿被申请人债务；（五）剩余财产分配。剩余财产中包括利润的，对利润部分，有限责任公司股东按照实际缴纳的出资比例分配，全体股东另有约定的除外；股份有限公司股东按照公司利润分配办法分配。剩余财产中不包括利润或者分配利润后仍有剩余的财产，有限责任公司股东按照实际缴纳的出资比例分配；股份有限公司股东按照股权比例分配”。

因此，僵尸企业强制清算财产通常在优先清偿清算费用和共益债务后依照下述顺序进行清偿。

（1）清算企业所欠职工的工资和医疗、伤残补助、抚恤费用、基本养老保险、基本医疗保险费用，以及法律、行政法规规定应当支付给职工的补偿金。

①职工工资，即职工的劳动报酬，既包括正式职工和试用期职工，也包括短期用工和临时工。劳动报酬是指清算企业应当以货币形式支付给职工的各种报酬，包括但不限于工资、奖金、津贴、补贴等形式。一般清算企业的董事、监事和高级管理人员的工资，按企业职工的平均工资计算。

②职工的医疗、伤残补助、抚恤费用。《工伤保险条例》第30条规定，“职工因工作遭受事故伤害或者患职业病进行治疗，享受工伤医疗待遇。职工治疗工伤应当在签订服务协议的医疗机构就医，情况紧急时可以先到就近的医疗机构急救。治疗工伤所需费用符合工伤保险诊疗项目目录、工伤保险药品目录、工伤保险住院服务标准的，从工伤保险基金支付。工伤保险诊疗项目目录、工伤保险药品目录、工伤保险住院服务标准，由国务院社会保险行政部门会同国务院卫生行政部门、食品药品监督管理部门等部门规定。职工住院治疗工伤的伙食补助费，以及经医疗机构出具证明，报经办机构同意，工伤职工到统筹地区以外就医所需的交通、食宿费用从工伤保险基金支付，基金支付的具体标准由统筹地区人民政府规定。工伤职工治疗非工伤引发的疾病，不享受工伤医疗待遇，按照基本医疗保险办法处理。工伤职工到签订服务协议的医疗机构进行工伤康复的费用，符合规定的，从工伤保险基金支付”。第32条规定，“工伤职工因日常生活或者就业需要，经劳动能力鉴定委员会确认，可以安装假肢、矫形器、假眼、假牙和配置轮椅等辅助器具，所需费用按照国家规定的标准从工伤保险基金支付”。第33条规定，“职工因工作遭受事故伤害或者患

职业病需要暂停工作接受工伤医疗的，在停工留薪期内，原工资福利待遇不变，由所在单位按月支付。停工留薪期一般不超过 12 个月。伤情严重或者情况特殊，经设区的市级劳动能力鉴定委员会确认，可以适当延长，但延长不得超过 12 个月。工伤职工评定伤残等级后，停发原待遇，按照本章的有关规定享受伤残待遇。工伤职工在停工留薪期满后仍需治疗的，继续享受工伤医疗待遇。生活不能自理的工伤职工在停工留薪期需要护理的，由所在单位负责”。第 34 条规定，“工伤职工已经评定伤残等级并经劳动能力鉴定委员会确认需要生活护理的，从工伤保险基金按月支付生活护理费。生活护理费按照生活完全不能自理、生活大部分不能自理或者生活部分不能自理 3 个不同等级支付，其标准分别为统筹地区上年度职工月平均工资的 50%、40%或者 30%”。如果清算企业根据上述规定需承担工伤的医疗、伤残补助、抚恤费用，应当依法承担。

③职工个人账户的基本养老保险费用。《中华人民共和国社会保险法》（以下简称《社会保险法》）第 10 条规定，“职工应当参加基本养老保险，由用人单位和职工共同缴纳基本养老保险费。无雇工的个体工商户、未在用人单位参加基本养老保险的非全日制从业人员以及其他灵活就业人员可以参加基本养老保险，由个人缴纳基本养老保险费。公务员和参照公务员法管理的工作人员养老保险的办法由国务院规定”。第 11 条规定，“基本养老保险实行社会统筹与个人账户相结合。基本养老保险基金由用人单位和个人缴费以及政府补贴等组成”。第 12 条规定，“用人单位应当按照国家规定的本单位职工工资总额的比例缴纳基本养老保险费，记入基本养老保险统筹基金。职工应当按照国家规定的本人工资的比例缴纳基本养老保险费，记入个人账户。无雇工的个体工商户、未在用人单位参加基本养老保险的非全日制从业人员以及其他灵活就业人员参加基本养老保险的，应当按照国家规定缴纳基本养老保险费，分别记入基本养老保险统筹基金和个人账户”。如果清算企业根据上述规定需承担职工个人账户的基本养老保险费用，应当依法承担。

④职工个人账户的基本医疗保险费用。《社会保险法》第 23 规定，“职工应当参加职工基本医疗保险，由用人单位和职工按照国家规定共同

缴纳基本医疗保险费”。如果清算企业根据上述规定需承担职工个人账户的基本医疗保险费用，应当依法承担。

⑤职工的补偿金。《中华人民共和国劳动合同法》第41条规定，“有下列情形之一，需要裁减人员二十人以上或者裁减不足二十人但占企业职工总数百分之十以上的，用人单位提前三十日向工会或者全体职工说明情况，听取工会或者职工的意见后，裁减人员方案经向劳动行政部门报告，可以裁减人员：（一）依照企业破产法规定进行重整的；（二）生产经营发生严重困难的；（三）企业转产、重大技术革新或者经营方式调整，经变更劳动合同后，仍需裁减人员的；（四）其他因劳动合同订立时所依据的客观经济情况发生重大变化，致使劳动合同无法履行的”。第46条规定，“有下列情形之一的，用人单位应当向劳动者支付经济补偿：（一）劳动者依照本法第三十八条规定解除劳动合同的；（二）用人单位依照本法第三十六条规定向劳动者提出解除劳动合同并与劳动者协商一致解除劳动合同的；（三）用人单位依照本法第四十条规定解除劳动合同的；（四）用人单位依照本法第四十一条第一款规定解除劳动合同的；（五）除用人单位维持或者提高劳动合同约定条件续订劳动合同，劳动者不同意续订的情形外，依照本法第四十四条第一项规定终止固定期限劳动合同的；（六）依照本法第四十四条第四项、第五项规定终止劳动合同的；（七）法律、行政法规规定的其他情形”。第47条规定，“经济补偿按劳动者在本单位工作的年限，每满一年支付一个月工资的标准向劳动者支付。六个月以上不满一年的，按一年计算；不满六个月的，向劳动者支付半个月工资的经济补偿。劳动者月工资高于用人单位所在直辖市、设区的市级人民政府公布的本地区上年度职工月平均工资三倍的，向其支付经济补偿的标准按职工月平均工资三倍的数额支付，向其支付经济补偿的年限最高不超过十二年。本条所称月工资是指劳动者在劳动合同解除或者终止前十二个月的平均工资”。如果清算企业需要大规模裁员的，应当根据上述规定承担经济补偿金。

（2）清算企业欠缴的除第一部分以外的社会保险费用和清算企业所欠税款。

①基本养老保险费用。《国务院关于建立统一的企业职工基本养老保险制度的决定》第4条规定，“按本人缴费工资11%的数额为职工建立基本养老保险个人账户，个人缴费全部记入个人账户，其余部分从企业缴费中划入。随着个人缴费比例的提高，企业划入的部分要逐步降至3%。个人账户储存额，每年参考银行同期存款利率计算利息。个人账户储存额只用于职工养老，不得提前支取。职工调动时，个人账户全部随同转移。职工或退休人员死亡，个人账户中的个人缴费部分可以继承”。如果清算企业按规定应当承担上述基本养老保险费用，应当依法承担。

②基本医疗保险费用。《国务院关于建立城镇职工基本医疗保险制度的决定》第3条规定，“要建立基本医疗保险统筹基金和个人账户。基本医疗保险基金由统筹基金和个人账户构成。职工个人缴纳的基本医疗保险费，全部计入个人账户。用人单位缴纳的基本医疗保险费分为两部分，一部分用于建立统筹基金，一部分划入个人账户。划入个人账户的比例一般为用人单位缴费的30%左右，具体比例由统筹地区根据个人账户的支付范围和职工年龄等因素确定。统筹基金和个人账户要划定各自的支付范围，分别核算，不得互相挤占。要确定统筹基金的起付标准和最高支付限额，起付标准原则上控制在当地职工年平均工资的10%左右，最高支付限额原则上控制在当地职工年平均工资的4倍左右。起付标准以下的医疗费用，从个人账户中支付或由个人自付。起付标准以上、最高支付限额以下的医疗费用，主要从统筹基金中支付，个人也要负担一定比例。超过最高支付限额的医疗费用，可以通过商业医疗保险等途径解决。统筹基金的具体起付标准、最高支付限额以及在起付标准以上和最高支付限额以下医疗费用的个人负担比例，由统筹地区根据以收定支、收支平衡的原则确定”。如果清算企业按规定应当承担上述基本医疗保险费用，应当依法承担。

③工伤保险费用。《工伤保险条例》第10条规定，“用人单位应当按时缴纳工伤保险费。职工个人不缴纳工伤保险费。用人单位缴纳工伤保险费的数额为本单位职工工资总额乘以单位缴费费率之积。对难以按照工资总额缴纳工伤保险费的行业，其缴纳工伤保险费的具体方式，由国务院社会保险行政部门规定”。如果清算企业按规定应当承担上述工伤保险费用，

应当依法承担。

④失业保险费用。《失业保险条例》第6条规定，“城镇企业事业单位按照本单位工资总额的百分之二缴纳失业保险费。城镇企业事业单位职工按照本人工资的百分之一缴纳失业保险费。城镇企业事业单位招用的农民合同制工人本人不缴纳失业保险费”。如果清算企业按规定应当承担上述失业保险费用，应当依法承担。

⑤生育保险费用。《企业职工生育保险试行办法》第4条规定，“生育保险根据‘以支定收，收支基本平衡’的原则筹集资金，由企业按照其工资总额的一定比例向社会保险经办机构缴纳生育保险费，建立生育保险基金。生育保险费的提取比例由当地人民政府根据计划内生育人数和生育津贴、生育医疗费等项费用确定，并可根据费用支出情况适时调整，但最高不得超过工资总额的百分之一。企业缴纳的生育保险费作为期间费用处理，列入企业管理费用。职工个人不缴纳生育保险费”。如果清算企业按规定应当承担上述生育保险费用，应当依法承担。

⑥税收款项。《中华人民共和国税收征收管理法实施细则》第50条规定，“纳税人有解散、撤销、破产情形的，在清算前应当向其主管税务机关报告；未结清税款的，由其主管税务机关参加清算”。如果清算企业未结清税款的，应当依法承担。

(3) 清算企业的普通债权。

普通债权是指除了具有担保物权或者法定优先受偿债权、清算费用和共益债权、劳动债权、统筹社保债权和税收债权以外的其他债权。

(4) 剩余财产。

有限责任公司按照股东的出资比例分配，股份有限公司按照股东持有的股份比例分配。

三、强制清算财产的分配方案

(一) 强制清算财产分配方案的拟定

强制清算财产的分配方案，是指由清算组制订的以非特定清算财产进行债权清偿和剩余财产处置的范围、方式、时间、措施、地点、程序等计划安排。清算组拟订的清算方案中应当载明的内容须包括清算财产分配方案，参照《中华人民共和国企业破产法》（以下简称《企业破产法》）第115条的规定，清算财产分配方案可列明以下具体内容。

1. 参加清算财产分配的债权人名称或者姓名、住所

参加清算财产分配的债权人必须是依法申报债权，并经清算组审核确认，人民法院裁定确认的债权人。参照《企业破产法》第56条的规定，“在人民法院确定的债权申报期限内，债权人未申报债权的，可以在破产财产最后分配前补充申报；但是，此前已进行的分配，不再对其补充分配。为审查和确认补充申报债权的费用，由补充申报人承担。债权人未依照本法规定申报债权的，不得依照本法规定的程序行使权利”。在司法实践中，江苏省、深圳市均参照破产法规，制定了相关指引及意见规范强制清算债权申报程序，根据《江苏省高级人民法院关于审理公司强制清算案件若干问题的意见（试行）》第45条规定，“债权人应当自接到清算组发出的债权申报通知书之日起三十日内，未接到通知书的自公告之日起四十五日内，向清算组申报其债权。债权人申报债权，应当说明债权的性质、数额、形成原因等有关事项，并提供证明材料。清算组应当对债权进行登记。在申报债权期间，未经人民法院批准，清算组不得对债权人进行清偿”。第50条规定，“债权人在规定的期限内未申报债权，在公司清算程序终结前补充申报的，清算组应予登记。补充申报的债权，可以在公司尚未分配的财产中依法清偿。公司尚未分配的财产不能全额清偿的，债权人可以向人民法院主张以股东在剩余财产分配中已经取得的财产予以清偿，但债权人因重大过错未在规定期限内申报债权的除外。债权人或者清算组，以公司尚未分配财产和股东在剩余财产分配中已经取得的财产，不能全额清偿补充申报的债权为由，向人民法院提出破产清算申请的，人民法院应不予受理”。根据《深圳市中级人民法院公司强制清算案件审理规程》第45条规定，“债权人应当自接到清算组发出的债权申报通知书之日起三十日内，未接到通知书的自公告之日起四十五日内，向清算组申报债权。债权人申报债权，应当说明债权的性质、数额、形成原因等有关事项，并

提供证明材料。清算组应当对债权进行登记。在申报债权期间，未经人民法院批准，清算组不得对债权人进行清偿”。

2. 参加清算财产分配的债权额

清算组应当根据由人民法院裁定确认的债权表，逐笔就债权的金额本金、利息等予以说明。对于特殊的破产债权，例如，附条件或者期限没有成就的债权，尚处于诉讼、仲裁阶段而未决的债权，也应该加以说明。

3. 可供分配的清算财产数额

清算组应当对清算企业财产的类型、范围、现状、评估价值等进行说明。

4. 清算财产分配的顺序、比例及数额

清算组应当对每一顺位的债权人可以获得的清偿数额和清偿比例等情况进行说明。第一顺位是职工的工资、社会保险费用和法定补偿金，第二顺位是税收债权，第三顺位是企业债务。

5. 实施清算财产分配的方法

清算组应当对清算企业财产的分配方式、方法，即是一次分配还是多次分配，每次分配的期限、数额、措施、原因等，应当予以说明。

清算组在拟定强制清算财产分配方案时应注意以下问题。

（1）仔细核对财产总额、分配债权及剩余财产。

鉴于强制清算财产分配方案是强制清算程序的核心工作，一旦发生问题（如因清算组原因发生清算财产或者债权漏算）将造成严重后果难以补救，因此清算组应当确保分配方案的准确无误，认真细心核对每一项财产数额和每一笔债权，确保财产和债权数额准确无误。在提交给债权人会议或人民法院前，要对清算企业的财产清单逐项核对，准确核算出可供分配的财产，并对核算确定的可供分配的数额，以倒算的方法，确定后期费用的预留，预留的费用确定有困难的，预留也要科学计算。

（2）充分考虑分配次数的合理性。

综合考虑到强制清算财产分配的工作量大，甚至有可能召开债权人会议等，强制清算财产分配以一次分配为原则，的确需要多次分配的，清算组在拟定强制清算财产分配方案时，也要考虑到后续分配事宜，使后续分配也能够按照方案执行分配。

(3) 对预留费用和债权预提情况进行必要说明。

一般来说，预留费用主要包括分配费用，清算程序后续阶段的公告、档案保管、提存等费用。对于附条件的债权、未受领的债权、诉讼或者仲裁未决的债权等，清算组均应当予以提存。有关预留费用和债权预提对分配的影响，清算组须作必要的说明，使人民法院和债权人会议了解情况。

(二) 强制清算财产分配方案的通过

强制清算程序中，关于财产分配方案如何通过，法律没有作出明确规定。参照《北京市高级人民法院关于审理公司强制清算案件操作规范（试行）》第 36 条规定，“强制清算事务应当由全体清算组成员共同决定。清算组成员为三人以上的，按下列表决程序决定：（一）对清算事务作出决议的，由清算组成员按照人数投票，并以简单多数决方式作出决定；（二）对处分财产、放弃权利、确定清算分配方案作出决议的，应经清算组成员人数 2/3 以上通过；（三）清算组成员与决议事项有直接利害关系的，可以发表意见，但不得参与投票；因利害关系人回避表决无法形成多数意见的，清算组可以请求人民法院决定。与决议事项有直接利害关系的清算组成员未回避表决形成决议的，债权人或清算组其他成员可以参照《中华人民共和国公司法》第二十二条的规定，自决议作出之日起六十日内，请求人民法院予以撤销”。

(三) 财产分配方案的裁定

《最高人民法院印发〈关于审理公司强制清算案件工作座谈会纪要〉的通知》第 38 条规定，“审理强制清算的审判庭审理该类案件时，对于受理、不受理强制清算申请、驳回申请人的申请、允许或者驳回申请人撤回申请、采取保全措施、确认清算方案、确认清算终结报告、终结强制清算程序的，应当制作民事裁定书。对于指定或者变更清算组成员、确定清算组成员报酬、延长清算期限、制裁妨碍清算行为的，应当制作决定书。对于其他所涉有关法律文书的制作，可参照企业破产清算中人民法院的法律文书样式”。

《最高人民法院关于适用〈中华人民共和国公司法〉若干问题的规定（二）》第15条规定，“公司自行清算的，清算方案应当报股东会或者股东大会决议确认；人民法院组织清算的，清算方案应当报人民法院确认。未经确认的清算方案，清算组不得执行。执行未经确认的清算方案给公司或者债权人造成损失，公司、股东或者债权人主张清算组成员承担赔偿责任的，人民法院应依法予以支持”。

根据上述法律规定，清算组应当将通过的清算方案提交人民法院裁定确认，其中清算财产分配方案也包括在清算方案内。

（四）清算财产分配方案的执行

根据《最高人民法院关于适用〈中华人民共和国公司法〉若干问题的规定（二）》第15条的规定，清算财产分配方案经人民法院裁定确认后，由清算组负责执行。

1. 强制清算财产分配公告

参照适用《企业破产法》第116条规定，“破产财产分配方案经人民法院裁定认可后，由管理人执行。管理人按照破产财产分配方案实施多次分配的，应当公告本次分配的财产额和债权额。管理人实施最后分配的，应当在公告中指明，并载明本法第一百一十七条第二款规定的事项”。强制清算财产分配方案也应当参照破产程序进行公告，公告内容包括本次分配的财产数额和债权数额以及分配的时间、地点、分配方式、债权人接受分配的要求、清算组的联系方式等。除了依法公告外，还应当依法通过其他方式书面通知债权人及股东。

2. 强制清算财产分配的提存

准用《企业破产法》第117~119条的规定，同时结合参考《深圳市中级人民法院公司强制清算案件审理规程》《北京市高级人民法院关于审理公司强制清算案件操作规范（试行）》的有关规定，强制清算财产的提存主要分为三种情况。

（1）对于附生效条件或者解除条件的债权，清算组应当将其分配额提存。上述提存的分配额，在最后分配日生效条件未成就或者解除条件成就的，应当分配给公司股东；在最后分配日生效条件成就或者解除条件未成就的，应当交付给债权人。

（2）债权人未受领的公司财产分配额，清算组应当提存并予以公告。债权人自人民法院裁定终结强制清算程序之日起满两年仍不领取的，视为放弃受领分配的权利，清算组或者人民法院应当将提存的分配额分配给公司股东。

（3）公司财产分配时，对于诉讼或者仲裁未决的债权，清算组应当将其分配额提存。债权经生效法律文书确认不成立的，人民法院应将提存的分配额分配给公司股东；债权经生效法律文书确认成立的，人民法院应按法律文书确定的期限和金额将提存的分配额分配给债权人；分配后仍有剩余的，应将剩余财产分配给股东。

3. 保留债权清偿凭证

清算组在债权清偿后应当注意保留债权清偿的凭证，清算组依法终止执行职务后，将清算组执行职务过程中形成的卷宗材料装订成册，按档案管理办法保存备查。

（五）强制清算财产的追加分配

《企业破产法》第123条规定，"自破产程序依照本法第四十三条第四款或者第一百二十条的规定终结之日起二年内，有下列情形之一的，债权人可以请求人民法院按照破产财产分配方案进行追加分配：（一）发现有依照本法第三十一条、第三十二条、第三十三条、第三十六条规定应当追回的财产的；（二）发现破产人有应当供分配的其他财产的。有前款规定情形，但财产数量不足以支付分配费用的，不再进行追加分配，由人民法院将其上交国库"。因强制清算程序参照适用《企业破产法》，强制清算程序终结后，清算组的职责即终止，若在法定期限内发现清算企业还有可供分配的财产，经利害关系人的申请，可由人民法院按照清算财产的分配方案进行分配。

1. 强制清算财产追加分配的对象

与企业破产程序中的破产财产追加分配相类似，债权人在规定期限内发现强制清算企业还有可供分配的财产从而导致追加分配财产的，通常存在于以下几种情形中。

（1）人民法院受理强制清算申请前一年内，涉及清算企业财产处置的下列行为可予以撤销：①无偿转让财产的；②以明显不合理的价格进行交易的；③对没有财产担保的债务提供财产担保的；④对未到期的债务提前清偿的；⑤放弃债权的。

（2）涉及清算企业财产的下列行为无效：①为逃避债务而隐匿、转移财产的；②虚构债务或者承认不真实的债务的。

（3）清算企业的董事、监事和高级管理人员利用职权从企业获取的非正常收入和侵占的企业财产。

（4）已提存的债权人未受领的财产分配额。

（5）已提存的诉讼或者仲裁未决的债权分配额。

2. 强制清算财产追加分配的期限

在强制清算程序中，通常准用《企业破产法》第123条的规定，未受领分配的债权人请求财产追加分配的期限一般为两年，自强制清算程序终结之日起计算。

《北京市高级人民法院关于审理公司强制清算案件操作规范（试行）》第71条规定，“债权人未受领的被申请人财产分配额，清算组应当提存。债权人因自身原因自人民法院裁定终结强制清算程序之日起满两年仍不领取的，视为放弃受领分配的权利，清算组或者人民法院应当将提存的分配额分配给被申请人股东”。

《深圳市中级人民法院公司强制清算案件审理规程》第64条规定，“债权人未受领的公司财产分配额，清算组应当提存并予以公告。债权人自人民法院裁定终结强制清算程序之日起满两年仍不领取的，视为放弃受领分配的权利，清算组或者人民法院应当将提存的分配额分配给公司股东”。

但也需要引起注意的是，对于诉讼或者仲裁未决的债权请求追加分配的期限，各地方法院可能存在不一致的看法。

《北京市高级人民法院关于审理公司强制清算案件操作规范（试行）》

第72条规定，“被申请人财产分配时，对于诉讼或者仲裁未决的债权，清算组应当将其分配额提存，直至诉讼或仲裁终结。自人民法院诉讼终结之日起满两年仍不能受领分配的，人民法院应当将提存的分配额分配给被申请人股东”。

《深圳市中级人民法院公司强制清算案件审理规程》第65条规定，公司财产分配时，对于诉讼或者仲裁未决的债权，清算组应当将其分配额提存。债权经生效法律文书确认不成立的，人民法院应将提存的分配额分配给公司股东；债权经生效法律文书确认成立的，人民法院应按法律文书确定的期限和金额将提存的分配额分配给债权人；分配后仍有剩余的，应将剩余财产分配给股东。

对于强制清算程序终结两年后，如发现有清算企业财产的，可不再继续追加分配。但是对于不能追加分配的清算财产，法律没有明确规定如何处置。

文书范本30：强制清算财产分配方案

××公司强制清算财产分配方案

一、参加强制清算财产分配的债权情况

简述参加强制清算财产分配的债权人人数、各类债权总额等基本情况。另行制作《参与分配债权人表》，详细列明参与分配的债权人名称或者姓名、住所、债权性质与债权额等情况。

二、可供分配的强制清算财产总额

分别列明货币财产和非货币财产的变价额。直接分配非货币财产的，列明非货币财产的估价额。

三、强制清算财产分配的顺序、比例和数额

（一）强制清算费用和共益债务的清偿情况

列明各项强制清算费用和共益债务的数额，包括已发生的费用和未发生但需预留的费用。人民法院最终确定的清算组报酬及收取情况须特别列明。

（二）强制清算债权的分配

列明剩余的可供分配强制清算债权的强制清算财产数额，参照《中华人民共和国公司法》第186条及《中华人民共和国企业破产法》第113条规定的顺序清偿。分别列明每一顺序债权的应清偿额、分配额、清偿比例等。

四、强制清算财产分配实施办法

（一）分配方式

一般以货币方式进行分配，由管理人根据各债权人提供的银行账号，实施转账支付，或者由债权人领取。

（二）分配步骤

列明分配次数和时间，拟实施数次分配的，应当说明实施数次分配的理由。

（三）分配提存

列明强制清算财产分配额提存的情况，以及提存分配额的处置方案。

五、特定财产清偿方案

（一）对特定财产享有担保权的债权情况

（二）可供清偿的特定财产总额

列明特定财产的变价总额。

（三）特定财产清偿方案

特定财产的清偿方案。特定财产不足分配所有担保债权的，还应列明未受偿的担保债权数额。

附：《强制清算债权清偿分配明细表》。

第三节　僵尸企业财产处置重点难点实务探讨

一、强制清算中的僵尸企业在划拨土地上的房屋时，国土资源管理部门不提出拍卖，房屋如何变现

鉴于地上建筑物和土地不可分割的情况，当清算组拟拍卖划拨土地上的房屋时，应该一并作价拍卖。由于所占土地的变价是国土资源管理部门的职权，当国土资源管理部门不行使该项权利时，仅凭清算

组自身难以解决清算企业房屋的变价拍卖问题，需要与法院、政府相关部门协调解决。可以将土地和地上建筑物分别委托不同的评估机构进行价格评估，作为同一标的组织拍卖，拍卖所得价款按照总标的价格比例分配。

二、清算组在处置财产过程中针对无法变价的财产如何处置

经过多次拍卖流拍的财产，存在变价的困难，清算组在处置无法变价的财产时可以根据债权债务清偿情况和企业性质进行处置。如果强制清算企业属于全民所有制，货币资产足以清偿全部债权债务的，经与人民法院及主管单位协商确认，可以交由主管单位进行处置。货币资产不足以清偿全部债权债务的，清算组可以组织债权人会议表决是否同意实物分配，经法院裁定确认后，清算组可以对无法变价的财产进行实物分配。

三、如何处理职工安置难，无安置经费问题

在当前环境下，有无职工安置问题通常决定了僵尸企业清理的难易程度。尤其是老国企的职工，大多数都难以接受下岗的现实。如广州市中级人民法院受理的某企业破产清算案，涉及几百名员工的安置问题，其中在职职工若干人，退休职工几百人，若安置不妥容易引发社会矛盾。因此，在处置这一类僵尸企业时，要做好职工安置预案，维护职工合法权益，充分考虑在企业破产财产变现不足以安置职工的情况下如何解决资金来源问题。同时，要有效增进离职员工对僵尸企业清理工作的理解和支持，及时消除潜在的维稳风险隐患。[1]

为避免上级单位垫资支付欠薪、分流接收职工的职工安置路径所受上级单位经济状况的制约，职工安置的渠道可以从以下几方面进行优化拓展。

其一，完善社会保障体系，建立全覆盖的欠薪保障基金。安置职工实

[1] 郭一鸣．加强国企督导工作　推进“僵尸企业”清理［N］．人民法院报，2016-12-22（5）．

质上是社会问题，完善社会保障体系是统筹解决职工安置问题的制度关键。一方面，要对职工社保关系移交社会化管理等制度进行明晰，加强对相关制度的贯彻落实，例如，减免、缓缴或直接补助企业欠缴的社会保险费用，以保障职工社保关系转移续接和专项基金制度化并加以落实。如果职工社保关系移交社会化管理的措施落实到位，可以把大量的职工安置问题前移到企业进入破产清算之前，将社会矛盾提前消化。另一方面，许多地方目前并未建立起覆盖全行业的欠薪保障基金，相关的地方法规和欠薪保障机制是缺位的，广州市就属于这种情况。对比在同省的深圳市，其于2008年6月1日开始实施《深圳经济特区欠薪保障条例》，建立了欠薪保障制度，设立了欠薪保障基金；欠薪保障基金来源于用人单位定期缴纳的欠薪保障费、财政补贴、欠薪保障基金的合法利息以及接受的合法捐赠；如果出现人民法院依法受理破产申请的情形，被欠薪的员工可以向劳动部门提出欠薪垫付申请。广州市可以借鉴深圳市的做法，制定关于欠薪保障的地方法规，多渠道筹措资金设立欠薪保障基金。[1]

其二，打造职工再就业工程，加强职工再就业技能培训。对于破产企业尚未达到退休年龄的下岗职工，一方面，政府应打造相应的再就业工程，为下岗职工提供更多的就业机会和工作岗位；另一方面，针对这些下岗职工在国有企业某一岗位工作了很长时间，参与其他社会工作岗位竞争能力较弱的特点，政府应提供多种类的再就业技能培训，增强其另行选择工作岗位的社会竞争力，化解其失业后失落和彷徨的负面情绪，进而促进社会的和谐稳定。

其三，加大职工自谋职业宣传，给予职工自谋职业优惠政策。针对国有企业职工等待和依赖组织安排的思想较为普遍的特点，应加大鼓励职工自力更生的宣传力度，鼓励发挥自我能动性，引导职工采用多种方式实现再就业，同时应实施就业帮助计划，通过提供就业信息、就业指导等帮助企业职工实现再就业。

其四，健全管理机制。在社区设置国企离退休职工管理员岗位，可以

[1] 刘凤玉．企业欠薪保障法律制度构建研究［D］．蚌埠：安徽财经大学，2013.

指定熟悉原国企情况的下岗再就业职工担任协管员，接管破产企业离退休人员，将各留守清算组撤退，将相关破产费用下拨至社区，建立健全社区就近管理服务的长效机制。同时，在市（县、区）社保机构指导下，建立比较完善的社区服务信息系统，做好离退休人员信息发布收集、档案管理、调资、医保报销、去世注销，同时负责孤、寡、残疾、伤病等离退休人员的帮扶救助工作。❶

其五，完善对接机制。建立健全离退休人员档案由社保机构集中管理、社区终端查询上报机制。在街道、社区建设尚不完善的情况下，也可由社会保险经办机构直接建立退管机构，按照管理服务社会化的要求，对离退休人员直接管理，待以后条件成熟后再逐步向社区移交。❷

其六，切实做好化解矛盾工作。破产改制国企数量较多，虽然其行业属性各不相同，但共同特点是职工人数较多，文化水平较低，再就业困难，对国有到民营的身份转换有不满情绪，对不同企业之间破产改制后领取到的补偿金、安置费有观望和攀比心理。一个企业的职工通过集体上访、封门堵路等方式得到了一些利益，其他企业职工立即就有连锁反应，不稳定因素加剧。因此，应加强隐患的排查工作，切实把矛盾化解在萌芽状态，按照破产改制后企业属地管理的原则，明确区政府的牵头责任，国有资产监管部门或工信部门在行业管理等领域协助配合，形成规范系统的预警和处理机制，防止出现上访群众把门堵严，而政府还不知该由谁主管的现象。❸

其七，离退休人员在自愿前提下，可以将劳动组织关系介绍至原籍，实施属地管理，工资发放至当地金融或社保机构。可以赋予就近的社区卫生服务中心（站）、老年公寓等机构承载部分医疗养老职能，定期督促检查，提高服务水平。❹

另外根据《河南省人民政府办公厅关于省属企业处置“僵尸企业”的若干意见》，建议各地亦可出台相关政策给予政策支持，相关参考规定

---

❶❷❸❹　王淑敏．关于规范破产改制企业离退休人员社会化管理的建议［EB/OL］．（2016-02-20）［2019-04-11］．http：//www.pdszx.gov.cn/pdszx-n-1703.html.

如下：

1. 关于职工安置

（1）“僵尸企业”及所属集团公司承担职工安置主体责任。有关政策和程序参照《河南省人民政府办公厅关于印发河南省煤炭钢铁行业化解过剩产能职工安置工作实施方案的通知》（豫政办〔2016〕155号）规定执行。

（2）对距离法定退休年龄5年以内、再就业有困难的职工，经本人自愿、企业同意并签订协议后，可以实行内部退养，由企业参照化解煤炭过剩产能工作中有关标准发放生活费，并按规定缴纳基本养老和医疗保险费，个人缴费部分由职工继续缴纳，达到退休年龄时正式办理退休手续。对依法解除或终止劳动合同的，企业要支付经济补偿金，偿还拖欠的职工在岗期间工资和补缴社会保险费用。

（3）支持兼并重组后的新企业吸纳更多原企业职工，对企业为职工转岗安置开展的职业培训，由就业补助资金给予职业培训补贴。具体补贴标准按照《河南省就业补助资金管理办法》规定的职业培训补贴标准的50%执行，申领程序按规定执行。同批分流安置职工只享受一次转岗培训补贴。

（4）对依法与企业解除、终止劳动合同的失业人员，各级公共就业服务机构要负责为其办理失业登记，纳入当地就业创业政策扶持范围，提供就业指导、职业介绍、政策咨询等服务。对有培训意愿的失业人员，普遍开展职业技能培训，增强再就业能力和职业转换能力。对有创业意愿的失业人员，开展创业培训，提供创业指导、项目咨询和跟踪服务。具体补贴标准、申领程序等按照《河南省就业补助资金管理办法》执行。

（5）对办理失业登记的就业困难人员，各地人力资源社会保障部门要负责逐一核对、登记建档，提供“一对一”就业援助。对通过市场渠道确实难以就业的大龄困难人员和零就业家庭人员，要通过加大公益性岗位开发力度托底帮扶。各地新增或腾退的公益性岗位，要优先安置处置“僵尸企业”涉及的就业困难人员。

2. 关于职工安置费用

（1）对省政府直接出资企业的职工安置费用，首先通过企业自身资产变现解决，不足部分用划拨土地处置收益支付，尚有缺口的由企业向履行出资人职责的省直部门提出申请，经省深化国有企业改革领导小组办公室（以下简称“省国企改革办”）初审、省财政厅复审后报省政府批准，从国有资本经营预算中列支。

（2）对省属企业集团下属“僵尸企业”的职工安置费用，首先从“僵尸企业”净资产、土地处置等收益中优先解决，缺口部分由企业集团作为责任主体自主解决。企业集团确有困难的，在安排国有资本经营预算支出时，按规定纳入预算，给予适当补助。❶

四、如何处理存量公房

在处置国有僵尸企业财产过程中，涉及历史遗留问题财产的处置，比较突出的就是存量公房问题。按照广州市住房保障办公室的解释，广州市的存量公房是指在广州行政区域内，由相关企事业单位管理、产权清晰且未房改出售的住房。据广州市国资委提供的数据，截至 2018 年，广州市还有 2000 多套存量公房尚未处置。根据广州市住房保障办公室《关于进一步明确存量公房出售有关问题的通知》（穗住保〔2013〕66 号、穗住保规字〔2018〕2 号）的要求，存量公房主要向未购买房改房、解困房、经济适用住房、限价房以及未参加单位内部集资建房的人员出售；住房困难户有优先认购权；存量公房以市场评估价出售。

如果存量公房登记在僵尸企业名下，企业一旦宣告破产，这些存量公房就属于破产财产，在变价出售后将用于清偿破产费用和企业债务。然而，存量公房完全按照普通的破产财产进行处置存在诸多困难。第一，近年来房价快速上涨，若完全按照市场价出售，原实际居住的职工往往无力负担；若低于市场价处置，又有损害其他债权人利益之嫌。第二，对存量公房采取公开拍卖的方式通常会拍出较高的价格，但原居住在内的职工应

❶ 河南省人民政府门户网站．河南省人民政府办公厅关于省属企业处置“僵尸企业”的若干意见［EB/OL］（2017-12-02）［2019-04-11］. http://www.henan.gov.cn/2017/12-08/249366.html.

如何妥善安置，目前尚未形成统一的意见。第三，存量公房的售房收入按规定缴纳各项税费、国有土地使用权出让金后，可能所剩无几，甚至还要倒贴费用，实际处置成本太高。

企业的清算涉及各个方面的利益，涉及历史遗留问题的财产，如存量公房、土地使用权等的变价更是牵涉利益巨大，稍有不慎则后患无穷，往往成为企业清算进程中的绊脚石。如何妥善地处置这些财产，大多没有明确的规定，没有丰富的处理范例可供参考。此时，各方利益的协调平衡、处置方式的灵活创新，是解决这一难题的重要密钥。

例如，破产企业名下的存量公房，其处置不但涉及债权人和债务人的利益，而且牵涉原居住其中的职工居住权等切身利益。根据案件的具体情况，可采取下列方式。其一，根据前述广州市关于存量公房出售的相关政策规定，先由具备资质的房地产评估公司按出售时点进行评估，然后以市场评估价优先出售给住房困难户。其二，如果涉及的住房困难户不接受上述第一种方案，则可以采取以评估价为基础进行网络拍卖的方式。拍卖公告中须注明原租户的优先购买权。在同等价格条件下，破产企业中未购买房改房、解困房、经济适用房、限价房以及未参加单位内部集资建房的人员也应优先于一般社会民众享有购买权。存量公房拍卖出售的，应考虑为原居住的住房困难户联系公租房，以解决其居住困难。其三，如果出现存量公房的售房收入不足以缴纳各项税费、国有土地使用权出让金等处置成本过高的情况，可以考虑将该存量公房转让给上级单位，协调税费的减免和维持职工居住的现状。但是，无论采用上述哪种方案，都应提交债权人会议表决通过。

又如，对存在土地使用性质不明、历史资料缺失的土地使用权，可通过向相关行政机关发征询函、发司法建议、进行会议协商等各种方式，明确相关土地信息，推进财产处置或重整程序的进行。

关于财产的变价方式，《企业破产法》第 112 条第 1 款规定："变价出售破产财产应当通过拍卖进行。但是，债权人会议另有决议的除外。"在破产财产中货币财产不足以支付财产变价费用，或者财产变价费用可能高于财产变价收入时，管理人可以经债权人会议表决通过，选择拍卖以外的方式如变卖等便捷方式进行破产财产的变价。例如，某些企业名下破产财产有汽车，但均已超过报废年限不能使用，且有交通违章未缴罚款的情况。管理人根据其经验，鉴别上述资产剩余价值不大，经债权人会议同意直接采取变卖的方式予以变价，这样可以大大节省常规拍卖破产财产所需要的申请法院摇珠确定评估机构和拍卖机构、一拍二拍流拍再变卖所需耗费的时间和费用。

在拍卖方式方面，为顺应民意及贯彻最高人民法院《关于人民法院网络司法拍卖若干问题的规定》精神，基于破产资产处置的特殊属性及其与执行资产处置的不同，广州市中级人民法院指导广州市破产管理人协会与淘宝网接洽，搭建了破产财产处置的最新模式。由广州市破产管理人协会在淘宝网开设独立的破产财产拍卖账户，负责破产财产拍卖的审核和拍卖款项的统一收取。在其下设置各破产管理人的二级子账号，给予发布拍卖公告和编辑标的物权限。破产财产的网络拍卖，缩减了财产拍卖的中间环节，减少了程序耗时和费用成本，同时提高了破产财产拍卖的成交率和溢价率，实现了债权人利益的最大化。

除此之外，在实务中，有的达到报废标准的车辆更是没有被接管，清算组无法作出处置，但其占用的车牌和罚款亦无法处理。建议政策方面可参照税务部门建议注销的相关要求，可以凭宣告破产裁定书办理相关车牌注销手续以及相关罚款核销手续，这样有利于社会资源的释放与合理适用，也避免遗留未完结事项。

五、如何处理无偿划拨土地使用权及地上建筑物

根据《最高人民法院关于破产企业国有划拨土地使用权应否列入破产财产等问题的批复》、《中华人民共和国土地管理法》第 58 条第 1 款第（4）项及《城镇国有土地使用权出让和转让暂行条例》第 47 条的规定，破产企业以划拨方式取得的国有土地使用权不属于破产财产，在企业破产时，有关人民政府可以予以收回，并依法处置。纳入国家兼并破产计划的国有企业，其依法取得的国有土地使用权，应依据国务院有关文件规定办理。根据上述规定，破产企业往往无法处置其通过划拨取得的土地使用

权，如果人民政府等相关部门未能采取有效措施，则破产清算工作可能僵持不前。根据案件的具体情况，清算过程中可采取下列方式：联合有关上级国有主管单位，先由有资质的房地产评估公司按出售时点进行评估地上房屋价值，然后以市场评估价将房屋连同划拨的土地使用权转给上级国有单位。

在土地使用权及地上建筑物的转让过程中，难免会存在缴纳各项税费等处置成本过高的情况，建议可以与税务部门协调税费的减免等。无论采用上述哪种方案，建议提交债权人会议表决通过。

六、如何处理对外投资和股权

在实务中会遇到部分僵尸企业拥有对外投资的资产或股权，但是其持有的资产变价难或持有股权的公司也处于未正常经营难以处置的状态，建议可参考河南经验，根据《河南省人民政府办公厅关于省属企业处置“僵尸企业”的若干意见》“（六）省属‘僵尸企业’不良资产按照市场化方式处置”，可专设一个国有资产公司作为受让国有僵尸企业不良资产的收购主体。

第十三章　强制清算僵尸企业的重组

第一节　僵尸企业重组政策

一、最高人民法院相关政策

人民法院报《依法开展破产案件审理，稳妥处置“僵尸企业”》一文指出，稳妥处置僵尸企业具有重要意义。首先，稳妥处置僵尸企业是供给侧结构性改革的客观需要。供给侧结构性改革就是从生产端入手，有效化解产能过剩，促进产业优化重组，提高供给结构对需求变化的适应性和灵活性。僵尸企业提供无效供给，占用经济资源和市场空间。及时有效处置僵尸企业有利于实现市场出清和企业提档升级。其次，稳妥处置僵尸企业是提升市场主体竞争力的客观需要。社会主义市场经济要求通过竞争增强企业的实力。僵尸企业扭曲要素配置，虚化市场竞争，严重妨碍市场活力的发挥。如果任由其发展，将进一步消耗资源、透支社会信用，从整体上拉低我国市场主体的竞争力。处置僵尸企业有利于发挥市场在资源配置中的决定性作用，提升市场主体竞争力。最后，稳妥处置僵尸企业是建立社会主义市场主体退出机制的客观需要。处置僵尸企业能促使那些应通过清算、破产程序退出市场的企业及时进入法律程序，充分发挥市场主体退出法律制度的作用和功能。在中央运用经济政策、金融政策、产业政策集中处置僵尸企业和过剩产能过程中，这些企业和产能存在的矛盾会充分暴露出来。企业破产制度既可以淘汰劣质企业和落后产能，又能促进具有经营价值的僵尸企业、产能兼并重组以实现规模经济效益，还能一体解决僵尸企业长期以来累积的各类深层次矛盾。所以，法院要依照《企业破产法》的规定，识别不同僵尸企业情况，分类评估、因企施策，恰当运用破产重整、破产和解、破产清算程序，优化资源配置、实现市场出清、保障各方权益。

最高人民法院杜万华法官表明，中央要求的尽可能“多兼并重组，少破产清算”，让人民法院成为“生病企业”的医院，这应当成为人民法院依法审理破产案件的指导思想。多年来，法院审理破产案件的数量一直上不去，已经审理的破产案件中重整成功的案例并不多，大多数企业只要进入破产程序就以清算告终，导致社会各界都将法院视为“生病企业的火葬场”，都把企业进入破产程序视为走上了穷途末路。在这种观念的影响下，企业对破产没有积极性。今后，人民法院在审理破产案件时首先要改变思路，要依据现有的法律法规，把法院办成“生病企业”的医院，让这些企业愿意到法院来，通过破产重整和破产和解，通过资源重新配置重获生机，重返市场经济的舞台。人民法院要树立服务意识，不能只考虑审结案件，还要考虑让企业通过破产程序得到重生。湖北曾有一个长航凤凰重整成功的案例。当时，如果长航凤凰直接进入清算程序，该企业的资产是负数，债权人分文难取。但是作为一家百年老店，长航凤凰有一百多年形成的企业品牌和一整套遍布国内外的营销体系优势，直接进行破产清算，这些无形资产就一钱不值。人民法院在审理过程中发现，该企业只是资金短缺，通过资产负债重整，企业的营销体系很快发挥了巨大作用，企业迅速走向复苏，后来重新上市开盘，股价上涨，债权人、债务人、股东的利益都得到了保障。所以，人民法院审理破产案件，一定要转变思路，转变理念。人民法院要按此要求开展破产案件审理工作，要办好这个“医院”来救治“生病企业”，真正达到多兼并重组的目标。

法院应建立以下四项工作机制。

（1）建立破产重整企业识别机制。通过这个机制要确保将能救治的企业识别出来。第一，如果企业资金链断裂、流动性吃紧，但企业生产的产品适销对路、市场前景广阔，人民法院要积极通过破产重整、和解促进企业债务重组，化解企业债务危机，帮助企业重新轻装上阵。第二，如果企业因技术水平不高导致产品销路不畅，或者因管理不善导致企业经营困难，但通过技术升级换代、改善经营管理能够让企业重返市场，人民法院要积极推进破产重整，帮助企业腾出精力改善管理，推进技术创新，力求催生新的有效供给。第三，如果企业经营困难重重，已丧失市场空间，但通过变更营业等手段可以盘活存量资产的，人民法院也要尽可能采取破产重整的方式压缩和合并过剩产能、保留有效产能，引导增量，最大限度有效利用资源。这三类企业是僵尸企业破产重整的重点对象。另外，对于那些技术水平低、发展前景差、环境资源消耗大、不宜再保留的僵尸企业，人民法院要及时进行破产清算，使企业和产能依法有序退出市场。当然，建立识别机制只是一个原则要求，具体怎么识别，需要在审判实践中分析探索。最高人民法院在这方面会加强对下级法院的指导。

（2）建立"府院企业破产工作统一协调机制"。处置僵尸企业关系到妥善处理企业退出和产能化解所引发的国有资产保护、金融安全维护、职工安置和再就业保障、非公经济平等保护等一系列问题，涉及面广、影响重大。要建立党委领导下的政府和法院统一协调工作机制，由该协调机制来统筹企业清算、破产相关工作，保障处置工作有序开展、稳妥推进，实现法律效果与社会效果有机统一。目前，有的地方法院已经建立了协调机制，最高人民法院已要求各地法院加快建立这项机制。

（3）建立全国企业破产重整案件信息平台机制。过去10年中，人民法院虽也依法进行破产重整，但成功率总体不高。究其原因，主要是地域局限和信息不对称导致破产企业的整体情况不为外界所知。在信息化快速发展的今天，如果人民法院能够通过搭建信息平台，将破产企业的整体情况全方位地向全国乃至全世界展示，以市场化为导向，让有资金、有专利技术、懂经营管理的企业或专门人才了解、参与企业重整，势必提高破产企业的重整率，真正把人民法院办成"生病企业的医院"。在新搭建的信息平台上，不仅要公布破产企业的负债和资产状况等信息，还应当公布产品信息、企业组织管理信息、市场营销体系等各类信息；不仅要公布破产企业的信息，还要公布战略投资人、其他破产重整参与人信息；不仅要公布破产企业重整参与人信息，还要公布人民法院破产案件审判流程信息。

让公开促进公正，让公开提高效率。最高人民法院主导建设的全国企业破产重整案件信息平台，围绕解决破产重整企业的融资难、提升破产案件审理的透明度和公信力、解决破产案件“受理难”、引导公众全面正确认识企业破产法制四个目标，着力搭建上下联通、面向世界的破产重整信息平台，并实现对各地方高级人民法院、中级人民法院全覆盖。2016 年 8 月 1 日，该平台已正式开通上线运行。

（4）建立合法有序的利益平衡机制。破产案件审理过程中，企业的职工、担保债权人、普通债权人等利害关系人间的利益冲突比较激烈。依据最高人民法院的要求，人民法院要依法处理好职工工资、国家税收、担保债权、普通债权的实现顺序和实现方式问题，审慎协调保护好各方利益。人民法院还要善于运用破产法律规则防范企业逃废债务，尤其是对无法清算或者无法全面清算的破产企业，法院有必要明确其原因，并在终结破产程序时向债权人释明其可以依法追究负有责任的公司股东、董事等主体的民事责任，发现涉及企业破产犯罪线索的，要及时提供给有关机关。❶

二、广东省地方政策*

广东省人民政府发布《关于全省国企出清重组“僵尸企业”促进国资结构优化的指导意见》，要求各地市和省属国企制定可操作性的实施方案，对号入座、分类施策，采取“两个一批”加快关停企业出清，“四个一批”加快特困企业重组。通过兼并重组一批、兼并重组盘活一批。

需要完善的配套政策包括以下几方面。

（1）妥善安置职工。

广东省人力资源社会保障厅会同省有关部门研究制定出清重组僵尸企业中安置职工、退休人员的政策指引。各地市和省属企业要制定职工安置

❶ 罗书臻．依法开展破产案件审理，稳妥处置“僵尸企业”［N］．人民法院报，2016-4-26（2）．

* 广东省人民政府网．广东省人民政府关于全省国企出清重组“僵尸企业”促进国资结构优化的指导意见［EB/OL］．［2016-04-14］．http://www.gd.gov.cn/gkmlpt/content/0/144/post_144876.html#7.

方案，明确国有僵尸企业在职职工和退休人员的安置途径、经费来源和促进再就业措施等。支持通过企业内部分流、转岗就业创业、公益性岗位帮扶等多渠道安置职工。被兼并重组的僵尸企业，由该企业出资人或并购整合后的新企业负责职工安置。依法妥善处理职工劳动关系，加强社会保障衔接，保障职工合法权益。将处置僵尸企业下岗职工优先纳入就业创业扶持范围，为其提供个性化的就业指导、职业培训、创业项目咨询和跟踪服务。按规定落实社会保险补贴、岗位补贴、创业小额担保贷款、一次性创业资助等政策，支持以自主创业带动就业。

（2）有效处理债务。

广东省金融办会同广东银监局等有关部门研究制定出清重组僵尸企业中债务处置实施方案。对出清的僵尸企业依法组织清算，其中资不抵债并具备破产条件的，通过破产清算程序，妥善解决企业的债务或负债、欠税等历史遗留问题。着力研究特困企业的金融支持政策，对于有发展前景的特困企业，鼓励债权人通过债转股、债务转移和债务抵消等方式进行债务重组，促进企业发展；鼓励金融机构通过风险可控的收回再贷、展期续贷、并购重组等方式帮助企业渡过难关。对于关停破产企业，鼓励金融机构灵活运用不良资产批量化处置、信贷资产证券化等方式，加快企业债务处置。对于优化重组僵尸企业的市场主体，合理确定并购贷款利率，延长贷款期限，降低兼并重组成本。

（3）落实财政保障。

广东省财政厅会同省有关部门研究制定出清重组“僵尸企业”中财政支持政策措施。统筹使用广东省财政现有支持技术改造、创业就业、社会保险补贴等专项资金，对出清重组僵尸企业任务重、处置绩效好、进展快的欠发达地市按规定给予倾斜支持，优先用于职工安置。推进企业退休人员社会化管理，僵尸企业退管活动经费按规定标准由退管机构在接收退休人员时一次性收取。经同级地方政府审核确认无力为退休人员缴纳退管活动资金的，其退管活动经费由同级财政解决。有关诉讼费等清算费用，按规定优先从企业资产处置收益中解决；企业确实无力支付的，按规定从国有资本经营预算或现有相关财政专项资金中予以适当支持。

（4）完善支持机制。

鼓励各地市和金融机构加大对特困企业兼并重组、转型转产、产品结构调整、技术改造、开拓市场的金融支持，支持特困企业通过创新驱动、资本运作和混合所有制改革等方式加快转型升级。各级工商部门要以僵尸企业所在企业集团为单位，集中办理列入本次关闭或破产清算企业的工商登记注销手续。具体注销办法由省工商局研究制定。

第二节　重组概述

一、僵尸企业重组的定义及特点

僵尸企业重组是指通过对企业资产、债权债务的梳理，从而对其资产、管理、结构等展开改组、整合的过程。此处主要探讨的僵尸企业有别于一般的企业，僵尸企业相比于一般的企业而言，存在几大特点。(1）管理结构混乱，僵尸企业普遍存在没有人管或是有人想管却无法管的情况。(2）债权债务关系难以查清，僵尸企业之所以沦落为“僵尸”企业，是因为它们基本上都属于久未经营，却又未依法注销的企业，而大多数甚至连账册都未能保存完整。一般而言，其涉及的债权债务关系普遍存在时间跨度长，且难以核查的特点。(3）资产权属登记不明晰。由于僵尸企业一般存续时间较长，而我国的不动产登记制度一直处于不断完善的阶段，以往的登记情况较为混乱，具有不准确性及滞后性的特点，即使经过核查发现僵尸企业名下登记有相关的不动产资产，也难以确保僵尸企业为该不动产的实际权属人。适用登记制度的不动产尤为如此，更何谈动产的权属问题呢？有鉴于僵尸企业的上述特点，若想对其进行重组，确实需要做好打一场“硬仗”的准备。

二、重组的动因

1. 时效因素

虽部分僵尸企业已停产停业，但其生产设备、厂房或生产规模等仍具备一定的价值。而通过重组的方式，可以重新盘活，并经简单翻修、调试后可直接投入使用。相对于重新建设而言，这将大大降低前期投入的时间、金钱成本。

2. 市场准入因素

部分僵尸企业享有一些特殊的市场准入资格，即享有现已无法申请或难以取得的准入资格。而从事该领域生产经营的企业或企业家可通过重组的方式实际取得该资格，从而获得市场准入的资格。

3. 政策因素

因积极响应供给侧结构性改革的需要，通过新进产能吸收落后产能的方式，或是落后产能合并重组后进行技术革新的方式，产生 1+1>2 的效果，从而解决僵尸企业的问题。

4. 其他因素

除上述的几个因素以外，僵尸企业仍有其他具有利用价值的因素供社会选取，诸如以往的销售渠道、产品的特殊性、特有的设备设施等。

三、重组的目的

为响应供给侧结构性改革政策，各地需要对僵尸企业进行清理，而对僵尸企业进行重组则为其中的一种方式。重组实际上是对现有资源的整合，企业或企业家通过对僵尸企业的资产、债权债务进行梳理，对其管理结构、生产规模、产品渠道等进行摸索，从而获取其认为有利用价值的资源，进而对僵尸企业进行重组，以实现其目的。

四、重组的模式

（1）业务重组，指对僵尸企业的业务进行划分，根据不同的划分标准，可以划分为经营性业务与非经营性业务，营利性业务和非营利性业务，主营业务和非主营业务等。再通过对经营性业务、营利性业务、主营业务等进行重组，对非经营性业务、非营利性业务、非主营业务等进行剥离的方式，最终实现对僵尸企业的重组。

（2）资产重组，指对僵尸企业的资产进行盘点、分析，经整合优化后纳入重组企业的模式。

（3）股权重组，指对僵尸企业的股权进行调整的方式，进而实现对僵尸企业的实际控制。这种模式一般与其他重组模式互相关联，是方法与目的的关系。

（4）债务重组，指通过收购僵尸企业的债权人之债权或通过债务承担、责任转移、债转股的方式进行重组的行为。

五、重组的方式

1. 合并

根据《公司法》第 172 条规定，“合并分为吸收合并及新设合并。一个公司吸收其他公司为吸收合并，被吸收的公司解散。两个以上公司合并设立一个新公司为新设合并，合并各方解散”。

2. 收购

通俗而言，收购可分为股权收购、资产收购及债权收购。股权收购是指通过股权受让的方式取得另一家公司的部分或全部股权的行为；资产收购是指通过资产评估、转让实现资产的权属变更的行为；债权收购是指对公司的债权人享有公司的债权进行收购以成为公司债权人的行为。

3. 资产剥离或出售

资产剥离或出售与资产收购是同一事件从不同主体角度定义的不同概念。资产剥离或出售是指公司将其资产出售给其他市场主体，放弃对资产的控制权并获得相应对价的行为。

第三节　重组的流程

一、僵尸企业重组的流程

1. 达成重组意向

企业、企业家或其他主体应对僵尸企业进行初步审查，并与清算组达成初步的重组意向，由清算组对该主体的基础信息及相关情况进行审查，确有资金实力或能够促使僵尸企业重组的，清算组应当予以登记。

2. 向人民法院报告

在达成初步重组意向后，清算组应当就该事宜专门开会讨论，认为确有可行性的，应当报告受理强制清算案件的人民法院，并由法院决定是否同意重组。

3. 界定资产权属

人民法院同意进行重组的，清算组应当对僵尸企业的资产权属进行界定，确认权属问题及相关瑕疵，包括不动产、动产及债权债务关系等。

4. 资产评估

在资产权属界定完毕后，应当聘请专门的评估机构对资产的价值进行评估，并形成评估报告，作为清算组制定重组方案的参考依据。

5. 业务梳理

清算组应当对僵尸企业经营的主要业务及其业务情况进行梳理，并对僵尸企业重新经营的可能性进行分析，挖掘僵尸企业的各项潜在价值。

6. 决定重组模式及方式

清算组应当根据僵尸企业的具体情况，与投资人协商确定僵尸企业的重组模式及重组方式。

7. 签订意向书

清算组应当与投资人就僵尸企业的重组事宜签订意向书，明确双方权利义务，约定违约责任，保障重组事宜顺利进行，并将意向书内容报人民法院审查。

8. 制定重组方案

根据上述梳理情况及相关评估情况，结合投资人的主要目的，清算组应当与投资人共同制定重组方案，并对方案的可行性及疑难点进行分析，依法保障僵尸企业的一切合法权益。

9. 审议通过

在对重组方案进行反复论证，确认其可行性后，清算组应当召开清算组会议，审议通过该重组方案，并留存会议记录。重组方案经清算组内部审议通过的，还应视具体情况确定是否对重组事宜进行公告，同时将重组方案报送人民法院，由人民法院最终确定是否同意执行该重组方案。

10. 签订正式合同

各方确定重组方案后，应当就僵尸企业重组事宜签订正式合同，明确各方权利义务，约定违约责任，保障重组事宜的顺利进行，并将正式合同内容报人民法院审查。

11. 方案实施

签订正式合同后，各方应当严格履行合同约定的各项义务，积极推进僵尸企业重组工作。清算组应当配合相关的工作，严格按照重组方案内容推进重组工作，确有困难的，应当报请人民法院协助。

12. 效益评估

僵尸企业重组工作结束前，清算组应当对重组工作进行总结分析，找出重组工作推进过程中的疑难点，总结相关经验，并对重组效果与重组方案预期效果进行比较分析，提出完善方案，并形成书面报告，报送人民法院审查。

13. 后续处理

重组工作完成后，清算组应当根据法律法规的规定以及人民法院的指示，对应当办理注销登记手续的僵尸企业办理相关注销登记手续及其他相关工作。

第四节　重组与重整

一、重整的概述

根据《企业破产法》第 70 条规定，“债务人或者债权人可以依照本法规定，直接向人民法院申请对债务人进行重整。债权人申请对债务人进行破产清算的，在人民法院受理破产申请后、宣告债务人破产前，债务人或者出资额占债务人注册资本十分之一以上的出资人，可以向人民法院申请重整”。重整制度是对可能或已经发生破产事由但又有希望再生的债务人，通过各方利害关系人的协商，并借助法律的强制性来调整他们的利益，对债务人进行生产经营上的整顿和债权债务关系上的清理，以期摆脱财务困境，重获经营能力的法律制度。

二、重组与重整的主要区别

（一）定义不同

（1）重组，不是一个严谨的法律概念，而是一个约定俗成的称谓，是指通过对企业的资产、债权债务的梳理，对其资产、管理结构等展开改组、整合的过程。重组一般包括以下几种情形：收购兼并、股权转让、资产剥离、资产置换等。

（2）重整，是一个严谨的法律概念，其法律依据在于《企业破产法》的明文规定，即对于已经具备破产原因或者破产可能性的重整申请、重整计划方案等都有明确的法律规定。

（二）自主性

（1）重组，由于没有法律框架约束，股东、债权人之间的协商都是自愿的，没有任何强制。比如谈判的时间、债权人的清偿率等，均是自由确定的。

（2）重整，由法院主导，受到法律框架的约束。比如债权人的清偿顺序，重整申请、重整计划方案的制定、批准和执行等必须按照法律规定。

（三）计划方案的通过条件不同

（1）重组方案，完全属于自愿，必须取得所有债权人的同意，否则重组方案对不同意的债权人无效。

（2）重整方案，并不需要所有的债权人同意，根据《企业破产法》第84条规定，“出席会议的同一表决组的债权人过半数同意重整计划草案，并且其所代表的债权额占该组债权总额的三分之二以上的，即为该组通过重整计划草案”。第86条规定，“各表决组均通过重整计划草案时，重整计划即为通过”。在某种情况下，即使重整方案未能表决通过，经债务人或者管理人申请，法院仍可以强行批准重整方案。

三、重组与重整的优劣对比

（一）重整计划的谈判成本低、成功率高

在重组过程中，重组方案草案获得清算企业、重组人、债权人的通过是整个重组程序中最为困难的环节。由于重组条件难以满足全部重组方和债权人的要求，导致重组无法继续进行，重组效率低下。

在破产重整程序下，重整计划草案由全体债权人组成债权人会议并按债权类别分组投票表决，每一组的通过均采取多数决定原则，在所有表决组通过后，重整计划草案即获通过，然后申请法院裁定批准。相比重组模式下重组方案需要全体债权人的一致同意，重整方案所采取的集中谈判和表决的方式，也大大降低了谈判的成本。另外，进入重整之后债务停止计算利息，对于债务庞大的企业而言，重整期间停止计算的财务利息要远远大于法律诉讼成本。重整属于法院主导的协商机制，往往可以让债权人作出重大让步。

（二）重整程序中债务比较清晰明确，但清偿率相对较低

在重整程序下，强制清算企业债权经过统一地申报核查，按照不同的类别以重整计划规定的清偿比例一次性得到解决，该清偿比例会比破产清算的清偿比例高，但是一般都会远低于普通重组模式下谈判得来的偿债率。债权人未依照法律规定申报债权的，在重整计划执行期间不得行使权利；在重整计划执行完毕后，可以按照重整计划规定的同类债权的清偿条件行使权利。

（三）重整时间效率相对更高

重组的期限，由各当事人的自由意志决定，没有实质的限制。关于重整，《企业破产法》第79条规定，“债务人或者管理人应当自人民法院裁定债务人重整之日起六个月内，同时向人民法院和债权人会议提交重整计

划草案。前款规定的期限届满，经债务人或者管理人请求，有正当理由的，人民法院可以裁定延期三个月。债务人或者管理人未按期提出重整计划草案的，人民法院应当裁定终止重整程序，并宣告债务人破产”。由于达不成一致重整方案就面临破产清算的后果，一般情况下，进入破产清算阶段，债权清偿会比较低。为了追求合法权益最大化，各方会积极认真对待，愿意谈判和解决问题，从而提高了效率。

第十四章　僵尸企业强制清算和破产清算的衔接

第一节　强制清算转换为破产清算

一、僵尸企业强制清算程序中出现破产原因的认定

《公司法》第 187 条规定，“清算组在清理公司财产、编制资产负债表和财产清单后，发现公司财产不足以清偿债务的，应当依法向人民法院申请宣告破产。公司经人民法院裁定宣告破产后，清算组应当将清算事务移交给人民法院”。同时，《最高人民法院印发〈关于审理公司强制清算案件工作座谈会纪要〉的通知》第 32 条规定，“公司强制清算中，清算组在清理公司财产、编制资产负债表和财产清单时，发现公司财产不足清偿债务的，除依据公司法司法解释二第十七条的规定，通过与债权人协商制作有关债务清偿方案并清偿债务的外，应依据公司法第一百八十八条和企业破产法第七条第三款的规定向人民法院申请宣告破产”。

根据上述规定可以得出，僵尸企业强制清算程序转为破产程序应满足两个前提条件：（1）清算组在清算过程中，发现公司财产不足清偿债务的；（2）不属于依据《公司法司法解释二》第 17 条的规定，通过与债权人协商制作有关债务清偿方案并清偿债务的。

一般而言，清算组编制的资产负债表和财产清单是对企业财产状况的全面反映，但即使在资产负债表和财产清单反映出公司资产足以清偿全部债务的情况下，实践中还存在另外两种典型情况，导致清算组无法准确判

断被清算企业是否已出现破产原因：一是资产的账面价值与实际可回收价值存在较大差异；二是因清算企业存在未计入账面的潜在债务而导致企业资产不足以清偿全部债务。因此，清算组应当依据已编制的资产负债表和财产清单，同时结合债权登记及审核情况、资产评估及处置变现情况来综合判断被强制清算的僵尸企业是否已经出现破产原因。在此基础上，清算组可以通过制作《清算报告》向人民法院提出破产申请及破产宣告申请。

二、僵尸企业强制清算程序中破产申请的启动

首先是提出破产申请的主体。根据《企业破产法》的规定，有权提出破产申请的主体有三类：债权人、债务人及依法负有清算责任的人。《最高人民法院印发〈关于审理公司强制清算案件工作座谈会纪要〉的通知》第33条规定，“公司强制清算中，有关权利人依据企业破产法第二条和第七条的规定向人民法院另行提起破产申请的，人民法院应当依法进行审查。权利人的破产申请符合企业破产法规定的，人民法院应当依法裁定予以受理。人民法院裁定受理破产申请后，应当裁定终结强制清算程序”。由于在僵尸企业强制清算程序中，僵尸企业的议事机关已经被清算组替代，清算责任也由清算组承担。所以，在强制清算程序中，有权提出破产申请的主体特指清算组及债权人。

其次是提起破产申请的时间。在整个强制清算程序中，债权人均有权提出破产申请。至于清算组提出破产申请的时间，现行法律尚未作出明确的规定，通常建议清算组在发现清算企业具备破产原因后30日内提出破产申请。有关权利人破产申请程序如图13-1所示。

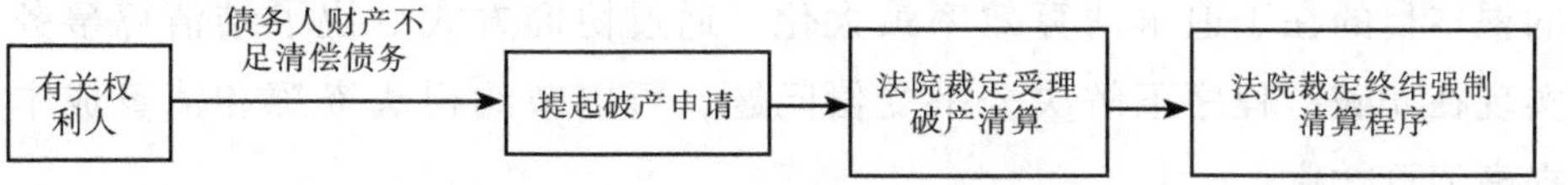

图13-1　有关权利人破产申请程序

再次是提出破产申请的材料要求。如果债权人提出破产申请，除了提

交《企业破产法》要求的材料外，还应当提交能够证明清算企业资产不足以清偿债务的依据。至于清算组提出破产申请应当提交的材料，因为《清算报告》中已经全面反映了公司的资产状况，所以除了常规资料外，清算组另外提交《清算报告》即可。

最后应当终结强制清算程序。根据《最高人民法院印发〈关于审理公司强制清算案件工作座谈会纪要〉的通知》第 33 条的规定，“人民法院裁定受理破产申请后，应当裁定终结强制清算程序”。清算组破产申请程序如图 13-2 所示。

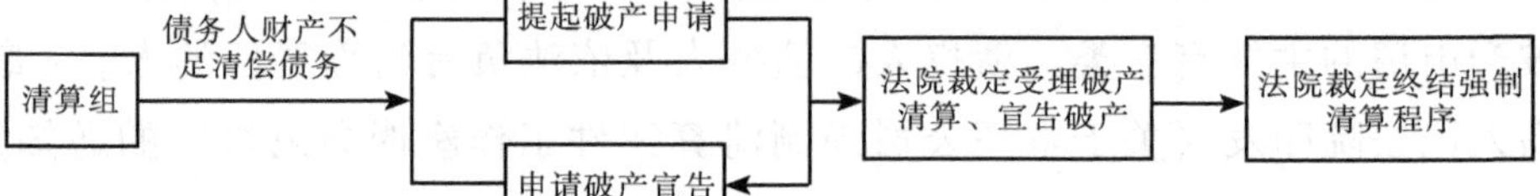

图 13-2　清算组破产申请程序

三、僵尸企业强制清算企业避免宣告破产的例外情形

《公司法司法解释二》第 17 条规定了债务清偿协商制度，“人民法院指定的清算组在清理公司财产、编制资产负债表和财产清单时，发现公司财产不足清偿债务的，可以与债权人协商制作有关债务清偿方案。债务清偿方案经全体债权人确认且不损害其他利害关系人利益的，人民法院可依清算组的申请裁定予以认可。清算组依据该清偿方案清偿债务后，应当向人民法院申请裁定终结清算程序。债权人对债务清偿方案不予确认或者人民法院不予认可的，清算组应当依法向人民法院申请宣告破产”。该制度的根本目的在于追求清算效率最大化。通过协商方式尽快了结清算事务，实现在非破产程序下解决公平受偿问题，可以节约司法资源和清算成本，提高清算效率。

但为了避免这种债务清偿协商制度由于长期无法形成一致意见而拖延清算进程的情况，在具体操作中，建议清算组向人民法院申请宣告清算企业破产的同时，应当书面通知清算企业的股东、债权人及已知的其他利害关系人。如清算企业的股东、债权人或者其他利害关系人向清算组申请和解并附可行性和解预案的，清算组应当及时向人民法院报告，并组织清算企业的股东、债权人及相关利害关系人进行协商。自和解申请提交之日起30日内，清算组不能提交与全体债权人及相关利害关系人确认的有关债务清偿方案或者有关债务清偿方案人民法院不予认可的，人民法院应裁定受理对被申请人的破产宣告申请。

第二节　清算机构的衔接

一、管理人的指定

根据《最高人民法院印发〈关于审理公司强制清算案件工作座谈会纪要〉的通知》第34条规定，“公司强制清算转入破产清算后，原强制清算中的清算组由《人民法院中介机构管理人名册》和《人民法院个人管理人名册》中的中介机构或者个人组成或者参加的，除该中介机构或者个人存在与本案有利害关系等不宜担任管理人或者管理人成员的情形外，人民法院可根据企业破产法及其司法解释的规定，指定该中介机构或者个人作为破产案件的管理人，或者吸收该中介机构作为新成立的清算组管理人的成员”。因为清算组经过一定阶段的清算工作，对清算企业的资产负债等情况较为熟悉，而且破产程序中的工作与强制清算程序中的工作具有一定的衔接性，如果原清算组中的中介机构或者个人在名册当中，指定原来的清算组担任管理人符合债权人利益最大化的原则，但原清算组中的中介机构或个人怠于履行清算义务或者与本案有利害关系的除外。

二、原清算组报酬的确定及支付

根据《最高人民法院印发〈关于审理公司强制清算案件工作座谈会纪要〉的通知》第34条的规定，原清算组中的中介机构或者个人继续担任管理人或者管理人成员时，其所取得的报酬总额，不应超过按照企业破产计付的管理人或者管理人成员的报酬。但当原清算组中的中介机构或者个人不担任管理人或者管理人成员时，法律并未对原清算组报酬的法律性质及支付时间作出规定。因原清算组报酬具有优先清偿的属性，原清算组报酬与管理人报酬同样可以由破产财产随时清偿。此外，原清算组的报酬应当与管理人报酬一起报债权人会议通过或经人民法院批准。

三、原清算组与管理人之间管理权的衔接

若原清算组继续担任管理人，管理人与原清算组之间仅需履行形式上的交接程序，即在人民法院出具指定该中介机构或者个人为管理人的决定书后完成身份和职责的转化。若人民法院在原清算组之外另行指定管理人，受法院指定的管理人需要对原被强制清算企业进行全面的接管，并与原清算组就强制清算企业的管理权进行实质性的交接。根据《最高人民法院印发〈关于审理公司强制清算案件工作座谈会纪要〉的通知》第35条规定，“上述中介机构或者个人不宜担任破产清算中的管理人或者管理人的成员的，人民法院应当根据企业破产法和有关司法解释的规定，及时指定管理人。原强制清算中的清算组应当及时将清算事务及有关材料等移交给管理人。公司强制清算中已经完成的清算事项，如无违反企业破产法或者有关司法解释的情形的，在破产清算程序中应承认其效力”。关于具体应该如何操作，法律法规没有作出明确规定。在实践中，原清算组需要对企业的公章、印鉴、证照、财务账簿（含会计凭证、财务报表)、资产权属证书、员工名册、公司档案资料、重要合同及其他文书资料等进行登记造册，并同时制作财产清单。在此基础上，管理人需要与原清算组进行现场清点和交接，并对原被强制清算企业的重大资产进行现场盘点。有关的接管及确认文件应当经原清算组及管理人加盖印章，并由双方的经办人员签字确认。同时，管理人应当与原清算组签署正式的交接文件，明确原被强制清算企业的管理权限及管理责任，自交接完成之日起转移至管理人承担。在完成接管工作后，管理人及原清算组应将以上交接文件共同报送人民法院备案。

四、清算事务衔接中应注意的事项

法院裁定受理对原被强制清算企业的破产申请后，原清算组应当向管理人移交所有书面资料及全部清算事务。管理人接管清算事务后，应当及时对清算事务进行审查。除有关清算事务有违反《企业破产法》或者其他法律强制性规定的情形外，管理人对原清算组已经完成的清算事务的法律效力应当予以承认。在清算事务衔接时，有以下几点需要注意。

（一）债权申报工作的衔接

由于缺乏统一的法律适用规定，僵尸企业强制清算程序并不一定发生债权停止计息的法律后果，债权人所申报的债权数额（属于计息的债权）在企业强制清算期间仍可能会因计收利息和滞纳金而进一步增加，如《深圳市中级人民法院公司强制清算案件审理规程》第 47 条规定，“附利息的债权利息计至实际分配之日止”。而根据《企业破产法》的规定，附利息的债权自破产申请受理时起停止计息。管理人若依据债权人在强制清算程序中申报的数额确定债权，则与法律的规定相冲突。因此，管理人接管僵尸企业后，应通知全体已知债权人重新提交债权申报表，但已在僵尸企业强制清算程序中提交的债权登记材料无须重复提交，仅对破产程序中申报请求发生变化的部分补充提交证明材料即可。

（二）债权确认工作的衔接

对于原清算组已登记的债权是否需要重新审查确认的问题，我国法律以及相关司法解释并无明文规定，鉴于《企业破产法》对破产程序中的债权审查及确认程序作出了严格的法律限定，且须由人民法院最终裁定确认，相比强制清算程序中对债权的审核更为严格。管理人对原清算组在僵尸企业强制清算程序中作出的债权确认结果不宜直接予以认可，而应当在原清算组工作成果的基础上，重新对申报的债权进行审核，并提交债权人会议核查通过后，再提交人民法院依法裁定确认。

（三）清算审计及资产评估工作的衔接问题

由于僵尸企业强制清算与破产清算对审计报告的基准日要求不同，可能导致审计结论不同，评估报告在评估方法上的差异也可能导致评估结论存在重大出入。因此，对于企业强制清算程序中已经出具的审计报告及资产评估报告，在进入破产程序后，管理人可以根据个案需要决定是否继续沿用原审计报告及资产评估报告，或者重新聘请审计和评估机构进行审计、评估。

第三节　僵尸企业强制清算转破产清算重点难点实务探讨

一、强制清算程序转为破产清算程序后，是否可以继续沿用原清算组开设的账户

根据《企业破产法》及相关法律的规定，人民法院依法裁定终结强制清算后，不能继续使用原来的清算组账户用于破产清算事务，应当向人民法院提交关于开立管理人账户的申请，根据法院提供的文书到对应的银行开立管理人账户，把原清算组账户的资金全部转移到管理人账户中。

二、在强制清算过程中已经委托中介机构进行审计、评估等工作，转入破产清算程序后是否需要重新委托

由于破产清算程序和强制清算程序属于两个不同的法律程序，审计和评估的要求有所不同，可能导致审计、评估结果存在较大出入。因此，在强制清算过程中，如审计、评估工作尚未完成，建议由清算组、管理人、审计或评估单位签订补充协议，根据破产清算的程序要求对有关条款进行协商确定，使其符合破产清算审计和评估的规定。

三、强制清算程序转为破产清算程序后，是否需要重新申报债权

在强制清算程序中，债务人向清算组申报债权，但是转入破产清算程

序后，根据《企业破产法》的规定，债权人应当向管理人申报债权，鉴于此，管理人应当通知全体已知债权人重新提交《债权申报书》《债权登记申报表》等债权申报文件，其他债权登记证明材料由管理人根据实际情况决定是否重新提交。如果已在企业强制清算程序中提交了债权登记材料，管理人可以考虑决定无须重复提交，仅对破产程序中申报请求发生变化的部分补充提交证明材料。

第十五章　僵尸企业强制清算程序的终结

第一节　强制清算程序终结的定义

一、强制清算程序终结的法律概念

企业强制清算程序的终结是指企业在进入强制清算程序后，因出现法定事由，而依法裁定结束强制清算程序的司法行为。《公司法司法解释二》最先对公司清算程序终结的概念进行界定，指出其仅特指清算报告经股东会、股东大会或者人民法院确认完毕。从《公司法》第 187 条和第 188 条可以归纳出公司清算程序终结的两种情况，一是当清算公司资不抵债时应当转入破产程序，清算程序终结；二是清算组制定的清算报告经股东会、股东大会或者人民法院确定后公司清算程序终结。这里既涉及企业自行清算的终结，提到企业强制清算的终结，即清算报告经人民法院确定后，企业强制清算程序终结。

《最高人民法院印发〈关于审理公司强制清算案件工作座谈会纪要〉的通知》对强制清算程序终结作了进一步明确规定，“关于强制清算程序的终结：公司依法清算结束，清算组制作清算报告并报人民法院确认后，人民法院应当裁定终结清算程序。公司登记机关依清算组的申请注销公司登记后，公司终止”。

二、强制清算程序终结的适用情形

根据《公司法》《公司法司法解释二》《最高人民法院印发〈关于审理公司强制清算案件工作座谈会纪要〉的通知》有关强制清算终结程序的规定，在实务操作中当出现以下四种情形时企业的强制清算程序应当终结。

（一）完成强制清算程序的终结

（1）公司清算财产足以清偿债务的，完全清偿债务后强制清算程序终结。企业进入强制清算程序后，经过严格公正的清算程序，各债权人均获得了完全清偿，清算财产在分别支付清算费用、职工工资、社会保险费用和法定补偿金，缴纳所欠税款，按照股东的出资比例分配剩余财产后，则强制清算程序依法终结。

被申请强制清算的企业因公司章程规定的营业期限届满或者公司章程规定的其他解散事由出现，或者股东会、股东大会决议自愿解散的，人民法院受理债权人提出的强制清算申请后，对股东进行剩余财产分配前，被申请企业修改章程，或者股东会、股东大会决议公司继续存续，申请人在其个人债权及他人债权均得到全额清偿后，未撤回申请的，人民法院可以根据被申请人的请求裁定终结强制清算程序，强制清算程序终结后，被申请企业可以继续存续。[1]

（2）公司清算财产不足清偿债务的，达成债务清偿协议后强制清算程序终结。《公司法司法解释二》第 17 条规定，"人民法院指定的清算组在清理公司财产、编制资产负债表和财产清单时，发现公司财产不足清偿债务的，可以与债权人协商制作有关债务清偿方案。债务清偿方案经全体债权人确认且不损害其他利害关系人利益的，人民法院可依清算组的申请裁定予以认可。清算组依据该清偿方案清偿债务后，应当向人民法院申请裁

[1] 张学增．允许申请人申请撤回强制清算的具体情形［EB/OL］．［2018-08-27］．http://www.quanlily.com/page91?article_id=886.

定终结清算程序”。

在僵尸企业强制清算实务中，清算组通过与债权人协商制作债务清偿方案来终结强制清算程序的，应该注意以下三个方面：第一，债务清偿协议成立的条件是经全体债权人表决通过，且不损害其他利害关系人利益。第二，债务清偿协议生效的条件是得到人民法院认可，这是因为债务清偿协议对各个债权人的利益影响重大，为了更好地保护债权人的利益，设置了在少数服从多数原则的基础上由人民法院最后审核确认的条款。第三，清算组依据该清偿协议清偿债务后，并不自动终结强制清算程序，而应该向人民法院申请裁定。

（二）撤回强制清算申请的终结

《最高人民法院印发〈关于审理公司强制清算案件工作座谈会纪要〉的通知》第17~19条“关于强制清算申请的撤回”，规定了因有关当事人申请撤回强制清算，在人民法院准许后，强制清算程序终结。

（1）人民法院裁定受理公司强制清算申请前，申请人请求撤回其申请的，人民法院应予准许。

（2）清算企业因章程规定的营业期限届满或者公司章程规定的其他解散事由出现，或者股东会、股东大会决议自愿解散的，人民法院受理强制清算申请后，清算组对股东进行剩余财产分配前，申请人以被强制清算的企业修改章程，或者股东会、股东大会决议公司继续存续为由，请求撤回强制清算申请的，人民法院应予准许。

（3）企业依法被吊销营业执照、责令关闭或者被撤销，或者被人民法院判决强制解散的，人民法院受理强制清算申请后，清算组对股东进行剩余财产分配前，申请人向人民法院申请撤回强制清算申请的，人民法院应不予准许。但申请人有证据证明相关行政决定被撤销，或者人民法院作出解散公司判决后当事人又达成公司存续和解协议的除外。

在实践中，人民法院有权根据僵尸企业具体情况，多方面考虑该企业是否有存续的必要，并经初步审查后作出是否准许撤回的裁定。

（三）无法清算终结

《最高人民法院印发〈关于审理公司强制清算案件工作座谈会纪要〉

的通知》第28~29条“关于无法清算案件的审理”，规定了公司主要财产、账册、重要文件灭失，无法清算的，应当终结程序，并针对不同情形作了较为详细的规定。

（1）无法全面清算的强制清算程序终结。对于被申请人主要财产、账册、重要文件等灭失，或者被申请人人员下落不明的强制清算案件，经向被申请人的股东、董事等直接责任人员释明或采取罚款等民事制裁措施后，对于尚有部分财产，且依据现有账册、重要文件等，可以进行部分清偿的，对现有财产进行公平清偿后，以无法全面清算为由终结强制清算程序。

（2）无法清算的强制清算程序终结。对于没有任何财产、账册、重要文件，被申请人人员下落不明的，应当以无法清算为由终结强制清算程序。

（3）债权人申请强制清算，人民法院以无法清算或者无法全面清算为由裁定终结强制清算程序的，应当在终结裁定中载明，债权人可以另行依据《公司法司法解释二》第18条的规定，要求被申请人的股东、董事、实际控制人等清算义务人对其债务承担偿还责任。股东申请强制清算，人民法院以无法清算或者无法全面清算为由作出终结强制清算程序的，应当在终结裁定中载明，股东可以向控股股东等实际控制公司的主体主张有关权利。

（四）转入破产程序终结

僵尸企业由强制清算程序转入破产程序的事由有两项：一是清算企业资不抵债又未能达成债务清偿协议；二是清算企业资不抵债，虽达成债务清偿协议但客观上不能实行。当出现上述两种情形时，人民法院可依职权或依申请终结强制清算程序，转入破产清算程序。

由于企业强制清算的前提是财产足以偿还全部债务，因此强制清算程序的启动并无冻结企业财产的效力，强制执行行为和个别清偿行为在申报债权后是可以进行的。如果有关债权人认为清算企业事实上已经出现破产原因或者存在不能清偿全部债务的重大嫌疑，为阻却个别清偿和个别执行，防止最终清算企业财产无法清偿所有债权人的债权而有损其利益，债权人可以依据《企业破产法》第 2 条和第 7 条的规定向人民法院另行提起破产申请，人民法院对此申请应当依法进行审查。权利人的破产申请符合《企业破产法》规定的，人民法院应当依法裁定予以受理。人民法院裁定受理破产申请后，应当裁定终结强制清算程序。

第二节　强制清算程序终结的公告

一、关于强制清算程序终结是否公告

《公司法》虽然规定公司清算结束后，清算组应当制作清算报告，报股东会、股东大会或者人民法院确认，并报送公司登记机关，申请注销公司登记，公告公司终止。笔者理解，这里的“公告”指的是发布公司注销登记的公告。《企业破产法》第 120 条明确规定，“人民法院应当自收到管理人终结破产程序的请求之日起十五日内作出是否终结破产程序的裁定。裁定终结的，应当予以公告”。虽然破产终结应当予以公告，但对于强制清算程序的终结，我国法律尚无明文规定必须予以公告。

在实务中，破产清算程序经法院裁定终结后，经办法官会制作终结破产程序的公告，交管理人刊登。但强制清算程序经法院裁定终结后，法院往往会简化程序，对清算组并无制作公告刊登的对接要求。因此具体操作时，建议清算组可以在刊登“企业终止公告”内容中增加“终结强制清算程序”裁定书的部分内容。

二、关于公告的形式，刊登公告报纸的级别、影响力、发行范围的问题

《公司法司法解释二》第 11 条规定，“公司清算时，清算组应当按照公司法第一百八十五条的规定，将公司解散清算事宜书面通知全体已知债权人，并根据公司规模和营业地域范围在全国或者公司注册登记地省级有

影响的报纸上进行公告”。这里所规定的“公告”是指，在公司清算组成立时，应当按照公司规模和营业地域范围酌定在全国或者公司注册登记地省级有影响的报纸上进行公告。除此之外，目前并没有相关法律法规对“清算程序终结”的公告形式，刊登公告的报纸级别、影响力、发行范围作出强制性规定。

另外，国家工商总局印发的《内资企业登记提交材料规范》规定公司申请注销时，无需提交刊登注销公告报纸的报纸式样，登记机关仅审查公司是否在报纸上刊登了注销公告。但也有一些地方工商部门在具体办理时要求提交“依法刊登公告的报纸样张”，比如广东省工商局《关于修订〈商事登记提交材料规范〉和〈商事登记申请文书规范〉的通知》，就要求提交依法刊登公告的报纸样张，但对报纸的级别、影响力、发行范围未作要求。在实务中，通常建议清算组在选择公告报纸时，参照清算组成立时的公告要求刊登公告。

第三节　僵尸企业强制清算终结重点难点实务探讨

一、终结强制清算程序如何引用法条

在处理僵尸企业强制清算案件中，往往会遇到僵尸企业主要财产、账册、重要文件等灭失，或者人员下落不明等导致无法清算或者无法全面清算，而我国现行法律法规层面（主要是公司法及其司法解释）没有对应的规定，人民法院作出终结清算程序时，应如何引用法条？在实践中，关于强制清算，操作性较强的是《最高人民法院关于审理公司强制清算案件工作座谈会纪要》（法发〔2009〕52 号）。该文件第 28 条规定，“对于被申请人主要财产、账册、重要文件等灭失，或者被申请人人员下落不明的强制清算案件，经向被申请人的股东、董事等直接责任人员释明或采取罚款等民事制裁措施后，仍然无法清算或者无法全面清算，对于尚有部分财产，且依据现有账册、重要文件等，可以进行部分清偿的，应当参照企业破产法的规定，对现有财产进行公平清偿后，以无法全面清算为由终结强

制清算程序；对于没有任何财产、账册、重要文件，被申请人人员下落不明的，应当以无法清算为由终结强制清算程序”。在终结强制清算程序中，最高人民法院印发的该文件具有很强的参考性，但该文件既不是法律法规，也不是司法解释。根据《最高人民法院关于裁判文书引用法律、法规等规范性法律文件的规定》，该文件只能作为裁判说理的依据，不能作为裁判依据援引。因此，在实践中对于是否引用、如何引用《会议纪要》有三种做法，第一，裁判依据不引用该文件，只引用《民事诉讼法》第154条第1款第（11）项“其他需要裁定解决的事项”；第二，引用该文件并表述为“根据（依照、依据）”；第三，引用会议纪要并表述为“参照”会议纪要。随着企业强制清算业务的不断增加，相关立法或司法解释可进一步完善，以做到有法可依。

二、无法清算为由终结强制清算程序后，后续追偿责任如何承担

在处理僵尸企业强制清算案件中，多数无法清算的强制清算案件终结参照《最高人民法院关于审理公司强制清算案件工作座谈会纪要》“十四、关于无法清算案件的审理”《公司法司法解释（二）》第18条第2款的规定，法院以无法清算或者无法全面清算裁定终结清算程序后，由债权人向股东、董事、实际控制人等清算义务人直接主张对公司债务承担连带赔偿责任。上述适用情形客观上导致了一个清算案件终结后，又衍生出众多个别诉讼，实践中，存在申请人明知僵尸企业处于无财产、无账册、无人员状态无法清算，而向人民法院申请强制清算，僵尸企业无法清算或者以无法全面清算为由裁定终结强制清算程序后，申请人再以无法清算为由要求僵尸企业的股东、董事、实际控制人等清算义务人对其自身债务承担偿还责任。

《公司法》第20条第2款规定，“公司股东滥用股东权利给公司或者其他股东造成损失的，应当依法承担赔偿责任”。如公司股东依照规定，向滥用股东权利的公司股东主张赔偿损失的，作为实际控制公司，实际掌控或应当掌控公司财务账册及资产的股东，如未履行相关义务的，应当承担赔偿责任。但实践中，僵尸企业存在一定的特殊性，对实际控股股东认

定，以及其是否滥用股东权利方面或存在一定的举证难度。若仅以无法清算为由，不考虑债权人损失与债务人相关主体行为之间的因果关系，要求其对债权人的债务承担偿还责任，可能导致公司有限责任这一基本原则被随意突破。

2019 年 11 月 8 日，最高人民法院印发《全国法院民商事审判工作会议纪要》，第 118 条“无法清算案件的审理与责任承担”对清算案件中的责任主体范围、责任性质、责任承担方式等问题予以进一步明确。对于清算案件的责任承担的适用强调侵权因果关系，对债务人有关人员承担的民事责任，在形式上应当属于侵权责任，故债权人的损失及其范围与相关主体行为之间应当存在因果关系为必要前提。除非存在《公司法》第 20 条规定的公司股东滥用公司法人独立地位和股东有限责任，逃避债务，严重损害公司债权人利益，应当对公司债务承担连带责任外，不能仅以违法配合清算义务为由，要求债务人相关主体对公司债务承担连带清偿责任。

三、僵尸企业终结强制清算程序后注销难如何处理

在办理僵尸企业强制清算案件中，往往出现僵尸企业账册缺失、长期未申报税务、处于锁定非正常状态，导致清算组在强制清算程序中难以注销税务登记，且因未能取得税务机关出具清税文书，致使不符合办理工商一般注销的条件。

2017 年 3 月 1 日，工商总局在全国范围内全面实行企业简易注销登记改革，印发《关于全面推进企业简易注销登记改革的指导意见》（工商企注字〔2016〕253 号），规定了“人民法院裁定强制清算或裁定宣告破产的，有关企业清算组、企业管理人可持人民法院终结强制清算程序的裁定或终结破产程序的裁定，向被强制清算人或破产人的原登记机关申请办理简易注销登记”。同时又规定了不适用企业简易注销登记的情形，而僵尸企业大多均存在“被吊销营业执照”、“被列入企业经营异常名录或严重违法失信企业名单”等情形，大多数僵尸企业也很难直接适用工商简易注销程序。

2019 年 5 月 9 日国家税务总局印发《国家税务总局关于深化“放管

服”改革 更大力度推进优化税务注销办理程序工作的通知》（税总发〔2019〕64号），为推进优化税务注销办理程序，规定了“进一步扩大即办范围”，对“经人民法院裁定宣告破产的纳税人，持人民法院终结破产程序裁定书向税务机关申请税务注销的，税务机关即时出具清税文书，按照有关规定核销‘死欠’”。也并未将强制清算程序纳入核销“死欠”的范围。但该通知进一步简化税务注销前的业务办理流程，可批量零申报、对无欠税及罚款的纳税人资料不齐的可采取“承诺制”容缺办理，出具清算文书等新举措，在一定程度上也解决了部分僵尸企业税务注销难的难题。

目前，在国家供给侧改革、优化营商环境大背景下，各级政府、人民法院高度重视僵尸企业司法出清处置问题，通过府院联动机制协调沟通各职能部门，相继出台了各类僵尸企业出清工作指引，逐步解决当前普遍关注的僵尸企业司法出清处置中遇到的各项疑难问题。

第十六章　强制清算企业的注销

第一节　企业注销登记

一、工商注销

我国《民法总则》第72条规定，“清算结束并完成法人注销登记时，法人终止”。所谓企业（含公司、非公司企业法人）注销登记是指登记机关（我国指工商行政管理部门）依法对解散、歇业、被撤销、宣告破产、责令关闭或者其他原因终止营业的企业，收缴营业执照、公章等，撤销其注册号，取消其企业法人资格的行政执法行为。注销登记是企业作为市场主体退出市场的法律形式，是企业终止时必须履行的法定程序。

二、税务注销

在实务操作中，公司注销登记手续不仅需要办理工商营业执照的注销，还需要办理国家税务登记注销、地方税务登记注销、社会保险登记证注销、组织机构代码证注销、银行账户（开户许可证、信用代码证、贷款卡）注销、印鉴缴销等，有的还涉及国有资产企业产权登记注销、工会社团法人资格登记注销、财政登记注销、海关登记注销、外汇登记注销、特许经营许可证注销等注销登记。2015年10月，我国全面实行的企业“三证合一”登记制度使注销更为简易。所谓“三证合一”就是将工商营业执照、组织机构代码证和税务登记证合为一证，“一照一码”则是在此前提下更进一步通过“一口受理、并联审批、信息共享、结果互认”，实现由一个部门核发加载统一社会信用代码的营业执照。这一改革提高了市场准入率，也简化了企业的注销程序。另外，虽然目前许多地区都已经实行跨行政区域通办、办事服务大厅联合受理等便民措施，但针对办理注销登记，多数仍需要在原公司登记注册地或主管部门所在地办理注销登记。

第二节　办理注销登记的时间期限

目前，法律法规尚未对清算组在强制清算程序终结后申请注销登记的办理时限作强制性规定。关于强制清算程序终结后办理注销登记的时限问题，一些地方在制定强制清算规范性文件时通常有以下两种做法。

一是未对办理注销登记的时间期限作要求。例如，《北京市高级人民法院关于审理公司强制清算案件操作规范（试行）》以及《江苏省高级人民法院关于审理公司强制清算案件若干问题的意见（试行）》就参照了《公司法》第 188 条之规定，清算组应当在收到人民法院终结公司强制清算程序裁定后，持该裁定到税务登记机关申请办理注销公司税务登记，到工商登记机关申请办理注销公司工商登记，并公告公司终止。上述规定仅要求报送及公告，未要求办理注销登记的具体时限。

二是规定清算组在收到人民法院终结强制清算程序裁定之日起 15 日内办理。《深圳市中级人民法院公司强制清算案件审理规程》则参照《企业破产法》第 121 条，规定了“清算组应当在收到人民法院终结强制清算程序裁定之日起十五日内，申请工商登记机关注销公司工商登记，并予以公告”。

在实务中，由于办理注销登记涉及要注销的证件多、部门多，特别在税务清税申报环节可能耗时较长，因此，清算组可以根据实际情况申请注销登记，定期向人民法院报告。有些地方会将此列为考核管理人能力的一项依据。

第三节　工商注销登记的前置条件

办理企业营业执照注销前，应当先办理注销税务登记或者清税申报。《中华人民共和国税收征收管理法》及《中华人民共和国税收征收管理法实施细则》《税务登记管理办法》规定，纳税人发生解散、破产、撤销以及其他情形，依法终止纳税义务的，应当在向工商行政管理机关或者其他机关办理注销登记前，持有关证件和资料向原税务登记机关申报办理注销税务登记。从这一规定可以看出，注销工商登记的前置条件是注销税务登记，也就是说纳税人不办理税务登记注销就无法办理工商登记注销。国家税务总局为了贯彻落实“三证合一”登记制度改革，出台了《关于落实“三证合一”登记制度改革的通知》，其中对税收登记注销进行了概括性的规范，但较为简略。该通知第 3 条规定，已实行“三证合一”登记模式的企业办理注销登记，须向税务机关进行清税申报；受理税务机关审查符合要求后，出具《清税证明》，同时将信息发布到交换平台共享；申请人持《清税证明》到工商行政管理机关办理工商登记注销。从中可以看出，即使是在“三证合一”的新制度下，办理税务部门的清税手续仍然是办理“三证合一”公司注销登记的前置条件。公司一般注销登记提交材料规范将税务部门出具《清税证明》列为前置条件也体现了这一点。

第四节　税务登记注销手续

根据《税务登记管理办法》规定，纳税人办理税务登记注销前，应当向税务机关提交相关证明文件和资料，结清应纳税款、多退（免）税款、滞纳金和罚款，缴销发票、税务登记证件和其他税务证件，经税务机关核准后，办理注销税务登记手续。

一、一般注销税务登记指引

纳税人发生以下情形之一的，向主管税务机关申报办理注销税务登记：

（1）因解散、破产、撤销等情形，依法终止纳税义务的；

（2）按规定不需要在工商行政管理机关或者其他机关办理注销登记的，但经有关机关批准或者宣告终止的；

（3）被工商行政管理机关吊销营业执照或者被其他机关予以撤销登记的。

持有加载统一社会信用代码的营业执照纳税人按照“三证合一、一照一码”开具清算证明。本事项为国税、地税通用业务。

【受理部门】

税务登记注销手续的受理部门是主管税务机关办税服务厅（场所）。

地址：所在地主管税务机关办税服务厅（场所），具体地址可在各地税务机关官方网站查询，或拨打纳税服务热线查询。

联系电话：可在各地税务机关官方网站查询，或拨打纳税服务热线查询。

【办理时限】

（1）纳税人办理时限：纳税人被工商行政管理机关吊销营业执照或者被其他机关予以撤销登记的，应当自营业执照被吊销或者被撤销登记之日起15日内，向原税务登记机关申报办理注销税务登记。

（2）税务机关办理时限：报送资料齐全、符合法定形式、填写内容完整的，受理后20个工作日内办结。

【办理流程】

纳税人申报办理→税务机关受理→管理部门核准→税务机关发放《税务事项通知书》。

【报送资料】

（一）必报资料（见表16-1）。

表16-1　税务登记一般注销必报资料

序号	资料名称	原件/复印件	份数	备注
1	《注销税务登记申请审批表》	原件	1	

（续表）

序号	资料名称	原件/复印件	份数	备注
2	《税务登记证》和其他税务证件	原件	1	电子税务证或三证合一证无需提供
3	《发票领用簿》及未验旧、未使用发票	原件	1	
4	金税盘、税控盘和报税盘，或者金税卡和IC卡（使用增值税税控系统的纳税人应提供）	原件	1	增值税纳税人提供
5	其他按规定应收缴的设备	原件	1	
6	注销决议/强制清算程序终结裁定书、指定清算组决定书	原件及复印件	1	原件核对后退还

（二）条件报送资料（见表16-2）。

表16-2 税务登记一般注销条件报送资料

序号	资料名称	原件/复印件	份数	备注
1	《中华人民共和国企业清算所得税申报表》及附表	原件	1	企业所得税纳税人提供
2	上一年度汇算清算全套纸质报表和电子数据盘	原件	1	清税申报时提供
3	本年度汇算清算全套纸质报表和电子数据盘	原件	1	清税申报时提供
4	当期（月）申报表资料及完税凭证	原件	1	清税申报时提供

二、“三证合一、一照一码”开具《清税证明》

【办理条件】

纳税人持有加载统一社会信用代码的营业执照进行注销时，需先进行清税申报，向税务机关填报《清税申报表》，税务机关在结清应纳税款、多退（免）税款、滞纳金和罚款，缴销发票和其他税务证件后，向纳税人出具《清税证明》。

除以上情形外，其他税务登记注销按照原有法律制度执行。

本事项为国税、地税通用业务。纳税人可向国税、地税任何一方主管税务机关提出清税申报。

【受理部门】

开具清税证明的受理部门是主管税务机关办税服务厅（场所）。

地址：所在地主管税务机关办税服务厅（场所），具体地址可在各地税务机关官方网站查询，或拨打纳税服务热线查询。

联系电话：可在各地税务机关官方网站查询，或拨打纳税服务热线查询。

【办理时限】

（1）纳税人办理时限：无具体办理时限要求。

（2）税务机关办理时限：报送资料齐全、符合法定形式、填写内容完整的，受理后限时办结。

【报送资料】如表16-3所示。

表16-3 清税证明报送资料

序号	资料名称	原件/复印件	份数	备注
1	《清税申报表》	原件	3	
2	上级主管部门批复文件或董事会决议或者强制清算程序终结裁定书/指定清算组决定书	原件及复印件	1	原件核对后退还
3	经办人身份证明	原件及复印件	1	原件核对后退还

三、非正常户解除

被税务机关认定为非正常户的纳税人，依法履行纳税义务后，税务机关解除其非正常户状态。本事项为国税、地税通用业务。

【受理部门】

非正常户纳税人解除非正常状态的受理部门是主管税务机关办税服务厅（场所）。

（1）纳税人办理时限：无具体办理时限要求。

（2）税务机关办理时限：报送资料齐全、符合法定形式、填写内容完整的，受理后 10 个工作日内办结。

【报送资料】如表 16-4 所示。

表 16-4　非正常户解除报送资料

资料名称	原件/复印件	份数	备注
纳税人提供情况说明和解除非正常状态的理由	原件	1	

四、注销税务登记实务操作指引

在办理税务登记注销手续时，清算组应先办理国家税务注销登记或清税申报，凭国家税务部门出具的《税务事项通知书》(《清税证明》)，再前往地方税务部门办理地方税务注销登记或清税申报，取得地方税务部门出具的《税务事项通知书》。一些地方税务系统采取国地税联办业务的，可以只在国家税务部门或地方税务部门办理。但是，企业被国税或地税部门列入“非正常户管理”的，则应先前往相对应税务部门办理“非正常户”解除手续，再办理注销登记或清税申报手续。

在办理税务登记注销手续时，应先了解公司分属税务部门哪个税务机关主管，以免跑错办事地址。公司隶属第几税务机关，应根据公司的注册地址来判断税源管理机关，不能认定为税务登记证上记载或签章的税务机关。我国很多地区的税务部门均存在多家税务分局、地方税务所，分管各个辖区、街道的税务工作。同时，一些地方实行地区办税服务大厅通办，但办理税务登记注销事宜，建议前往企业所属税务机关办理，同时须提前了解是否需要预约手续。

在实践中，一个清算组在办理一家强制清算企业的税务注销手续时，由于税务部门实行办事预约取号，所属的办税服务厅拥挤，只能选择预约辖区内较偏远的办税服务厅办理，该办税服务厅受理后，回复受理资料应传递到所属的税源管理机关审批，报送资料齐全、符合法定形式、填写内容完整的，受理后 20 个工作日内办结。在 20 个工作日内，该清算组电话联系纳税服务热线，回复理由为“由于尚未超过 20 个工作日，请耐心等待”。在20个工作日后，仍未有电话通知，原因为受理的税所认为应由审批的税所通知，审批的税所认为应由受理税所通知，导致无人通知。该清算组拨打纳税服务热点后被转线到所属的办税服务厅，但是占线无人接听，只能登记在案，后隔两天通知可前往领取。清算组到达办税服务厅，被告知领取通知书应提前办理预约手续，当天不能领取，最后通过投诉渠道，才在当天顺利领取到《税务事项通知书》。

在实践中，上述清算组在办理另一家强制清算企业的税务注销手续时，在所属的税源机构的办税服务厅办理税务注销手续，窗口受理后，该清算组在办事服务厅导税台查询企业的专管员，主动联系专管员，告知专管员企业已办理注销手续，根据相关规定，清算组应当在收到人民法院终结强制清算程序裁定之日起15日内，申请工商登记机关注销公司工商登记，恳请给予帮助，如有需要补充税务资料，请及时告知。之后该清算组在第3个工作日便顺利领取到《税务事项通知书》。

税务注销办事复盘需注意：（1）提前了解办事服务大厅办理业务是否需要业务预约手续，虽然很多地方领取通知书不需要预约，但稳妥起见，在受理时便应同时咨询领取文件是否需要预约；（2）注销登记尽可能在所属税源办事服务厅办理，勿选择跨地区联合办理；（3）主动与企业专管员取得联系，反映问题，请求协助；（4）遇到不合理的现象，现场应多沟通，阐明事实与理由，沟通无果后，可联系值班领导或向上级部门投诉，反映遇到的问题，请求协助。

第五节　工商营业执照注销手续

一、受理条件

工商营业执照注销手续的受理条件符合《公司法》与《公司登记管理条例》等法律法规的相关要求，出现如下情形之一的：

（1）公司被依法宣告破产。

（2）公司章程规定的营业期限届满或者公司章程规定的其他解散事由

出现，但公司通过修改公司章程而存续的除外。

（3）股东会、股东大会决议解散公司或者一人有限责任公司的股东决定解散公司。

（4）公司被依法吊销营业执照、责令关闭或者被撤销。

（5）公司被人民法院依法予以解散。

（6）公司因公司合并或者分立需要解散。

（7）法律、行政法规规定的其他解散情形。

二、设定依据

（1）《公司法》第188条。

（2）《公司登记管理条例》第2条、第42条。

三、公司注销登记提交材料规范

（1）《公司注销登记申请书》。

（2）《指定代表或者共同委托代理人授权委托书》。

（3）公司解散的证明文件：

①人民法院裁判公司破产、解散的，提交裁判文书。

②公司依照《公司法》作出解散的，提交依法作出的决议或者决定。

③公司依法被吊销营业执照、被责令关闭或者被撤销的，提交相关行政机关决定文件。

（4）股东会、股东大会、一人有限责任公司的股东或者人民法院、公司批准机关备案、确认清算报告的确认文件。

①有限责任公司提交股东会确认决议，股份有限公司提交股东大会确认决议。有限责任公司由有表决权的2/3以上的股东签署；股份有限公司由股东大会会议主持人及出席会议的董事签字确认。

②国有独资公司提交国务院、地方人民政府或者其授权的本级人民政府国有资产监督管理机构的确认文件。

③一人有限责任公司提交股东签署的确认文件。

需要注意的是，股东会、股东大会、一人有限责任公司的股东或者人民法院、公司批准机关在清算报告上已签署备案、确认意见的，不提交本项材料。公司破产程序终结后办理注销登记的，不提交本项材料。

（5）经确认的清算报告。公司破产程序终结后办理注销登记的，提交人民法院关于破产程序终结的裁定书，不提交本项材料。

（6）清算组成员《备案通知书》。公司破产程序终结后办理注销登记的，不提交本项材料。

（7）国家税务部门和地方税务部门出具的清税证明。未涉及纳税义务的，提交税务机关出具的未涉及纳税义务证明。

（8）依法刊登公告的报纸样张。

（9）法律、行政法规规定应当提交的其他文件。

①国有独资公司申请注销登记，还应当提交国有资产监督管理机构的决定。其中，国务院确定的重要的国有独资公司，还应当提交本级人民政府的批准文件。

②设有分公司的公司申请注销登记，还应当提交分公司的注销登记证明。

（10）法律、行政法规和国务院决定规定公司注销必须报经批准的，提交有关的批准文件。

（11）营业执照正、副本。

需要注意的有以下几个方面。

①依照《公司法》《公司登记管理条例》设立的公司申请注销登记适用上述规范。

②因合并、分立而办理公司注销登记且合并、分立协议规定无需清算的，应当提交合并协议或分立决议、决定，无需提交上述第4~6项材料。

③上述第10项材料按照《工商登记前置审批事项目录》执行。

④在2015年9月1日至2017年12月31日的过渡期内，未换发“三证合一、一照一码”营业执照的，还应当提交组织机构代码证。

四、企业简易注销登记提交材料规范

（1）《企业简易注销登记申请书》。

（2）《全体投资人承诺书》。

强制清算终结的企业提交人民法院终结强制清算程序的裁定，无需提交《全体投资人承诺书》。

（3）《指定代表或者共同委托代理人授权委托书》。

（4）营业执照正、副本。

（5）非公司企业法人还应当提交企业法人公章。公章已缴交公安机关或其他部门的，提交收缴证明。

需要注意的有以下几个方面。

（1）有限责任公司、非公司企业法人、合伙企业、个人独资企业、外商投资的有限责任公司、外商投资合伙企业申请简易注销登记适用上述规范。

（2）个人独资企业投资人不委托代理人的，无需提交上述第 3 项材料。

（3）在上述第 5 项材料中，其他部门出具的公章收缴证明，一般指申请人上级部门出具的收缴证明，如银行、保险企业注销时公章由其上级部门收缴。

（4）2017 年 12 月 31 日前未换发加载统一社会信用代码的营业执照的，还应提交组织机构代码证。

第六节　组织机构代码证注销手续

组织机构代码是对中华人民共和国境内依法注册、依法登记的机关，企、事业单位，社会团体和民办非企业单位颁发一个在全国范围内唯一的、始终不变的代码标识。《组织机构代码管理办法》（2014 年修订）第 21 条规定，“组织机构依法终止的，应当自注销之日起 30 日内，持有关部门核准的注销文件或者证明办理注销登记，并交回组织机构代码证书”。

2015 年 10 月 1 日“三证合一”登记制度实施后，质监部门不再向企业和农民专业合作社及个体工商户发放和更换组织机构代码证书。

注销组织机构代码证提交材料规范：

（1）提交《组织机构代码申请表》。

（2）提交依法终止证明：企业单位提交工商局的注销证明。

（3）交回原颁发的代码证书正本、副本及 IC 卡。

（4）代码管理部门废置该单位的全国统一代码，并当场开具代码注销证明。

第七节　银行结算账户销户手续

单位银行结算账户指存款人以单位名称开立的银行办理资金收付结算的人民币活期存款账户。单位银行结算账户按用途分为基本存款账户、一般存款账户、专用存款账户、临时存款账户，经中国人民银行核准后由开户银行核发开户许可证。开户许可证是中国人民银行依法准予申请人在银行开立核准类银行结算账户的行政许可证件，是核准类银行结算账户合法性的有效证明。单位银行结算账户的存款人只能在银行开立一个基本存款账户。

一、单位银行结算账户的销户手续

单位银行结算账户的撤销是指存款人因开户资格或其他原因终止银行结算账户使用的行为。根据《人民币银行结算账户管理办法》《人民币银行结算账户管理办法实施细则》的相关规定，存款人出现被撤并、解散、宣告破产或关闭的，或注销、被吊销营业执照等情形，应在 5 个工作日内向开户银行提出撤销银行结算账户的申请，先撤销一般存款账户、专用存款账户、临时存款账户，将账户资金转入基本存款账户后，方可办理基本存款账户的撤销。存款人基本存款账户的开户银行应自撤销银行结算账户之日起 2 个工作日内将撤销该基本存款账户的情况书面通知该存款人其他结算账户的开户银行。存款人其他结算账户的开户银行，应自收到通知之日起2个工作日内通知存款人撤销有关银行结算账户。存款人应自收到通知之日起3个工作日内办理其他银行结算账户的撤销。

存款人尚未清偿其开户银行债务的，不得申请撤销该账户。存款人撤销银行结算账户，必须与开户银行核对银行结算账户存款余额，交回各种重要空白票据及结算凭证和开户登记证，银行核对无误后方可办理销户手续。银行撤销单位银行结算账户时应收回开户许可证，并在其基本存款账户开户许可证上注明销户日期并签章，同时于撤销银行结算账户之日起2个工作日内，向中国人民银行报告。

清算组在终结强制清算程序后办理申请撤销银行结算账户时通常需要提交的资料清单如下。

（1）开户许可证、机构信用代码证（如有）。

（2）印鉴卡和未用完的支票（视当地银行要求而定）。

（3）撤销银行结算账户申请书。

（4）工商部门提供的企业核准注销登记通知书。

（5）国税和地税部门提供的税务事项通知书（注销）或清算证明。

（6）如以单位名义申请的，提供单位授权委托书及单位负责人身份证件、代理人身份证件；如以清算组名义申请的，提供清算组授权委托书、指定清算组决定书、清算组负责人和代理人身份证件。

（7）人民法院裁定终结清算程序的民事裁定书（非必需）。

（8）如遗失证照、印鉴的，另提供遗失登报声明。

（9）银行要求签署的其他文件。

二、清算组临时存款账户的撤销

根据《北京市高级人民法院关于审理公司强制清算案件操作规范（试行）》的规定，临时存款账户是存款人因临时需要并在规定期限内使用而开立的银行结算账户。存款人设立临时机构时可以开立临时存款账户。清算组应当持人民法院指定成立清算组决定书和清算组公章向人民法院许可的银行申请开立清算组账户。清算组应将公司的资金划入清算组账户统一管理。清算组于办理注销登记完毕的次日起终止执行职务（存在诉讼或者仲裁未决情况的除外）。清算组依法终止执行职务后，应当注销清算组账户，将清算组印章交公安机关销毁并将销毁印章的证明交人民法院备案。

清算组在依法终止执行职务后办理申请撤销银行结算账户时通常需要提交的资料清单如下。

（1）开户许可证；

（2）印鉴卡和未用完的支票（视当地银行要求而定，有些银行视为自行作废）；

（3）撤销银行结算账户申请书；

（4）清算组授权委托书、清算组负责人和代理人身份证件；

（5）如遗失证照、印鉴的，另提供遗失登报声明；

（6）银行要求签署的其他文件。

第八节　印章注销手续

一、企业印章注销

企业在工商设立之初，申请刻制公司印章，如企业法定名称章（公章）和冠以法定名称的合同、财务、发票等业务专用章及法定代表人名章等。其中公章、合同专用章、财务专用章、发票专用章、报关专用章，必须向公安机构备案入网，法定代表人名章视当地公安机构要求而定。企业在终止后，应办理印章注销手续。

根据2018年2月14日公安部发布的《印章业治安管理条例（征求意见稿）》中关于“印章停用交回”的规定，“印章停止使用后，国家机关、人民团体按照其内部规定自行处理。其他单位或者机构应当将印章交回印章制作单位。印章制作单位制作、收回印章的，应当向用章单位或者机构出具印章制作、收回证明；对收回的印章，应予暂存并登记造册，录入印章治安管理信息系统，并于十五个工作日以内送公安机关处理”。

公安局是印章业治安管理的主管机关，各公安分（县）局依照相关规定负责辖区内印章业治安管理工作。企业办理印章注销手续，通常在企业所在地的公安分局办事大厅办理，所有印章需要一次性全部注销。注销印章前，须先咨询银行、国税、地税、社保、车管等部门是否仍有用章需要，确认不需要使用后方可交公安机关缴销。全民所有制企业的印章由工商行政管理局负责收缴。

二、办理企业印章注销需要的文件清单

企业终止后，办理企业印章注销通常需要提供如下文件。

（1）工商准予核准注销通知书；

（2）注销印章申请书；

（3）刻章许可证，如已遗失，按当地公安机关要求提供情况说明；

（4）如法人不能亲自办理可委托他人办理，需另行提供委托书及经办人身份证原件及复印件。

三、企业印章遗失或被盗抢需要注销的

企业印章遗失或被盗抢需要注销的，须先到所在地报社以法人名义刊登遗失声明，再持报纸、公司主体授权等文件，以文书形式写一份遗失或被盗抢说明书（经过），向当地公安机关报案或备案，取得相应回执后再办理印章注销手续。

第九节 僵尸企业强制清算终结重点难点实务探讨

一、如何解决税务注销难？国、地税局要求将非正常户转为正常户再注销，要求补缴税款、缴纳罚款再注销怎么办

依照《中华人民共和国税收征收管理法》第16条的规定，企业在向工商行政管理机关申请办理注销登记之前，须持有关证件向税务机关申报办理注销税务登记。也就是说，办理税务核销手续是工商注销的前置程序，若企业没有进行税务核销也就无法最终予以“销户”。在实践中，即

使法院作出终结破产程序的裁定，破产企业因欠税、滞纳金未能结清也会导致税务难以核销。税务核销问题已经成为大量僵尸企业积压的主要因素之一。

破产程序终结后，破产企业作为民事法律主体的资格即告终止，在法律意义上已经“死亡”。由于无法注销或注销不及时，破产企业向社会公开的工商登记信息依然存在，为市场主体判断企业实际状况带来很大困扰。破产企业无法注销，使得市场退出机制存在漏洞，市场主体的状态很不明确，严重影响市场判断，市场秩序受到很大影响。

根据《企业破产法》第121条的规定，管理人应当自破产程序终结之日起10日内，持人民法院终结破产程序的裁定，向破产人的原登记机关办理注销登记。在实践中，管理人向破产企业登记机关进行申请办理注销登记时，除了需要法院裁定，还必须根据相关工商行政管理机关的要求，提供一系列的相关文件，其中绝大部分管理人无法提供税务注销证明。

管理人持有人民法院终结清算程序《民事裁定书》，先后向税务部门、工商部门申请办理注销登记，都未能办理注销登记。因企业被列入企业经营异常名录，工商部门受理窗口认为税务未正常申报的企业不适用简易注销登记程序，应按一般的注销程序提供税务部门《清税证明》文件。税务部门受理窗口认为企业或存在欠税情况，或虽不存在欠税情况但被认定为非正常户，若办理税务核销《清税证明》，应先办理非正常解除、接受行政罚款，同时要按月份及年度逐一补充报送税务申报文件及报告。因此管理人常常面临注销难题，影响出清工作的顺利进行。

以广州市为例，管理人向广州市中级人民法院《定期工作报告》汇报工作进展，向广州市破产管理人协会及其他案件管理人请教交流成功经验，向税务部门、工商部门办公室发文汇报详细情况，请求根据《广州市人民政府办公厅关于印发〈市属国有企业出清重组“僵尸企业”促进国资结构优化的实施方案〉的通知》给予绿色通道，酌情减免资料补交义务和行政罚款。在此过程中，广州市破产管理人协会积极引导，组织管理人业务沙龙进行交流，集中收集整理国有僵尸企业司法出清遇到的障碍和问题。广州市中级人民法院通过府院协调机制、司法建议等协调省国资委、省工商、市工商、市国税、市地税等部门召开专题研讨会，多方协调处理省属、市属国有僵尸企业司法出清退出市场机制若干问题的处理方案。

2018 年 5 月 10 日、5 月 30 日广东省工商局企业注册处先后发布《关于办理国有企业注销登记有关问题的函》《关于办理国有“僵尸企业”注销登记有关问题的通知》，建议广东省各地工商登记机关根据实际情况，设立僵尸企业注销指定窗口或专门工作人员，统一受理，建立高效的绿色通道等。

二、僵尸企业难以适用简易注销，如何办理工商注销

根据国家工商总局发布的《关于全面推进企业简易注销登记改革的指导意见》（工商企注字〔2016〕253 号）和《广东省工商行政管理局转发〈工商总局关于全面推进企业简易注销登记改革指导意见〉的通知》（粤工商企字〔2017〕62 号）要求，广州市已在 2017 年 3 月 1 日起全面实施企业简易注销登记改革。实施后，司法出清的僵尸企业并未被当地工商机关正式纳入适用范围。

在办理案件过程中，管理人根据《广州市企业简易注销登记指引》（以下简称《指引》），向破产企业登记机关申请办理简易注销登记。根据《指引》，持人民法院终结破产清算或强制清算程序裁定书的企业属于“适用企业简易注销登记的特殊情形”，仅需提交《企业简易注销登记申请书》及《民事裁定书》，不再提交清算报告、投资人决议、清税证明、清算组备案证明、刊登公告的报纸样张等材料。但在实际办理中，工商机关受理窗口人员认为，僵尸企业属于《指引》中第 2 条第 3 点规定的“企业有下列情形之一的，不适用简易注销登记程序”，因此对于僵尸企业简易注销的申请不予受理。

2018 年 5 月 10 日、5 月 30 日广东省工商局企业注册处先后发布《关于办理国有企业注销登记有关问题的函》《关于办理国有“僵尸企业”注销登记有关问题的通知》，其中规定广东省省属国有僵尸企业可持人民法院终结强制清算程序的裁定或终结破产程序的裁定，向登记机关申请办理简易注销登记，不受《关于全面推进企业简易注销登记改革的指导意见》

第二部分第 1 点规定的不适用简易注销登记情形限制。但其他类型的国有僵尸企业仍存在注销难的情形，其他地区在供给侧结构性改革背景下，结合国有僵尸企业出清工作政策优惠，建议适用简易注销程序条件，解决长期“无法注销”难题，使僵尸企业依法有序退出市场机制。

参考文献

[1] 郭一鸣. 广州市中级人民法院司法建议书（穗中法民建〔2016〕7号）[EB/OL]. [2017-04-25]. http://www.gzcourt.gov.cn/sfjy/ck309/2017/04/25095146529.html.

[2] 杨婷婷. 论破产债权 [D]. 大连：东北财经大学，2003.

[3] 陆宇星. 企业破产清算时职工权益核算需要重点关注的法律问题 [J]. 人民之声，2016（1）.

[4] 郭茂佳. 国有企业破产难点透析 [J]. 银行与企业，1997（10）.

[5] 严耿斌. 公司强制清算受案审查制度的研究 [D]. 上海：上海交通大学，2012.

[6] 田维桢，罗义新. 律师担任破产管理人的执业要点及风险防范 [J]. 法治研究，2007（9）.

[7] 郭茂佳. 国有企业破产难点透析 [J]. 武汉金融，1997（10）.

[8] 王志永. 股东申请公司强制清算中的债权人利益保护 [D]. 上海：华东政法大学，2015.

[9] 刘涛. 我国公司强制清算法律制度研究 [D]. 重庆：西南大学，2013.

[10] 姚志坚，蒋伟. 完善债权人会议制度运行的实践探索 [N]. 人民法院报，2016-08-10（7）.

[11] 张燮平. 债权人会议议案研究——以利用“清算式重整”模式处置僵尸企业为视角 [EB/OL]. [2016-07-12]. http://www.sxlawyers.cn/actionnewsshow.asp?n_ id=2245.

[12] 冯广益，君和诚. 如何召开大型网络债权人会议[EB/OL]. [2017-11-07]. http://www.pcglr.cn/shownews/show-727.html.

[13] 杜万华. 依法处置“僵尸企业”开创破产审判工作新局面 [N]. 人民法院报，2016-03-28 (2).
[14] 张学增. 允许申请人撤回强制清算的具体情形 [EB/OL]. [2018-08-27]. http://www.quanlily.com/page91?article_id=886.
[15] 齐明. 我国破产原因制度的反思与完善 [J]. 当代法学，2015 (6).
[16] 叶林，徐佩菱. 关于我国公司清算制度的评述 [J]. 法律适用，2015 (1).
[17] 王欣新. 破产程序与诉讼时效问题研究 [J]. 政治与法律，2015 (2).
[18] 张亚楠. 完善我国破产保护制度的若干思考 [J]. 政治与法律，2015 (2).
[19] 王欣新，乔博娟. 论破产程序中未到期不动产租赁合同的处理方式 [J]. 法学杂志，2015 (3).
[20] 李帅. 论执行案件中法院职权主义破产启动程序的构建 [J]. 法律适用，2015 (11).
[21] 杨姝玲. 论破产重整中对有财产担保债权的限制与保护 [J]. 河北法学，2015 (2).
[22] 崔艳峰，房绍坤. 论主观意思在破产撤销权中的地位 [J]. 贵州社会科学，2015 (4).
[23] 许德风. 破产视角下的抵销 [J]. 法学研究，2015 (2).
[24] 齐明. 论我国破产程序转换与债权人后续重整申请权 [J]. 东北师范大学学报（哲学社会科学版），2015 (5).
[25] 贺丹. 互联网经济发展与破产法变革趋势 [J]. 法学杂志，2016 (2).
[26] 丁燕. 上市公司重整中行政权运行的偏离与矫正——以45家破产重组之上市公司为研究样本 [J]. 法学论坛，2016 (2).
[27] 韦忠语. 破产财产经营论 [J]. 法商研究，2016 (2).
[28] 曾康霖. 依法治国，需要建立和完善企业破产制度 [J]. 东岳论丛，2016 (4).
[29] 解正山. 对衍生合同在破产中豁免的反思——系统性风险的视角 [J]. 法学评论，2016 (4).
[30] 张艳丽. 破产重整制度有效运行的问题与出路 [J]. 法学杂志，2016 (6).
[31] 张钦昱. 软预算约束视角下破产清算程序之反思及重构 [J]. 法商研

究，2016（3）.
［32］赵树文，王嘉伟. 僵尸企业治理法治化保障研究——以破产法及其实施机制的完善为研究路径［J］. 河北法学，2017（2）.
［33］邹海林. 供给侧结构性改革与破产重整制度的适用［J］. 法律适用，2017（3）.
［34］聂晶，方资. 供给侧改革背景下破产审判存在的问题及对策研究［J］. 河北法学，2018（2）.
［35］朱舜楠，陈琛. “僵尸企业”诱因与处置方略［J］. 改革，2016（3）.
［36］王欣新. 僵尸企业治理与破产法的实施［J］. 人民司法（应用），2016（13）.
［37］刘奎甫，茅宁. “僵尸企业”国外研究述评［J］. 外国经济与管理，2016（10）.
［38］王兆同. 清理僵尸企业要依破产法制度进行［N］. 经济参考报，2015-12-01.
［39］刘兴国. 对“僵尸企业”国内外有哪些处置办法［N］. 上海证券报，2016-01-16.
［40］李曙光. 清理僵尸企业：失灵的破产法要灵起来［N］. 经济参考报，2016-03-22.
［41］王丽美. 企业破产原因应然内涵新探——兼论《企业破产法》的完善问题［J］. 法学杂志，2014（2）.
［42］汪世虎，陈英骅. 论英国破产法对我国债权人申请破产之启示——兼论我国《破产法》第7条第2款之完善［J］. 河北法学，2014（5）.
［43］陈政. 放权与控权：破产管理人破产财产处分权的合理配置［J］. 河北法学，2014（5）.
［44］许德风. 论破产债权的顺序［J］. 当代法学，2013（2）.
［45］韩长印. 破产撤销权行使问题研究［J］. 法商研究，2013（1）.
［46］赵吟. 论破产分配中的衡平居次原则［J］. 河北法学，2013（3）.
［47］郭丁铭. 我国破产债权受偿顺序之完善［J］. 昆明理工大学学报（社会科学版），2013（2）.

[48] 冯辉. 破产债权受偿顺序的整体主义解释 [J]. 法学家, 2013 (2).
[49] 高永周. 清算义务人承担连带清偿责任的法理逻辑——评最高人民法院指导案例 9 号案 [J]. 中南大学学报 (社会科学版), 2014 (5).
[50] 王利明. 关于制定我国破产法的若干问题 [J]. 中国法学, 2010 (9).
[51] 龙著华. 论公司清算中的几个法律问题 [J]. 广西社会科学, 2004 (11).

附录　僵尸企业相关政策文件汇编

附录一　关于进一步做好“僵尸企业”及去产能企业债务处置工作的通知

发改财金〔2018〕1756号

各省、自治区、直辖市人民政府，新疆生产建设兵团，积极稳妥降低企业杠杆率工作部际联席会议各成员单位：

为深入贯彻习近平新时代中国特色社会主义思想和党的十九大精神，打好防范化解重大风险攻坚战，落实中央经济工作会议、全国金融工作会议和政府工作报告部署，深入推进供给侧结构性改革，积极稳妥处置“僵尸企业”和去产能企业债务，加快“僵尸企业”出清，有效防范化解企业债务风险，助推经济提质增效，经国务院同意，现将有关工作事项通知如下。

一、处置原则

（一）坚持市场化法治化。相关市场主体依据市场化法治化原则开展债务处置，区分不同情形采取适当处置方式，自主协商形成处置方案，依法公平合理分担处置成本。充分尊重债权债务关系，依法保护企业职工、债权人、股东和投资者合法权益。

（二）发挥好政府引导作用。完善与债务处置相关的各项制度与政策，加快建立激励与约束机制，为债务处置创造良好的政策与制度环境；同时加强组织、引导和协调工作，对国有企业中的“僵尸企业”和去产能企业要制订债务处置计划并限期完成，推动金融机构和企业积极开展债务处置。

（三）有效防范债务处置中的各类风险。要稳妥有序开展各项工作，切实防止逃废债等道德风险、国有资产流失风险，维护好社会稳定，严密监测及时处理化解与债务处置相关的金融风险。

二、处置范围

（一）“僵尸企业”和去产能企业的直接债务。由“僵尸企业”和去产能企业法人单位作为借贷主体、债权债务关系清晰的债务。

（二）“僵尸企业”和去产能企业统借债务。由企业集团作为借贷主体统借统还实际用于“僵尸企业”和退出的合法合规在籍产能项目债务。

（三）“僵尸企业”和去产能企业的担保债务。由企业集团或其他第三方为“僵尸企业”和退出的合法合规在籍产能项目借贷提供担保形成的担保债务。

三、处置方式

（一）分类处置“僵尸企业”和去产能企业的直接债务。依据“僵尸企业”和去产能企业的营业价值、债务清偿能力、资产负债状况等因素，按照相关法规，分别采取破产清算、破产重整、债务重组、兼并重组等方式分类处置其直接债务。对具备清偿能力的去产能企业积极进行追索，切实防止恶意逃废债行为。

（二）清分“僵尸企业”和去产能企业统借债务并纳入直接债务处置。允许相关企业和债权人根据借款合同约定、“僵尸企业”和去产能企业资产或营业收入在企业集团中的占比、所去产能在企业集团总产能中的占比等情况自主协商一致后从企业集团的统借债务中清分出实际用于“僵尸企业”及去产能企业的债务，清分后的统借债务可纳入“僵尸企业”和去产能企业的直接债务中一同处置。

（三）自主协商处置“僵尸企业”和去产能企业的担保债务。企业和债权人可自主协商一致后解除或部分解除企业集团或第三方的担保责任，其中为去产能企业担保形成的担保债务可依据所去产能在去产能企业集团总产能中的占比等因素予以部分解除。

四、处置流程与时限

（一）确定债务处置企业名单。地方各级人民政府、各级相关国有资产管理部门应按照处置范围并结合实际情况，定期确定需开展债务处置的“僵尸企业”和去产能企业名单并及时通报相关金融机构和其他债权人。尚未确定过“僵尸企业”和去产能企业债务处置名单的地方各级人民政府、各级相关国有资产管理部门，应在本通知发布后三个月内确定首批名单。要合理安排确定后续处置企业名单，原则上应在2020年底前完成全部处置工作。

（二）形成处置方案并实施。仍有部分营业价值的“僵尸企业”、资产负债率高于合理水平且偿付到期债务有困难的去产能企业，鼓励通过金融债权人委员会机制与债权人自主协商开展资产、债务和业务重组，支持引入战略投资者推动兼并重组。各相关利益方应在“僵尸企业”名单确定后六个月内协商一致形成重组方案。符合破产重整条件的“僵尸企业”，地方各级人民政府、各级相关国有资产管理部门、金融监管部门应积极推动进入重整程序，由管理人或债务人根据企业破产法的相关规定，应在六个月最多再延长三个月内形成破产重整计划草案。符合破产清算条件的“僵尸企业”，应坚决破产清算。

（三）处置困难企业的后续处置。对列入处置名单后在规定时限内达不成债务重组方案或因其他处置困难导致资产负债率持续偏高的“僵尸企业”和去产能企业，符合条件的应按照加强国有企业资产负债约束的相关规定，列入资产负债率重点监管企业名单，对其债务融资和其他经营行为实行严格限制，企业应及时制定降低资产负债率方案，符合破产条件的应转入破产司法程序进行债务处置。

五、完善政策与制度环境

（一）支持资产处置盘活存量资产。在防范国有资产流失的前提下，进一步明确、规范国有资产转让相关程序，提高审批效率，完善“僵尸企业”及去产能企业债务抵押物处置规则。积极利用产权交易所、租赁、资产证券化等多方式充分盘活“僵尸企业”及去产能企业有效资产，用于清偿债务。

（二）落实完善相关金融信贷政策。对债务处置不到位资产负债水平持续超出合理水平且按时偿付到期债务有困难的“僵尸企业”，监管部门应严格展期续贷、借新还旧、关联企业担保贷款等业务的实施条件，禁止给予金融机构特殊监管政策支持，并对操作不规范的金融机构实施必要的惩戒。落实去产能和“僵尸企业”债务重组政策，对债务处置过程中形成的损失做到应核尽核及时核销，并落实尽职免责。加大对兼并重组的金融支持，鼓励金融机构在依法合规和风险可控的前提下提供发放并购贷款，支持符合条件的企业发行并购票据和引入并购基金。

（三）落实并完善相关社会保障和财税政策。完善社会保障体系，充分发挥社会保障制度的兜底作用。鼓励有条件的地方探索建立破产经费多渠道筹措机制，用于破产财产不足以支付破产费用案件的管理人报酬和其他破产费用的支付。严禁政府通过财政补贴维持“僵尸企业”存续的行为。落实好现有企业破产重整的税收支持政策，并根据实际情况研究相关政策。

（四）支持有效开展土地再利用。“僵尸企业”及去产能企业依法取得的国有土地可交由地方政府收回，地方各级人民政府收回原土地使用权后的出让收入，可按规定通过预算安排用于支付企业职工安置费用。在符合规划和转让条件的前提下，土地使用权人可整体或分割转让土地使用权，涉及改变土地用途和原划拨土地使用权转让的，经批准可采取协议方式办理用地手续。转产用于国家鼓励发展的新产业新业态的，可以五年为限，继续按原用途和土地权利类型使用土地。

（五）完善重整企业信用修复机制。重整计划执行过程中，企业可申请在全国信用信息共享平台、国家企业信用信息公示系统和金融信用信息基础数据库的大事记信息中添加相关信息，以及时反映企业最近生产经营状况。重整计划执行完毕后，企业可申请增设重组完成相关信息，以提示企业的重组情况。

六、组织实施

（一）建立政府法院协调机制。鼓励各地方建立政府法院协调机制。任何组织、机构、企业或个人不得阻碍或拖延符合破产条件的企业或其债权人提起破产申请。支持各级人民法院按照法定条件依法受理各类破产申请。

（二）加强社会信用约束。对“僵尸企业”及去产能企业债务处置过程中恶意逃废债、国有资产流失等违法违规行为责任人建立信用记录，纳入全国信用信息共享平台、国家企业信用信息公示系统和金融信用信息基础数据库。构建失信行为联合惩戒机制，依据相关法律法规严格追究恶意逃废债和国有资产流失等违法违规单位及相关人员责任。

（三）明确责任主体，做好组织协调。“僵尸企业”及去产能企业是债务处置的第一责任主体。各地区应建立“僵尸企业”及去产能企业债务处置工作机制，明确牵头部门。各地区都要列出“僵尸企业”名单、拿出计划，全面稽查、上报结果。发展改革委要会同财政部、人民银行、银保监会、国资委等积极稳妥降低企业杠杆率工作部际联席会议相关部门和单位，依托相关工作机制，做好“僵尸企业”及去产能企业债务处置的组织协调、推动促进和监督检查工作，助推供给侧结构性改革持续深化，重大事项及时报告国务院。

国家发展改革委
工业和信息化部
财　　政　　部
人力资源和社会保障部
自然资源部
人民银行
国资委
税务总局
市场监管总局
银保监会
证监会
2018年11月23日

附录二　最高人民法院印发《关于审理公司强制清算案件工作座谈会纪要》的通知

法发〔2009〕52号

各省、自治区、直辖市高级人民法院，解放军军事法院，新疆维吾尔自治区高级人民法院生产建设兵团分院：

现将最高人民法院《关于审理公司强制清算案件工作座谈会纪要》印发给你们，请结合审判工作实际，遵照执行。

二〇〇九年十一月四日

当前，因受国际金融危机和世界经济衰退影响，公司经营困难引发的公司强制清算案件大幅度增加。《中华人民共和国公司法》和《最高人民法院关于适用〈中华人民共和国公司法〉若干问题的规定（二）》（以下简称公司法司法解释二）对于公司强制清算案件审理中的有关问题已作出规定，但鉴于该类案件非讼程序的特点和目前清算程序规范的不完善，有必要进一步明确该类案件审理原则，细化有关程序和实体规定，更好地规范公司退出市场行为，维护市场运行秩序，依法妥善审理公司强制清算案件，维护和促进经济社会和谐稳定。为此，最高人民法院在广泛调研的基础上，于2009年9月15日至16日在浙江省绍兴市召开了全国部分法院审理公司强制清算案件工作座谈会。与会同志通过认真讨论，就有关审理公司强制清算案件中涉及的主要问题达成了共识。现纪要如下：

一、关于审理公司强制清算案件应当遵循的原则

1. 会议认为，公司作为现代企业的主要类型，在参与市场竞争时，不仅要严格遵循市场准入规则，也要严格遵循市场退出规则。公司强制清算作为公司退出市场机制的重要途径之一，是公司法律制度的重要组成部分。人民法院在审理此类案件时，应坚持以下原则：

第一，坚持清算程序公正原则。公司强制清算的目的在于有序结束公

司存续期间的各种商事关系，合理调整众多法律主体的利益，维护正常的经济秩序。人民法院审理公司强制清算案件，应当严格依照法定程序进行，坚持在程序正义的基础上实现清算结果的公正。

第二，坚持清算效率原则。提高社会经济的整体效率，是公司强制清算制度追求的目标之一，要严格而不失快捷地使已经出现解散事由的公司退出市场，将其可能给各方利益主体造成的损失降至最低。人民法院审理强制清算案件，要严格按照法律规定及时有效地完成清算，保障债权人、股东等利害关系人的利益及时得到实现，避免因长期拖延清算给相关利害关系人造成不必要的损失，保障社会资源的有效利用。

第三，坚持利益均衡保护原则。公司强制清算中应当以维护公司各方主体利益平衡为原则，实现公司退出环节中的公平公正。人民法院在审理公司强制清算案件时，既要充分保护债权人利益，又要兼顾职工利益、股东利益和社会利益，妥善处理各方利益冲突，实现法律效果和社会效果的有机统一。

二、关于强制清算案件的管辖

2. 对于公司强制清算案件的管辖应当分别从地域管辖和级别管辖两个角度确定。地域管辖法院应为公司住所地的人民法院，即公司主要办事机构所在地法院；公司主要办事机构所在地不明确、存在争议的，由公司注册登记地人民法院管辖。级别管辖应当按照公司登记机关的级别予以确定，即基层人民法院管辖县、县级市或者区的公司登记机关核准登记公司的公司强制清算案件；中级人民法院管辖地区、地级市以上的公司登记机关核准登记公司的公司强制清算案件。存在特殊原因的，也可参照适用《中华人民共和国企业破产法》第四条、《中华人民共和国民事诉讼法》第三十七条和第三十九条的规定，确定公司强制清算案件的审理法院。

三、关于强制清算案件的案号管理

3. 人民法院立案庭收到申请人提交的对公司进行强制清算的申请后，

应当及时以“（××××）××法×清（预）字第×号”立案。立案庭立案后，应当将申请人提交的申请等有关材料移交审理强制清算案件的审判庭审查，并由审判庭依法作出是否受理强制清算申请的裁定。

4. 审判庭裁定不予受理强制清算申请的，裁定生效后，公司强制清算案件应当以“（××××）××法×清（预）字第×号”结案。审判庭裁定受理强制清算申请的，立案庭应当以“（××××）××法×清（算）字第×号”立案。

5. 审判庭裁定受理强制清算申请后，在审理强制清算案件中制作的民事裁定书、决定书等，应当在“（××××）××法×清（算）字第×号”后依次编号，如“（××××）××法×清（算）字第×-1号民事裁定书”“（××××）××法×清（算）字第×-2号民事裁定书”等，或者“（××××）××法×清（算）字第×-1号决定书”“（××××）××法×清（算）字第×-2号决定书”等。

四、关于强制清算案件的审判组织

6. 因公司强制清算案件在案件性质上类似于企业破产案件，因此强制清算案件应当由负责审理企业破产案件的审判庭审理。有条件的人民法院，可由专门的审判庭或者指定专门的合议庭审理公司强制清算案件和企业破产案件。公司强制清算案件应当组成合议庭进行审理。

五、关于强制清算的申请

7. 公司债权人或者股东向人民法院申请强制清算应当提交清算申请书。申请书应当载明申请人、被申请人的基本情况和申请的事实和理由。同时，申请人应当向人民法院提交被申请人已经发生解散事由以及申请人对被申请人享有债权或者股权的有关证据。公司解散后已经自行成立清算组进行清算，但债权人或者股东以其故意拖延清算，或者存在其他违法清算可能严重损害债权人或者股东利益为由，申请人民法院强制清算的，申请人还应当向人民法院提交公司故意拖延清算，或者存在其他违法清算行为可能严重损害其利益的相应证据材料。

8. 申请人提交的材料需要更正、补充的，人民法院应当责令申请人于七日内予以更正、补充。申请人由于客观原因无法按时更正、补充的，应当向人民法院予以书面说明并提出延期申请，由人民法院决定是否延长期限。

六、关于对强制清算申请的审查

9. 审理强制清算案件的审判庭审查决定是否受理强制清算申请时，一般应当召开听证会。对于事实清楚、法律关系明确、证据确实充分的案件，经书面通知被申请人，其对书面审查方式无异议的，也可决定不召开听证会，而采用书面方式进行审查。

10. 人民法院决定召开听证会的，应当于听证会召开五日前通知申请人、被申请人，并送达相关申请材料。公司股东、实际控制人等利害关系人申请参加听证的，人民法院应予准许。听证会中，人民法院应当组织有关利害关系人对申请人是否具备申请资格、被申请人是否已经发生解散事由、强制清算申请是否符合法律规定等内容进行听证。因补充证据等原因需要再次召开听证会的，应在补充期限届满后十日内进行。

11. 人民法院决定不召开听证会的，应当及时通知申请人和被申请人，并向被申请人送达有关申请材料，同时告知被申请人若对申请人的申请有异议，应当自收到人民法院通知之日起七日内向人民法院书面提出。

七、关于对强制清算申请的受理

12. 人民法院应当在听证会召开之日或者自异议期满之日起十日内，依法作出是否受理强制清算申请的裁定。

13. 被申请人就申请人对其是否享有债权或者股权，或者对被申请人是否发生解散事由提出异议的，人民法院对申请人提出的强制清算申请应不予受理。申请人可就有关争议单独提起诉讼或者仲裁予以确认后，另行向人民法院提起强制清算申请。但对上述异议事项已有生效法律文书予以确认，以及发生被吊销企业法人营业执照、责令关闭或者被撤销等解散事由有明确、充分证据的除外。

14. 申请人提供被申请人自行清算中故意拖延清算，或者存在其他违法清算可能严重损害债权人或者股东利益的相应证据材料后，被申请人未能举出相反证据的，人民法院对申请人提出的强制清算申请应予受理。债权人申请强制清算，被申请人的主要财产、账册、重要文件等灭失，或者被申请人人员下落不明，导致无法清算的，人民法院不得以此为由不予受理。

15. 人民法院受理强制清算申请后，经审查发现强制清算申请不符合法律规定的，可以裁定驳回强制清算申请。

16. 人民法院裁定不予受理或者驳回受理申请，申请人不服的，可以向上一级人民法院提起上诉。

八、关于强制清算申请的撤回

17. 人民法院裁定受理公司强制清算申请前，申请人请求撤回其申请的，人民法院应予准许。

18. 公司因公司章程规定的营业期限届满或者公司章程规定的其他解散事由出现，或者股东会、股东大会决议自愿解散的，人民法院受理强制清算申请后，清算组对股东进行剩余财产分配前，申请人以公司修改章程，或者股东会、股东大会决议公司继续存续为由，请求撤回强制清算申请的，人民法院应予准许。

19. 公司因依法被吊销营业执照、责令关闭或者被撤销，或者被人民法院判决强制解散的，人民法院受理强制清算申请后，清算组对股东进行剩余财产分配前，申请人向人民法院申请撤回强制清算申请的，人民法院应不予准许。但申请人有证据证明相关行政决定被撤销，或者人民法院作出解散公司判决后当事人又达成公司存续和解协议的除外。

九、关于强制清算案件的申请费

20. 参照《诉讼费用交纳办法》第十条、第十四条、第二十条和第四十二条关于企业破产案件申请费的有关规定，公司强制清算案件的申请费以强制清算财产总额为基数，按照财产案件受理费标准减半计算，人民法院受理强制清算申请后从被申请人财产中优先拨付。因财产不足以清偿全部债务，强制清算程序依法转入破产清算程序的，不再另行计收破产案件申请费；按照上述标准计收的强制清算案件申请费超过30万元的，超过部分不再收取，已经收取的，应予退还。

21. 人民法院裁定受理强制清算申请前，申请人请求撤回申请，人民法院准许的，强制清算案件的申请费不再从被申请人财产中予以拨付；人民法院受理强制清算申请后，申请人请求撤回申请，人民法院准许的，已经从被申请人财产中优先拨付的强制清算案件申请费不予退回。

十、关于强制清算清算组的指定

22. 人民法院受理强制清算案件后，应当及时指定清算组成员。公司股东、董事、监事、高级管理人员能够而且愿意参加清算的，人民法院可优先考虑指定上述人员组成清算组；上述人员不能、不愿进行清算，或者由其负责清算不利于清算依法进行的，人民法院可以指定《人民法院中介机构管理人名册》和《人民法院个人管理人名册》中的中介机构或者个人组成清算组；人民法院也可根据实际需要，指定公司股东、董事、监事、高级管理人员，与管理人名册中的中介机构或者个人共同组成清算组。人民法院指定管理人名册中的中介机构或者个人组成清算组，或者担任清算组成员的，应当参照适用《最高人民法院关于审理企业破产案件指定管理人的规定》。

23. 强制清算清算组成员的人数应当为单数。人民法院指定清算组成员的同时，应当根据清算组成员的推选，或者依职权，指定清算组负责人。清算组负责人代行清算中公司诉讼代表人职权。清算组成员未依法履行职责的，人民法院应当依据利害关系人的申请，或者依职权及时予以更换。

十一、关于强制清算清算组成员的报酬

24. 公司股东、实际控制人或者股份有限公司的董事担任清算组成员的，不计付报酬。上述人员以外的有限责任公司的董事、监事、高级管理人员，股份有限公司的监事、高级管理人员担任清算组成员的，可以按照其上一年度的平均工资标准计付报酬。

25. 中介机构或者个人担任清算组成员的，其报酬由中介机构或者个人与公司协商确定；协商不成的，由人民法院参照《最高人民法院关于审理企业破产案件确定管理人报酬的规定》确定。

十二、关于强制清算清算组的议事机制

26. 公司强制清算中的清算组因清算事务发生争议的，应当参照公司法第一百一十二条的规定，经全体清算组成员过半数决议通过。与争议事项有直接利害关系的清算组成员可以发表意见，但不得参与投票；因利害关系人回避表决无法形成多数意见的，清算组可以请求人民法院作出决定。与争议事项有直接利害关系的清算组成员未回避表决形成决定的，债权人或者清算组其他成员可以参照公司法第二十二条的规定，自决定作出之日起六十日内，请求人民法院予以撤销。

十三、关于强制清算中的财产保全

27. 人民法院受理强制清算申请后，公司财产存在被隐匿、转移、毁损等可能影响依法清算情形的，人民法院可依清算组或者申请人的申请，对公司财产采取相应的保全措施。

十四、关于无法清算案件的审理

28. 对于被申请人主要财产、账册、重要文件等灭失，或者被申请人人员下落不明的强制清算案件，经向被申请人的股东、董事等直接责任人员释明或采取罚款等民事制裁措施后，仍然无法清算或者无法全面清算，

对于尚有部分财产，且依据现有账册、重要文件等，可以进行部分清偿的，应当参照企业破产法的规定，对现有财产进行公平清偿后，以无法全面清算为由终结强制清算程序；对于没有任何财产、账册、重要文件，被申请人人员下落不明的，应当以无法清算为由终结强制清算程序。

29. 债权人申请强制清算，人民法院以无法清算或者无法全面清算为由裁定终结强制清算程序的，应当在终结裁定中载明，债权人可以另行依据公司法司法解释二第十八条的规定，要求被申请人的股东、董事、实际控制人等清算义务人对其债务承担偿还责任。股东申请强制清算，人民法院以无法清算或者无法全面清算为由作出终结强制清算程序的，应当在终结裁定中载明，股东可以向控股股东等实际控制公司的主体主张有关权利。

十五、关于强制清算案件衍生诉讼的审理

30. 人民法院受理强制清算申请前已经开始，人民法院受理强制清算申请时尚未审结的有关被强制清算公司的民事诉讼，由原受理法院继续审理，但应依法将原法定代表人变更为清算组负责人。

31. 人民法院受理强制清算申请后，就强制清算公司的权利义务产生争议的，应当向受理强制清算申请的人民法院提起诉讼，并由清算组负责人代表清算中公司参加诉讼活动。受理强制清算申请的人民法院对此类案件，可以适用民事诉讼法第三十七条和第三十九条的规定确定审理法院。上述案件在受理法院内部各审判庭之间按照业务分工进行审理。人民法院受理强制清算申请后，就强制清算公司的权利义务产生争议，当事人双方就产生争议约定有明确有效的仲裁条款的，应当按照约定通过仲裁方式解决。

十六、关于强制清算和破产清算的衔接

32. 公司强制清算中，清算组在清理公司财产、编制资产负债表和财产清单时，发现公司财产不足清偿债务的，除依据公司法司法解释二第十

七条的规定，通过与债权人协商制作有关债务清偿方案并清偿债务的外，应依据公司法第一百八十八条和企业破产法第七条第三款的规定向人民法院申请宣告破产。

33. 公司强制清算中，有关权利人依据企业破产法第二条和第七条的规定向人民法院另行提起破产申请的，人民法院应当依法进行审查。权利人的破产申请符合企业破产法规定的，人民法院应当依法裁定予以受理。人民法院裁定受理破产申请后，应当裁定终结强制清算程序。

34. 公司强制清算转入破产清算后，原强制清算中的清算组由《人民法院中介机构管理人名册》和《人民法院个人管理人名册》中的中介机构或者个人组成或者参加的，除该中介机构或者个人存在与本案有利害关系等不宜担任管理人或者管理人成员的情形外，人民法院可根据企业破产法及其司法解释的规定，指定该中介机构或者个人作为破产案件的管理人，或者吸收该中介机构作为新成立的清算组管理人的成员。上述中介机构或者个人在公司强制清算和破产清算中取得的报酬总额，不应超过按照企业破产计付的管理人或者管理人成员的报酬。

35. 上述中介机构或者个人不宜担任破产清算中的管理人或者管理人的成员的，人民法院应当根据企业破产法和有关司法解释的规定，及时指定管理人。原强制清算中的清算组应当及时将清算事务及有关材料等移交给管理人。公司强制清算中已经完成的清算事项，如无违反企业破产法或者有关司法解释的情形的，在破产清算程序中应承认其效力。

十七、关于强制清算程序的终结

36. 公司依法清算结束，清算组制作清算报告并报人民法院确认后，人民法院应当裁定终结清算程序。公司登记机关依清算组的申请注销公司登记后，公司终止。

37. 公司因公司章程规定的营业期限届满或者公司章程规定的其他解散事由出现，或者股东会、股东大会决议自愿解散的，人民法院受理债权人提出的强制清算申请后，对股东进行剩余财产分配前，公司修改章程、或者股东会、股东大会决议公司继续存续，申请人在其个人债权及他人债权均得到全额清偿后，未撤回申请的，人民法院可以根据被申请人的请求裁定终结强制清算程序，强制清算程序终结后，公司可以继续存续。

十八、关于强制清算案件中的法律文书

38. 审理强制清算的审判庭审理该类案件时，对于受理、不受理强制清算申请、驳回申请人的申请、允许或者驳回申请人撤回申请、采取保全措施、确认清算方案、确认清算终结报告、终结强制清算程序的，应当制作民事裁定书。对于指定或者变更清算组成员、确定清算组成员报酬、延长清算期限、制裁妨碍清算行为的，应当制作决定书。对于其他所涉有关法律文书的制作，可参照企业破产清算中人民法院的法律文书样式。

十九、关于强制清算程序中对破产清算程序的准用

39. 鉴于公司强制清算与破产清算在具体程序操作上的相似性，就公司法、公司法司法解释二，以及本会议纪要未予涉及的情形，如清算中公司的有关人员未依法妥善保管其占有和管理的财产、印章和账簿、文书资料，清算组未及时接管清算中公司的财产、印章和账簿、文书，清算中公司拒不向人民法院提交或者提交不真实的财产状况说明、债务清册、债权清册、有关财务会计报告以及职工工资的支付情况和社会保险费用的缴纳情况，清算中公司拒不向清算组移交财产、印章和账簿、文书等资料，或者伪造、销毁有关财产证据材料而使财产状况不明，股东未缴足出资、抽逃出资，以及公司董事、监事、高级管理人员非法侵占公司财产等，可参照企业破产法及其司法解释的有关规定处理。

二十、关于审理公司强制清算案件中应当注意的问题

40. 鉴于此类案件属于新类型案件，且涉及的法律关系复杂、利益主体众多，人民法院在审理难度大、涉及面广、牵涉社会稳定的重大疑难清算案件时，要在严格依法的前提下，紧紧依靠党委领导和政府支持，充分发挥地方政府建立的各项机制，有效做好维护社会稳定的工作。同时，对

于审判实践中发现的新情况、新问题，要及时逐级上报。上级人民法院要加强对此类案件的监督指导，注重深入调查研究，及时总结审判经验，确保依法妥善审理好此类案件。

附录三　广东省人民政府关于全省国企出清重组“僵尸企业”促进国资结构优化的指导意见

粤府〔2016〕29号

各地级以上市人民政府，各县（市、区）人民政府，省政府各部门、各直属机构：

为贯彻落实中央经济工作会议精神和省委、省政府关于供给侧结构性改革的决策部署，推动全省国有“僵尸企业”出清重组，促进国有资本布局结构优化，加快国有企业转型升级，现提出以下指导意见。

一、总体要求

（一）指导思想

全面贯彻落实党的十八大和十八届三中、四中、五中全会以及中央经济工作会议精神，深入贯彻习近平总书记系列重要讲话精神，牢固树立和贯彻落实创新、协调、绿色、开放、共享的发展理念，毫不动摇巩固和发展公有制经济，毫不动摇鼓励、支持、引导非公有制经济发展，推动国有企业改革与供给侧结构性改革紧密结合，鼓励国有资本主动与社会资本合作对接，坚持市场运作、开门处置、立足盘活、减少流失，把握好安置职工和处置债务两个关键节点，用2—3年时间打好全省国有“僵尸企业”出清重组攻坚战，不断增强国有经济活力、控制力、影响力和抗风险能力，为促进我省经济社会持续健康发展，实现“三个定位、两个率先”的目标作出积极贡献。

（二）基本原则

——坚持“三个结合”，统筹兼顾。出清重组“僵尸企业”要坚持与分类推进国有企业改革相结合，与化解历史问题、减轻企业负担相结合，与聚焦主业、加快转型升级相结合，增强企业活力，提升国有经济竞争力。

——坚持“四个精准”，突出针对性。精准识别，科学确定国有“僵尸企业”标准，摸清国有“僵尸企业”底数；精准分类，根据企业特点和问题性质合理分类，突出政策措施针对性；精准发力，把握资产重组、人员安置、债务化解等关键点，形成政策和工作合力；精准处置，因企制宜，分类分批推进处置工作。

——坚持政府引导，市场运作。发挥市场对资源配置的决定性作用，深化国企改革，建立健全优胜劣汰的市场化退出机制；更好地发挥政府作用，形成政府部署、出资人推动、企业负主体责任的工作格局。

——坚持总体部署，分级推进。省政府对全省国企出清重组“僵尸企业”进行统一部署，负责省属国企“僵尸企业”出清重组；各地级以上市政府负责本地国企“僵尸企业”出清重组和国资结构优化，健全上下联动、整体推进、协同发力的工作机制。

——坚持企业主体，落实责任。国有企业是出清重组“僵尸企业”的责任主体，要强化责任担当，明确任务目标，细化工作措施。围绕企业主业及发展规划，发挥国有企业与民营企业积极性，促进国有企业间重组及国有资本与社会资本重组。

——坚持规范有序，确保稳定。多兼并重组，少破产清算，依法依规履行相关程序，公开规范操作，切实维护国有股东、企业和职工合法权益，确保国有资产不流失、职工权益不受损。引导被处置企业正确对待改革，制定相应的预防预警措施和应急处置预案，防范风险，确保社会和企业稳定。

（三）总体目标

按照精准识别、精准分类的要求，以及全省国企的实际情况，将国有“僵尸企业”分为关停企业和特困企业。关停企业，即已完全处于关闭或停业状态、职工已安置或仍有部分留守人员、营业执照被吊销的企业，以及“三无”企业（无人员、无资产、无场地）；特困企业，即满足下列条件之一的企业：资产负债率超过85%且连续亏损3年以上，主要靠政府补贴或银行续贷等方式维持生产经营，连续三年欠薪、欠税、欠息、欠费，生产经营困难造成停产半年以上或半停产1年以上。按照上述条件统计，截至2015年12月31日，全省国有关停企业2333户，占企业总户数的19.75%，其中，能提供资产负债情况的企业469户，涉及资产101.47亿元、负债127.58亿元，在职员工2643人、退休人员13108人；特困企业1052户，占企业总户数的8.91%，在职员工64159人，退休人员44747人，亏损总额60.11亿元。两类合计国有“僵尸企业”共3385户。

出清重组“僵尸企业”目标如下：

——到2016年底，全省国有关停企业基本出清，历史遗留问题得到根本性解决，有价值资产得到有效盘活。实现300户以上特困企业脱困，亏损总额较2015年减少30%以上。

——到2017年底，实现600户以上特困企业脱困，亏损总额较2015年减少60%以上。企业资产负债率同比明显下降，全省国企整体资产质量进一步改善，效益水平进一步提升，可持续发展能力进一步增强。全省国有特困企业总体上基本脱困。

——到2018年底，全省国有资本结构不断优化，国有资本65%以上集中到基础性、公共性、平台性、资源性、引领性等重要行业和关键领域，以及未来可能形成主导产业的行业，国有资本配置效率显著提升。

二、分类处置“僵尸企业”

按照精准发力、精准处置的要求，各地级以上市政府和省属国企要全面摸清关停企业和特困企业家底，建立台账、建档入库，列明企业的资产负债、拖欠税费、涉诉、职工安置人数及费用、产权瑕疵及或有风险等情况，并逐年滚动排查，实施动态管理。省国资委牵头会同各地市和省属国企建立健全“僵尸企业”数据库。各地市和省属国企制定可操作性的实施方案，对号入座、分类施策，采取“两个一批”加快关停企业出清，“四个一批”加快特困企业重组。

（一）关停企业

——兼并重组一批。对仍存在有价值资产的关停企业，实施兼并重组，以产权转让、资产置换等多种方式盘活有效资产。

——关闭破产一批。对资不抵债、没有任何有价值资产的关停企业，在评估风险和成本的基础上，履行相关程序和手续后实施关闭破产。

（二）特困企业

——兼并重组盘活一批。对有品牌、有市场，但规模小、负担重的企业，通过增资减债、同类同质企业兼并重组、产权多元化改革等方式，提升资金实力、经营规模、边际效益和抵御市场风险能力，增强企业竞争力。

——资本运营做实一批。具有产业价值或前景的企业，以推动优质资产或主营业务整体上市为契机，围绕上市主体的资产、市场方向和发展规划，直接纳入上市资产范围；暂不具备吸纳上市条件的，委托具备相关产业背景和能力的国有上市公司经营管理，待条件成熟择机注入上市公司。

——创新发展提升一批。支持具有一定经营规模、品牌价值和市场前景但因多种原因暂时陷入困难的企业，深化产权制度改革，引入战略投资者和实施员工持股，激发企业活力；鼓励企业实施创新驱动，推动技术创新、业态创新、模式创新和管理创新，培育新业务、开拓新市场，加快转型升级。

——关闭破产退出一批。对产品没有市场或处于产业链低端，缺乏竞争力、抵御市场风险能力差、长期亏损的企业，以市场机制为主、政策支持为辅，通过产权转让、清算注销等方式，实施关闭破产退出，成熟一个，退出一个。

三、依托各类平台加快处置“僵尸企业”

充分发挥各类平台的市场化、专业化优势，集聚资源，发掘价值，提高处置效率和效益。省属国企和具备条件的地市，可采取委托集中处置管理模式，构建或指定专业处置平台处置关停企业；鼓励国有资本运营平台设立基金推动特困企业重组。

（一）搭建与社会资本对接平台。举办国有资本与社会资本对接活动，吸引社会资本通过股权收购、增资扩股、股权置换等多种方式，依法依规参与特困企业及仍拥有一定资产价值的关停企业改制重组。支持国有企业依法依规处置非经营性资产和不良资产，优化资产结构，为引入社会资本创造条件，有序有效发展混合所有制经济，实现互利共赢。

（二）发挥基金平台引导作用。省属国企和具备条件的地市，可利用国有资本投资运营平台，充分依托多层次资本市场，募集社会资本，发掘特困企业资产价值，统筹整合资源，以市场化方式加快出清关停企业和重组特困企业。

（三）发挥产权交易平台专业优势。充分借助现有产权交易平台，规范交易行为，以市场公允价格处置企业资产，最大限度提升国有资产处置效益，维护国有资产所有者和各类投资者的合法权益。省属国企和具备条件的地市，可借助股权托管中心集中托管关停企业以及特困企业，厘清或有风险，集中管理，集中出清，提高处置效率和效益。

四、完善配套政策

全面落实中央和省已出台的支持国有企业处置“僵尸企业”的各项政策。各级经信、财政、人社、国土、国资、税务、工商、金融等部门结合部门职责，研究制定划拨土地处置、财税支持、不良资产处置、失业人员再就业和生活保障、商事变更等相关配套政策，加强政策指导。

（一）妥善安置职工。省人力资源社会保障厅会同省有关部门研究制定出清重组“僵尸企业”中安置职工、退休人员的政策指引。各地市和省属企业要制定职工安置方案，明确国有“僵尸企业”在职职工和退休人员的安置途径、经费来源和促进再就业措施等。支持通过企业内部分流、转岗就业创业、公益性岗位帮扶等多渠道安置职工。被兼并重组的“僵尸企业”，由该企业出资人或并购整合后的新企业负责职工安置。依法妥善处理职工劳动关系，加强社会保障衔接，保障职工合法权益。将处置“僵尸企业”下岗职工优先纳入就业创业扶持范围，为其提供个性化的就业指导、职业培训、创业项目咨询和跟踪服务。按规定落实社会保险补贴、岗位补贴、创业小额担保贷款、一次性创业资助等政策，支持以自主创业带动就业。

（二）有效处理债务。省金融办会同广东银监局等有关部门研究制定出清重组“僵尸企业”中债务处置实施方案。对出清的“僵尸企业”依法组织清算，其中资不抵债并具备破产条件的，通过破产清算程序，妥善解决企业的债务、或有负债、欠税等历史遗留问题。着力研究特困企业的金融支持政策，对于有发展前景的特困企业，鼓励债权人通过债转股、债务转移和债务抵消等方式进行债务重组，促进企业发展；鼓励金融机构通过风险可控的收回再贷、展期续贷、并购重组等方式帮助企业渡过难关。对于关停破产企业，鼓励金融机构灵活运用不良资产批量化处置、信贷资产证券化等方式，加快企业债务处置。对于优化重组“僵尸企业”的市场主体，合理确定并购贷款利率，延长贷款期限，降低兼并重组成本。

（三）落实财政保障。省财政厅会同省有关部门研究制定出清重组“僵尸企业”中财政支持政策措施。统筹使用省财政现有支持技术改造、创业就业、社会保险补贴等专项资金，对出清重组“僵尸企业”任务重、处置绩效好、进展快的欠发达地市按规定给予倾斜支持，优先用于职工安置。推进企业退休人员社会化管理，“僵尸企业”退管活动经费按规定标准由退管机构在接收退休人员时一次性收取。经同级地方政府审核确认无力为退休人员交纳退管活动资金的，其退管活动经费由同级财政解决。有关诉讼费等清算费用，按规定优先从企业资产处置收益中解决；企业确实无力支付的，按规定从国有资本经营预算或现有相关财政专项资金中予以适当支持。

（四）完善支持机制。鼓励各地市和金融机构加大对特困企业兼并重组、转型转产、产品结构调整、技术改造、开拓市场的金融支持，支持特困企业通过创新驱动、资本运作和混合所有制改革等方式加快转型升级。各级工商部门要以“僵尸企业”所在企业集团为单位，集中办理列入本次关闭或破产清算企业的工商登记注销手续。具体注销办法由省工商局研究制定。

五、加强组织保障

（一）加强组织领导。各地、各部门要把国有“僵尸企业”出清重组工作摆上重要议事日程，建立健全相应工作机制，确保组织到位、政策到位、工作到位。省政府建立国有“僵尸企业”处置工作联席会议制度，省政府分管领导担任总召集人，省国资委为牵头单位，省有关部门为成员单位，统筹协调“僵尸企业”出清重组工作中的重大问题。联席会议办公室设在省国资委，负责联席会议的日常工作。省有关部门根据国家相关支持政策研究制定我省“僵尸企业”出清重组的具体政策措施。各地要参照省的做法，建立健全相关工作机制，细化实施方案，明确年度目标任务，确保各项工作落到实处。

（二）落实工作责任。省国资委负责组织省属国企“僵尸企业”出清重组工作，指导督查全省国有“僵尸企业”出清重组工作。各地市、省属企业要按照本意见要求，抓紧制定本地区、本企业出清重组“僵尸企业”实施方案，报省国资委备案并组织实施；需省政府审定事项，按程序报批。实施方案要从本地区、本企业实际出发，在摸清底数的基础上，明确工作目标、实施路径、政策措施和时限要求等内容。鼓励基础较好的广州、珠海市以及任务较重的中山、江门、惠州等市大胆探索、先行先试，为全省提供创新示范。

（三）规范有序操作。国有企业出清重组“僵尸企业”和促进国资结构优化工作，要依法履行信息公开、科学论证、合理评估、依法清算、集体决策等程序，坚决防止国有资产流失。涉及企业国有产权转让的，要切实做到信息公开化、评估规范化、竞价制度化、交易平台化，确保各方合法权益；涉及引入社会资本的，须公开征集意向合作方，公平透明引入投资者。加强资金、土地、物业、应收账款等资产的规范管理，确保资源统筹利用，最大限度减少损失。

（四）营造良好氛围。省国资委牵头会同省有关部门加大对中央和省关于全面深化国有企业改革方针政策的宣传力度，扩大对国有企业的正面宣传效应，进一步增强全社会对国有“僵尸企业”出清重组工作的信心。切实做好职工安置工作，维护职工合法权益，确保社会和企业稳定。引导企业员工理解、参与和支持改革，营造有利于国有企业改革的良好舆论氛围。

（五）加强督查考核。各地市、省属企业于每季度结束后5个工作日内，将本季度“僵尸企业”出清重组工作进展情况报送省国资委，由省国资委汇总后报省政府督查室。省政府督查室视情况采取下达督查通知书、组织实地督查、提请省政府领导约谈、挂牌督办等方式推动工作落实。对国有“僵尸企业”处置工作设定专项考核指标，列入国有企业主要负责人考核体系。

广东省人民政府

2016年4月8日

附录四　广东省人力资源社会保障厅、广东省国资委关于全省国有企业出清重组“僵尸企业”职工安置工作的指导意见

粤人社规〔2016〕11号

为贯彻落实中央经济工作会议精神和省委、省政府关于供给侧结构性改革的决策部署，指导和规范全省国有企业出清重组“僵尸企业”职工安置工作，制订本指导意见。

一、总体要求

认真贯彻落实《广东省人民政府关于全省国有企业出清重组“僵尸企业”促进国资结构优化的指导意见》（粤府〔2016〕29号）精神，坚持企业主体，政府支持，依法依规，紧扣“兼并重组一批、关闭破产一批”“兼并重组盘活一批、资本运营做实一批、创新发展提升一批、关闭破产退出一批”的总体思路和具体安排，推动和规范各地、国有企业监管部门和国有“僵尸企业”（以下统称企业）履行属地或主体责任，“一企一策”制订职工分流安置方案，切实维护好职工和企业的合法权益，确保全省国有企业出清重组“僵尸企业”促进国资结构优化工作平稳顺利推进。

二、多渠道分流安置职工

（一）支持企业内部分流。支持企业通过兼并重组、资本运营、创新发展等方式，多渠道分流安置富余人员。挖掘企业内部潜力，采取协商薪酬、灵活工时、培训转岗等方式，稳定现有岗位。企业依法参加失业保险并足额缴费且上年度未裁员或裁员率低于统筹地区城镇登记失业率的，可按规定申请稳岗补贴，稳岗补贴标准为该企业及其职工上年度实际缴纳失业保险费总额的50%，所需资金从失业保险基金中列支。

（二）促进转岗就业创业。

1. 加强职业技能培训。各地要根据职工技能水平和培训需求情况，指导企业制定“一企一策”培训计划。鼓励和推动技工院校、各类培训机构采取“送教进厂”、定向培训等方式积极参与职工培训。省人力资源社会保障部门要及时调整完善省级劳动力技能晋升培训补贴项目和标准，推动和规范各地对符合规定的技能晋升培训参训职工给予培训补贴，所需资金从就业及技工教育专项资金用于支持劳动力培训转移就业的资金支出。

2. 强化就业服务。各地公共就业服务机构要及时按规定为失业人员办理失业登记，将其优先纳入就业创业扶持范围，提供个性化的就业指导、职业介绍和政策咨询等服务，对认定为就业困难人员的实行“一对一”就业援助。对企业相对集中、就业门路较窄的地区以及行业，各级公共就业人才服务机构要组织开展跨地区、跨行业就业信息对接和有组织的劳务输出。

3. 给予社会保险（岗位）补贴。用人单位招用符合就业困难人员条件的“僵尸企业”失业人员，签订1年以上期限劳动合同并按规定缴纳社会保险费的，按规定给予社会保险补贴和岗位补贴。经认定为就业困难人员的“僵尸企业”失业人员，实现灵活就业后并以个人身份缴纳社会保险费的，可给予不超过其实际缴纳额2/3的社会保险补贴。上述补贴费用从就业及技工教育专项资金用于就业创业的资金支出。

4. 支持自主创业。对有创业意愿的职工或失业人员，各地要积极组织其参加创业培训，并按规定最高可给予1000元/人培训补贴。对从事个体经营或注册企业的，按规定给予创业担保贷款、一次性创业资助等政策扶持。各地要加强创业孵化平台建设，加强创业指导、项目咨询和跟踪服务，帮助创业人员提高创业成功率。上述创业培训补贴、一次性创业资助所需资金从就业及技工教育专项资金用于就业创业的资金支出。

（三）实行内部退养。

1. 对距法定退休年龄不足5年、再就业困难的职工，经本人申请、企业同意并签订内部退养协议后，可以办理内部退养，由企业按月发放基本生活费，基本生活费的具体标准由双方协商并在退养协议中明确。职工内部退养期间，双方按月缴纳基本养老保险费和基本医疗保险费，养老保险缴费基数不得低于省规定的下限，医疗保险费按当地规定的缴费基数，个人缴费部分由职工继续缴纳，达到法定退休年龄时正式办理退休手续。

2. 上述人员因破产等原因无企业主体并无出资控股企业的，与原企业终止劳动合同，可自愿选择领取经济补偿，或选择预留社会保险费和生活费。对于选择预留社会保险费和生活费的人员，企业主体消亡时应在充分考虑当地经济社会发展水平、物价变动、工资增长等因素的基础上，经过测算并一次性预留出为其缴纳至法定退休年龄的基本养老保险费、基本医疗保险费和生活费，由地市级以上人民政府指定的机构代发生活费并代缴基本养老保险费和基本医疗保险费，个人缴费部分由职工继续缴纳，达到法定退休年龄时正式办理退休手续。

3. 内部退养人员名单应在企业职工安置方案通过时一次性确定。

（四）运用公益性岗位托底帮扶。县级以上人民政府应加大投资或扶持开发公益性岗位力度，对通过市场渠道确实难以就业的“僵尸企业”失业人员，特别是大龄困难人员和零就业家庭人员，通过公益性岗位优先予以帮扶。

三、妥善处理劳动关系

（一）继续履行或者变更劳动合同。企业出清重组过程中吸纳原企业职工的，继续履行原劳动合同。发生合并或分立等情况的，由承继其权利和义务的企业继续履行原劳动合同，经与职工协商一致可以变更劳动合同约定的内容，职工在原企业合并、分立前的工作年限合并计算为在现企业的工作年限。职工在企业内部转岗安置或内部退养的，双方协商一致后依法变更劳动合同，不支付经济补偿金。

（二）终止劳动合同。企业有被依法宣告破产、吊销营业执照、责令关闭、撤销或决定提前解散等情形的，应与职工依法终止劳动合同。

（三）依法计发经济补偿。企业解除或终止职工劳动合同的，应依法支付经济补偿。

1. 经济补偿按职工在本企业的工作年限，按每满一年支付一个月工资的标准向职工支付。六个月以上不满一年的，按一年计算；不满六个月的，支付半个月工资的经济补偿。

2. 计发经济补偿的月工资是指劳动者在劳动合同解除或者终止前十二个月的本人平均工资，劳动者月工资高于企业所在设区的市级人民政府公布的本地区上年度职工月平均工资三倍的，按职工月平均工资三倍的数额支付。劳动者在劳动合同解除或者终止前十二个月的本人月平均工资低于当地最低工资标准的，按照当地最低工资标准计算。

（四）及时清偿拖欠费用。企业在出清重组时应当依法足额偿还拖欠职工的工资，依法补缴欠缴的社会保险费，补缴后社保经办机构及时确认相应的缴费年限。应当按照《住房公积金管理条例》办理职工住房公积金账户转移或封存手续。对于职工个人先行代缴的企业社会保险欠费和医疗欠费，企业应予以偿还。

四、落实社会保障权益

（一）做好社会保险转移接续。对解除或终止劳动合同人员重新就业的，新用人单位要为其及时办理参保缴费、社会保险关系转移接续及档案移交手续，原企业、存档单位要配合做好相关工作。对未被其他单位招用的人员，符合规定的，可按灵活就业人员身份参加社会保险。

（二）落实社会保险待遇。各地对符合领取条件的失业人员，按规定发放失业保险金和求职补贴。失业人员在领取失业保险金期间，可按规定享受职工基本医疗保险等其他由失业保险基金支付的待遇；在此期间生育的，可按规定享受职工生育医疗费用待遇，所需费用从生育保险基金列支。对因工伤残职工，各地要按照《工伤保险条例》和《广东省工伤保险条例》规定，妥善保障其工伤保险合法权益。要将符合规定的国有、集体企业老工伤相关待遇纳入属地工伤保险基金保障范围，为老工伤人员提供稳定的待遇保障。

（三）实行社会救济。符合救助条件的失业人员应及时纳入社会救助范围，保障其基本生活。对符合最低生活保障条件的家庭，按规定纳入最低生活保障范围。

（四）保障退休人员权益。各地要按照当地退休人员移交社会化管理服务程序，将退休人员移交到街道、社区实行社会化管理。按照所在地退休人员退管活动费标准，做好费用缴交、档案移交等工作，切实保障退休人员移交街道、社区后应该享受的有关待遇。简化程序和手续，加快将离退休人员全部移交当地社会化管理。

五、强化组织实施

（一）加强组织领导。各地要建立政府领导牵头，人社、发改、经信、财政、民政、住建、国资、工会等部门和单位参与的工作协调机制，统筹协调本地区职工安置工作，制定工作方案，明确部门职责，加强信息通报和工作调度，督促落实职工安置政策，及时处置突发问题，制定应对规模性失业风险的预案。

（二）明确职责分工。国有企业监管部门要核实“僵尸企业”名单、安置职工和退休人员名单及费用，筹措职工安置资金并督促企业做好职工安置工作，处置因职工安置相关工作引发的纠纷；人力资源社会保障部门要加强职工安置的政策指引和服务；财政部门要按规定落实职工安置相关财政支持政策；民政部门要落实社会救助和居民最低生活保障政策；其他部门要按职责做好相关工作。

（三）强化监督指导。各地要督促指导企业依法依规制定并落实职工安置方案。方案制定过程中，企业要依法履行民主程序，充分听取职工意见，保障职工的知情权、参与权、表达权、监督权，并按规定经职工代表大会或全体职工审议通过后公布实施。对职工安置方案不完善、资金保障不到位以及职工安置方案未经职工代表大会或全体职工讨论通过的，不得实施。

（四）落实资金保障。对企业拖欠的工资、社会保险费，内部退养费用，经济补偿金，退管活动费，工伤保险待遇费用，预留的社会保险费和生活费等，应由企业或所属集团公司筹集资金解决。省财政安排用于就业创业、劳动力培训转移等现有资金对职工安置任务重、处置绩效好、进展快的欠发达地市按规定给予适当倾斜支持。

（五）强化风险防控。各地要加强统计监测和形势研判，建立健全“僵尸企业”职工安置应急处置机制。各级国有企业监管部门要加强监控，特别是对涉及职工人数多、安置任务重、稳定压力大的企业实施重点监控，及时预防化解矛盾。一旦发现因职工安置引发的不稳定因素，国有企业监管部门要及时通报情况，并报告当地党委政府，人社、公安等部门和总工会要迅速介入，采取针对性措施及时处置化解，确保不因职工安置问题引发重大恶性事件。

（六）注重宣传引导。各地要做好政策解释工作，充分发挥基层党组织、工会等作用，深入宣传“僵尸企业”出清重组工作的重要性和紧迫性，宣讲培训职工分流安置政策。要加强正面宣传，总结职工安置工作先进典型，发挥示范带动作用。要加强舆情监测，及时回应社会关切，正确引导社会预期，努力营造良好舆论氛围。

六、适用范围及有效期限

本意见适用于粤府〔2016〕29号文规定的国有“僵尸企业”及其分流安置职工，实施期限暂定为2016年至2020年。

附录五 广州市人民政府办公厅关于印发市属国有企业出清重组“僵尸企业”促进国资结构优化的实施方案的通知

穗府办〔2016〕20号

各区人民政府，市政府各部门、各直属机构：

《市属国有企业出清重组“僵尸企业”促进国资结构优化的实施方案》已经市人民政府同意，现印发给你们，请认真贯彻执行。实施中遇到的问题，请径向市国资委反映。

各区要参照市的做法，抓紧制定区属国有企业出清重组“僵尸企业”实施方案，报市国资委备案并组织实施。

广州市人民政府办公厅

2016年11月4日

市属国有企业出清重组“僵尸企业”促进国资结构优化的实施方案

为贯彻落实中央经济工作会议精神以及省委、省政府和市委、市政府关于推进供给侧结构性改革的决策部署，推进市属国有及国有控股企业（以下简称市属国有企业）中“僵尸企业”出清重组，根据省政府《关于全省国企出清重组“僵尸企业”促进国资结构优化的指导意见》（粤府〔2016〕29号）和市政府《广州市供给侧结构性改革去产能行动计划（2016—2018年）》要求，结合市属国有企业实际，制定本实施方案。

一、总体要求

（一）指导思想。全面深入贯彻党的十八大和十八届三中、四中、五中、六中全会以及中央经济工作会议精神，深入贯彻习近平总书记系列重要讲话精神，推动国有企业改革与供给侧结构性改革，鼓励国有资本主动与社会资本合作对接，用2—3年时间打好市属国有“僵尸企业”出清重组攻坚战，不断增强国有经济活力、控制力、影响力和抗风险能力，为巩固提升我市国家中心城市地位、引领全省实现“三个定位、两个率先”目标作出积极贡献。

（二）主要目标。以落实供给侧结构性改革为契机，用2—3年时间，充分运用市场、法律和行政手段，基本实现市属国有“僵尸企业”出清重组，优化和提升国有企业组织结构、资本结构、产业结构、产品结构，提升发展质量，发展壮大市属国有经济。

1. 在历史遗留问题得到根本性解决的基础上，对符合政策规定、满足出清条件的关停企业实施关闭退出。

2. 通过优化国有资本结构，对有价值资产予以盘活，提高国有资本配置效率，改善企业资产质量，提升效益水平，增强可持续发展能力，最终实现脱困。

二、分类处置“僵尸企业”

“僵尸企业”分为关停企业和特困企业。关停企业，即已完全处于关闭或停业状态、职工已安置或仍有部分留守人员、营业执照被吊销企业，以及“三无”企业（无人员、无资产、无场地）；特困企业，即满足下列条件之一的企业：资产负债率超过85%且连续亏损3年以上，主要靠政府补贴或银行续贷等方式维持生产经营，连续3年欠薪、欠税、欠息、欠费，生产经营困难造成停产半年以上或半停产1年以上。经统计并报省国资委核准，截至2015年12月31日，市属国有“僵尸企业”共378户，其中：关停企业280户，占企业总户数的74%，涉及资产98亿元、负债112亿元，在职职工789人、退休人员4559人；特困企业98户，占企业总户数的26%，涉及资产107亿元、负债116亿元，在职职工5898人、退休人员6758人。根据关停企业和特困企业的不同类别，采取“四个一批”的方式，加快关停企业和特困企业的出清重组。

（一）关停企业。

1. 兼并重组一批。对仍有价值资产的关停企业，实施兼并重组，以资产重组、产权转让、资产置换等多种方式盘活有效资产。

2. 工商注销一批。对没有正常经营活动、企业员工已经得到妥善安置、企业资产和债权债务已基本清理完的关停企业，实施工商注销。

3. 关闭破产一批。对资不抵债、没有任何价值资产的，在评估风险和成本的基础上，履行相关程序和手续后实施关闭破产。

4. 托管处置一批。对不能实施兼并重组，又难以通过工商注销或破产清算的关停企业，由股权托管中心、产权交易所等专业化处置平台托管，对“僵尸企业”实施专业化的出清重组。

（二）特困企业。

1. 兼并重组盘活一批。对有品牌、有市场，但规模小、负担重的企业，加大监管企业内部的资源整合力度，通过增资减债、同类同质企业兼并重组、产权多元化改革等方式，提升资金实力、经营规模、边际效益和抵御市场风险能力，增强企业竞争力。对监管企业内部无力重组的，且符合其他监管企业主业发展方向的，可采取跨企业间的重组整合，发挥产业协同效用，消化历史成本，优化资源配置。对符合整体上市条件的监管企业，可剥离其非主业企业至相关产业的监管企业或资产处置平台。

2. 资本运营做实一批。对具有产业价值或前景的企业，以推动优质资产或主营业务整体上市为契机，围绕上市主体的资产、市场方向和发展规划，直接纳入上市资产范围；暂不具备吸纳上市条件的，委托给具备相关产业背景和能力的国有上市公司经营管理，待条件成熟择机注入上市公司。

3. 创新发展提升一批。支持具有一定经营规模、品牌价值和市场前景但因多种原因暂时陷入困难的企业，深化产权制度改革，引入战略投资者和实施员工持股，激发企业活力；鼓励企业实施创新驱动，推动技术创新、业态创新、模式创新和管理创新，培育新业务、开拓新市场，加快转型升级。

4. 关闭破产退出一批。对产品没有市场或处于产业链低端，缺乏竞争力、抵御市场风险能力差、长期亏损的企业，以市场机制为主，政策支持为辅，通过产权转让、清算注销等方式，实施关闭破产退出，成熟一个，退出一个。

三、处置“僵尸企业”的工作步骤

（一）核实情况。各企业以 2015 年 12 月 31 日为基准日，建立单个“僵尸企业”档案，设立台账，建档入库，列明企业工商注册资料、资产负债、土地物业、拖欠职工工资和集资款、欠缴社保费和医疗费、拖欠税费、涉诉、或有风险、需安置人数（包括在职职工、退休人员）及费用等情况。（2016 年 9 月底前完成）

（二）制定方案。各企业根据摸查的具体实际情况对号入座，分类施策选定“僵尸企业”的出清重组形式，制定方案并报市国资委备案。（2016 年 10 月底前完成）

（三）组织实施。各企业组织实施“僵尸企业”出清重组前期基础工作。按照规定认真做好清产核资、财务审计、资产评估等基础工作，并制定具体的人员安置方案。坚持依法依规处置资产、清理债权债务，维护国有资产合法权益。（2016 年 11 月底前完成）

（四）资产处置。根据“僵尸企业”的报表和资产的实际情况，按照有关法律法规和相关政策，通过重组、拍卖、置换或协议等方式进行处置。为提高处置效率和效益，可集中托管到省、市产权托管平台。（2018 年底前完成）

四、吸引社会资本优化重组“僵尸企业”

按照市场经济规律和企业发展规律，以企业为主体，充分发挥市场机制作用，探索“僵尸企业”混合所有制改革的有效途径，将产权多元化改革与国有资本结构调整相结合，促进市属国企转换经营机制，放大国有资本功能，提高国有资本配置和运行效率。

（一）引入社会资本

鼓励社会资本积极参与“僵尸企业”出清重组工作。除因集团战略发展确需保留或置入其他市属国企主业外，与集团主业配套不紧密、缺乏行业竞争优势、无法有效发挥国有资本作用的非主业企业，可通过产权转让、资产处置等多种形式由社会资本控股经营。用好财政投入设立的各类政策性产业基金，带动和引导社会资本投向基金所支持的相关行业。

（二）引导社会资本进入准公益项目

准公益性企业结合行业政策要求和企业实际情况，积极探索政府购买服务、财政补偿政策性损失、“项目+资源”等综合开发模式，引入社会资本参与重大基础设施项目投资建设和运营，实现准公益项目资金投入多元化。

（三）积极探索企业员工持股

鼓励特困企业的职工采用分期付款方式购买原企业经评估后的资产或净资产（带负债）。对公信力强的经营管理团队参股、发展前景好且风险可控的企业，国有股东可通过有偿融资、担保等方式帮助企业筹集初期的急需资金。

五、依托各类平台集中处置“僵尸企业”

依托股权托管中心、产权交易所等专业化处置平台，集中实施“僵尸企业”出清重组工作，规范操作，实现处置阳光化、效率最优化、效益最大化，确保国有资产安全。在市国资委统筹下，各平台主要负责以下工作。

（一）签订委托协议。与各市属国有企业签订《委托协议》，明确托管范围，约定各方权责义务。

（二）建立数据库。运用信息化手段，建立健全“僵尸企业”信息系统、托管系统、分析系统。将符合条件的“僵尸企业”信息纳入数据库。

（三）配合制定方案。针对“僵尸企业”的不同情况，配合市属国有企业研究制定产权转让、资产置换或打包拍卖、关闭破产清算等处置方案。

（四）协助解决问题。加强与法院、金融机构、税务、工商、国土资源等部门沟通，配合市属国有企业研究“僵尸企业”出清涉及债务、欠税、涉诉、工商注销等关键问题的解决办法。

（五）出清“僵尸企业”。属于产权转让、资产置换的，按照国有资产交易管理规定，履行清产核资、财务审计、资产评估、内部决策和进场交易等程序；属于关闭破产清算的，妥善安置职工，成立清算小组，聘请中介机构，开展债权追收和债务清理，出具清算报告，办理税务和工商注销。

六、设立专项基金推动市属国有“僵尸企业”处置工作

鼓励市属国有资本运营公司积极参与本轮出清重组“僵尸企业”的改革，通过联合社会资本牵头设立供给侧结构性改革专项基金等方式，推进市属国有“僵尸企业”出清重组。按照“政府推动、基金引导、分类处置、市场运作、支持改革”的原则运作，在“四个一批”企业的重组转型中发挥资金支持、引进战略投资者、优化治理等作用。

（一）对兼并重组、创新发展类企业，发挥基金平台的引导作用，募集社会资金注入企业，在一定期限内持有企业股份，并会同相关市属国有企业设计退出路径。

（二）对资本运营类企业，由基金平台筹集部分资金注入，并持有企业一定股份。

（三）对破产清算类企业，处置过程中涉及的企业职工安置、社会保险、再就业等费用按规定优先从企业资产处置收益中解决。对确有困难的企业，市财政、国有资产监管机构依法依规给予适当的资金支持。

（四）对准公益性特困企业，将符合条件的采用PPP（政府与社会资本合作）模式改造，前期可由基金平台注入一定的资本金，在一定期限内争取政府资本金补充、购买服务、财政补偿等，基金平台逐步退出。

七、完善配套政策

市有关部门要高度重视市属国有“僵尸企业”出清重组工作，按职责分工研究制定社会资本对接、职工安置、财税支持、涉诉、工商注销等政策，及时解决企业实际问题。

（一）推动资产处置

对纳入各类平台托管的市属国有“僵尸企业”不良资产处置，经批准后参照金融资产管理公司在收购、管理、处置国有银行不良资产的办法执行。推动商业银行落实不良资产处置政策，加大“僵尸企业”呆坏账核销力度。（市国资委、财政局、金融局，邀请人民银行广州分行、广东银监局指导）

（二）做好职工安置

落实处置市属国有“僵尸企业”维稳责任，按照有关法律、政策规定，出台职工安置政策指引，落实职工安置资金，做好下岗失业人员社会保险关系接续和转移，落实社会保障待遇，依法妥善处理职工劳动关系，保证社会稳定；发挥失业保险对预防失业、促进就业的作用；市属国有“僵尸企业”的主管部门应积极与人力资源和社会保障部门沟通，对接好就业创业帮扶工作。人力资源和社会保障部门优先将符合条件的市属国有“僵尸企业”下岗职工纳入就业创业扶持范围，为其提供个性化的职业指导、职业培训、创业项目咨询和跟踪服务，按规定落实社会保险补贴、岗位补贴、创业小额担保贷款、一次性创业资助等政策，支持自主创业带动就业。（市国资委、人力资源和社会保障局、财政局、住房城乡建设委，各区政府）

（三）有效处理债务

市属国有企业作为责任主体，按照“批量处置，整体退出”的思路，妥善处理国有“僵尸企业”的债务、或有负债、欠税等历史遗留问题。对已履行清算等规定程序的国有“僵尸企业”，可采取集中注销、批量破产等措施。（市工商局、金融局、国税局、地税局，邀请人民银行广州分行、广东银监局指导）

（四）落实税费优惠

落实市属国有“僵尸企业”出清重组过程中涉及的相关税费优惠政策，按照规定处理市属国有“僵尸企业”历史欠税及滞纳金；兼并重组后，原出让土地使用权在不改变用地性质和变动容积率的情况下，不再增缴土地价款；原划拨土地使用权经批准采取国家作价出资（入股）方式处置的，国有土地使用权作价转作国有资本金或股本金；已上缴的城市基础设施配套费，按规定对相关企业给予适当支持。（市国税局、地税局、财政局、国土规划委、住房城乡建设委）

（五）支付清算费用

从市属国有资本经营预算中安排专项资金，用于统筹解决市属国有“僵尸企业”关闭破产清算中无力支付的清算和托管等部分费用。（市国资委、财政局）

（六）关闭破产清算

市工商局建立市属国有“僵尸企业”破产、工商注销“绿色通道”，优先受理、审理，集中解决市属国有“僵尸企业”关闭破产清算、工商登记注销问题。（市工商局、国税局、地税局，邀请人民银行广州分行、广东银监局指导）

（七）完善补偿机制

对准公益性特困企业，要逐步完善政府对其投资指令性项目的资本金补充机制，探索政府购买服务、财政补偿政策性损失、“项目+资源”综合回报模式、注入优质资产等途径，以弥补建设资金不足和经营亏损。支持竞争性特困企业通过创新驱动、资本运作和混合所有制改革等方式促进转型升级。鼓励各部门和金融机构加大对特困企业兼并重组、转型转产、产品结构调整、技术改造、开拓市场的财政和金融支持。（市国资委、发展改革委、财政局、工业和信息化委，邀请人民银行广州分行、广东银监局指导）

（八）规范有序操作

市属国有“僵尸企业”出清重组和促进国资结构优化工作，要依法履行科学论证、集体决策、依规评估、信息公开、依法清算等程序，防止国有资产流失。涉及企业国有产权转让的，要切实做到信息公开化、评估规范化、竞价制度化、交易平台化，确保各方合法权益；涉及引入社会资本的，须要严格按照《企业国有资产交易监督管理办法》（国务院国资委、财政部令第32号）等相关规定执行。严格对货币、土地、物业、应收账款等资产的规范管理，确保资源统筹和充分利用，最大限度减少损失。

八、组织保障

市各有关部门和市属国有企业要把国有“僵尸企业”出清重组作为我市深化国企改革的重要任务，摆上重要议事日程。建立健全相应工作机制，确保组织到位、政策到位、工作到位，形成合力，取得实效。

（一）建立工作领导机制

市国有资产管理工作联席会议统筹协调市属国有“僵尸企业”出清重组重大问题，市各有关部门参加。市属国有企业要参照市政府做法，建立相关工作领导机制，制定维稳预案，防范市属国有“僵尸企业”出清重组引发新的不稳定问题。

（二）加强统筹协调

市国资委作为牵头部门，加强与市各有关部门的沟通联系，依托产权托管等专业平台，强化督导，加快推进市属国有“僵尸企业”出清重组工作。

（三）加强配合支持

市各有关部门要把市属国有“僵尸企业”出清重组作为我市深化改革的重要任务，建立健全相应工作机制，加强政策支持，主动帮助企业解决处置过程中遇到的问题和困难，促进工作顺利推进。

（四）落实企业责任

市属国有企业作为责任主体，要建立主要负责人牵头的工作机制，指定专门机构，组织精干力量，制定一企一策工作方案并组织实施。对处置不力的集团在业绩考核和领导班子、领导人员综合考核评价中予以问责。

（五）加强宣传引导

加大对国有企业的正面宣传力度，重点宣传中央和省、市关于全面深化国有企业改革的方针政策，宣传供给侧结构性改革的重要意义，引导企业员工理解、参与、支持改革，营造有利于国有企业改革的良好舆论环境。

附录六　广州市中级人民法院关于设置国有“僵尸企业”破产审判绿色通道的若干意见

穗中法〔2018〕155号

为积极开展破产案件审理、充分发挥破产审判职能、促进和规范广州法院对于国有“僵尸企业”破产案件的审理，切实保障该类案件能够快速审查、有序推进、高效审结，根据《中华人民共和国企业破产法》（以下简称企业破产法）及相关司法解释的规定，结合破产审判工作实际，制定本意见。

第一条　纳入国资系统破产清算、重整计划的国有“僵尸企业”，企业上级单位（包括国资委、企业所属集团、主管部门、出资人，下同）对破产费用、职工安置等问题提出解决方案的，可以适用破产审判绿色通道。

第二条　适用破产审判绿色通道应坚持公平、公正、合法的原则。

第三条　债务人及依法负有清算责任的人（包括上级单位）向法院提出破产申请的，一般应递交以下材料：

（一）破产申请书，载明债务人的基本信息、申请目的、申请的事实和理由；

（二）债务人主体资格证明，包括债务人营业执照副本、工商注册登记材料及股东出资情况等；

（三）职工安置情况报告，如有拖欠职工工资及社保费用应专项说明；

（四）债务人的资产负债表及资产状况明细表；

（五）债权、债务清册，应列明债务人的债权人及债务人的名称、住所、数额、发生时间及担保情况等；

（六）债务人涉讼、仲裁、执行情况说明及相关法律文书。

第四条　债权人向法院提出对债务人进行破产申请的，一般应提交下列材料：

（一）破产申请书，载明债权人和债务人的基本信息、申请目的、申请的事实和理由；

（二）债权人和债务人的主体资格证明，包括有关工商登记材料；

（三）债权发生的事实与证据；

（四）债权的性质、数额、有无担保，并附证据；

（五）债务人不能清偿到期债务的证据。

第五条　立案庭在接收破产申请材料时应核对原件，对于递交的申请材料不符合本意见第三条、第四条规定的，应告知申请人限期补充、补正相关材料。

第六条　立案庭应在立案次日前将卷宗材料移送至破产审判业务庭。

第七条　在本地区乃至全国范围内有重大影响、法律关系复杂、债权人人数众多的破产案件，申请人在正式向立案庭提出破产申请之前可以向破产审判业务庭申请预审查。

破产审判业务庭除了对本意见第三条、第四条规定的材料进行核查之外，重点审查债务人的资产状况及职工安置情况。

第八条　管理人自收到指定管理人决定书之日起三日内开展债务人接管工作。管理人在接管过程中遇到障碍应及时向法院和债务人的上级单位报告。

管理人自收到指定管理人决定书之日起十日内应完成债务人接管工作，并向法院提交接管报告；如遇客观原因确实无法在规定时间内完成接管，管理人应向法院书面说明有关情况。

第九条　管理人应在债权申报期届满之日起五日内完成债权审查工作，并制作债权表提交债权人会议核查。

第十条　第一次债权人会议在债权申报期届满之日起十日内召开。

对于债权人会议核查无异议的债权，管理人应在会后五日内向法院提交无异议债权表，并申请法院裁定确认。

第十一条　第一次债权人会议召开之后，管理人应在每个月的最后一日前向法院书面报告管理人当月工作开展情况。

第十二条　管理人在委托中介机构时应明确工作时限，中介机构自接受委托之日起三十日内应完成相应工作，若工作量大可以适当延长三十日。

如遇客观原因确实无法在规定时间内完成工作的，管理人和中介机构应向债权人会议书面说明有关情况，并报法院备案。

第十三条 对于债权债务关系简单，不存在重大维稳隐患，或者企业主要财产、账册、重要文件等灭失，或者企业有关人员下落不明的破产案件，若不存在衍生诉讼、职工安置、财产处置以及其他客观原因影响破产程序进行的，管理人原则上应在破产案件受理后6个月内向法院提出终结破产程序申请。

第十四条 管理人应当在破产程序终结之日起五日内，持终结破产程序的裁定向破产人的原登记机关办理注销登记手续。

第十五条 对于确无财产可供分配的破产案件，法院依照《广州市中级人民法院企业破产案件中介机构收费办法》（穗中法〔2015〕208号）第四条规定，根据管理人的实际工作量确定管理人的基本报酬。

若存在以下情形之一，经管理人申请，并征询破产费用垫付人的意见后，法院可酌情增加管理人报酬：

（一）若案件存在债权人众多、资产处置困难、职工安置等疑难问题而导致管理人工作量大量增加的；

（二）管理人工作质量高，案件取得良好社会效果的；

（三）管理人工作效率高，在六个月内终结程序。

债权人会议对管理人的报酬有异议的，有权向法院提出。

第十六条 对无可供分配破产财产的案件，法院依法免收案件申请费。

第十七条 国有“僵尸企业”强制清算案件参照本意见执行。

第十八条 本意见由广州市中级人民法院审判委员会负责解释，自印发之日起施行。

广州市中级人民法院

2018年6月19日

附录七　深圳市中级人民法院公司强制清算案件审理规程

为保障公司强制清算案件审理的顺利进行，保证清算组公正高效地履行职责，保护债权人、债务人及其股东的合法权益，根据《中华人民共和国民事诉讼法》《中华人民共和国公司法》最高人民法院《关于适用〈中华人民共和国公司法〉若干问题的规定（二）》《关于审理公司强制清算案件工作座谈会纪要》，结合深圳审判实际，制定本规程。

第一章　申请和受理

第一条　公司解散后未依法自行清算，人民法院受理债权人或股东对公司提起的强制清算申请的，应当依法指定清算组对公司进行清算。

第二条　公司强制清算案件由公司住所地的基层人民法院管辖，但本规程第三条规定的情况除外。

公司住所地是指公司主要办事机构所在地，公司主要办事机构所在地不明确的，由公司注册地或登记地的基层人民法院管辖。

第三条　被申请人为股份有限公司、国家工商行政管理总局和省级工商行政管理机关核准登记的有限责任公司的强制清算案件，以及在本地区有重大影响的强制清算案件，由本院管辖。

第四条　公司强制清算申请受理后，有关强制清算公司的民事诉讼，由受理强制清算申请的人民法院管辖。但本院受理公司强制清算申请后，有关强制清算公司的民事诉讼可以参照最高人民法院《关于适用〈中华人民共和国民事诉讼法〉的解释》第四十二条第一款的规定交由公司注册地或登记地的基层人民法院管辖。

第五条　公司解散后逾期不成立清算组进行清算，债权人或股东申请人民法院对公司进行清算的，应当提交下列证据材料：

（一）清算申请书。列明申请人、被申请人的基本情况以及申请的事实和理由；

（二）申请人的主体资格证明文件。申请人为自然人的，应提交身份证或户籍证明；申请人为法人或其他组织的，应提交营业执照和组织机构代码证；

（三）被申请人的主体资格证明文件。包括营业执照和组织机构代码证；

（四）申请人对被申请人享有债权或股东资格的证据；

（五）被申请人自愿解散或被强制解散的证据。被申请人自愿解散的，应提交被申请人的公司章程或决定解散公司的股东会（股东大会）决议；被申请人被强制解散的，应提交公司登记主管机关吊销公司营业执照、责令关闭、撤销公司的决定书或人民法院解散公司的民事判决书；

（六）人民法院认为应当提交的其他材料。

被申请人解散后已成立清算组进行清算的，申请人还应提交被申请人自行成立清算组的证明文件，以及清算组故意拖延清算或存在违法清算行为可能严重损害债权人或股东利益的证据。

第六条 立案部门收到申请人的强制清算申请后，应当在收到强制清算申请之日起三日内分别按照各自审判流程管理的规定，移送审判管理办公室分案或直接将申请材料移送至相关审判庭，由相关审判庭进行实质审查。相关审判庭应当在收到强制清算申请材料之日起五日内通知被申请人。

第七条 审查强制清算申请可以采用召开听证会的方式进行。对于事实清楚、法律关系简单、证据确实充分的强制清算申请，也可以采用书面审查的方式进行。

听证会由承办法官主持，下列人员可以参加听证：

（一）申请人；

（二）被申请人的股东、法定代表人、财务人员及员工代表；

（三）被申请人自行成立的清算组成员；

（四）人民法院认为需要参加听证会的其他人员。

第八条 听证会应当按照下列程序进行：

（一）申请人宣读申请书，陈述申请强制清算的事实和理由，并出示相关证据；

（二）被申请人针对强制清算申请发表意见并出示相关证据；

（三）核实相关事实和证据，包括申请人是否对被申请人享有债权或股权、被申请人是否解散、是否自行成立清算组、自行清算有无拖延或损害债权人及股东利益以及被申请人的资产负债情况等；

（四）人民法院认为应当调查的其他事项。

第九条 合议庭应结合听证情况和申请人、被申请人提交的证据材料对申请人的强制清算申请依法进行全面审查。

经审查，具有下列情形之一的，人民法院应裁定不予受理：

（一）以债权人身份申请强制清算的，其主张的债权未经生效法律文书确认且被申请人提出异议的；

（二）以股东身份申请强制清算的，其主张的股权未经生效法律文书确认且被申请人提出异议的；

（三）被申请人对发生解散事由提出异议，且无生效法律文书确认公司解散，亦无充分证据证明出现公司法第一百八十条规定的被依法吊销企业法人营业执照、责令关闭或者被撤销等解散事由的；

（四）人民法院认为应当不予受理的其他情形。

第十条 申请人提交的材料需要更正、补充的，人民法院应当责令申请人于七日内予以更正、补充。申请人无正当理由未按期更正、补充的，裁定不予受理。

第十一条 人民法院裁定受理强制清算申请前，可根据公司财产状况要求申请人或利害关系人垫付不高于5万元的清算费用。

人民法院裁定受理强制清算申请后，垫付的清算费用由清算财产随时清偿，清算财产不足以清偿的部分由垫付人承担。

第十二条 申请人提出的强制清算申请符合法律规定，被申请人又同时具有破产原因的，人民法院应当受理强制清算申请。但被申请人无财产支付清算费用或仅有少量财产不足以支付清算费用，申请人或利害关系人又不愿垫付清算费用的，应告知当事人申请破产清算，强制清算申请不予受理。

第十三条 审理强制清算案件的审判庭应于收到强制清算申请之日起三十日内审查完毕，并作出是否受理的裁定。听证期间和申请人补充、更正相关材料的期间不计入前款规定的三十日期限。

第十四条 人民法院裁定受理强制清算申请的，应当自裁定作出之日起十个工作日内送达申请人和被申请人，同时通知被申请人自裁定送达之日起十日内提交财产状况说明、债务清册、债权清册、有关财务会计报告以及关于职工工资的支付和社会保险费用缴纳情况的说明。

裁定不予受理强制清算申请的，人民法院应当自裁定作出之日起十个工作日内送达申请人和被申请人。申请人对裁定不服的，可以自裁定送达之日起十日内向上一级人民法院提起上诉。

第十五条 人民法院裁定受理强制清算申请后，应当参照本院《破产案件管理人分级管理办法》的有关规定在管理人名册中指定清算组成员。公司股东、董事、监事或者高级管理人员愿意参加清算且有利于清算工作的，可以指定其为清算组成员。

第十六条 清算组应当自收到人民法院指定清算组决定书之日起十日内将强制清算事宜书面通知全体已知债权人，同时，根据公司规模和营业地域范围，于十五日内在全国或者公司注册登记地省级主要报刊上进行公告。清算组通知已知债权人后又发现新的债权人的，自发现之日起十日内通知新发现的债权人。

通知和公告应当载明下列事项：

（一）申请人、被申请人的姓名或者名称；

（二）人民法院裁定受理强制清算申请的时间；

（三）申报债权的期限、地点和注意事项；

（四）清算组组成及联系人、联系方式、处理事务的地址；

（五）被申请人的债务人或者财产持有人应当向清算组清偿债务或者交付财产的义务；

（六）人民法院认为应当通知和公告的其他事项。

第十七条 自人民法院受理强制清算申请的裁定送达公司之日起至强制清算程序终结之日，公司的有关人员承担下列义务：

（一）妥善保管并移交其占有和管理的财产、印章和账簿、文书等资料；

（二）根据人民法院、清算组的要求进行工作，并如实回答人民法院、清算组和债权人的询问；

（三）人民法院认为应当办理的其他事项。

前款所称有关人员，主要指公司的法定代表人和公司股东、董事、监事、高级管理人员；经人民法院决定，可以包括公司的财务管理人员、其他经营管理人员、公司自行成立的清算组成员等。

第十八条　人民法院裁定受理强制清算申请后，清算组应督促公司的债务人或者财产持有人向清算组清偿债务或者交付财产。

第十九条　清算期间，公司存续，但不得开展与清算无关的经营活动。清算组决定开展确与清算有关的经营活动的，应当经人民法院许可。

第二章　清算组

第二十条　人民法院决定更换清算组成员的，应参照最高人民法院《关于审理企业破产案件指定管理人的规定》的有关条款执行。

第二十一条　清算组成员无正当理由，不得拒绝人民法院的指定。清算组成员无正当理由，不得辞去职务。清算组成员辞去职务，应当经人民法院许可。

第二十二条　清算组成员应亲自办理清算事务，不得以任何形式将自己应当履行的职责全部或者部分转给其他社会中介机构或者个人。清算组成员或其工作人员离职后应当及时移交案卷，不得以原中介机构名义继续办理案件。

第二十三条　清算组应当向人民法院报告工作，并接受人民法院、公司债权人和股东的监督。

第二十四条　人民法院指定本院管理人名册中的社会中介机构作为清算组成员的，其报酬由中介机构与公司协商确定；协商不成的，由人民法院参照本院《管理人报酬确定和支取办法（试行）》的有关规定确定。

第二十五条　清算组在清算期间履行下列职责：

（一）接管公司的财产、印章和账簿、文书等资料；

（二）调查、清理公司财产，分别编制资产负债表和财产清单；

（三）通知、公告债权人；

（四）决定公司的内部管理事务；

（五）决定公司的日常开支和其他必要开支；

（六）处理与清算有关的公司未了结的业务；

（七）清缴所欠税款以及清算过程中产生的税款；

（八）清理债权、债务；

（九）管理和处分公司财产，并处理公司清偿债务后的剩余财产；

（十）代表公司参加诉讼、仲裁或者其他法律活动；

（十一）法律规定或人民法院认为清算组应当履行的其他职责。

第二十六条 人民法院指定中介机构担任清算组的，清算组应根据个案情况组建工作团队，合理配置工作人员，并将名单报人民法院备案。清算组工作人员变更的，应当报告人民法院。

第二十七条 清算组应当在收到人民法院指定清算组决定书之日起七个工作日内制定工作计划和全面的工作制度，包括清算工作规程、清算组议事规则、财务收支管理制度、证照和印章管理制度、档案管理制度、保密制度等，报人民法院备案。

第二十八条 清算组应当持受理强制清算申请的裁定书、指定清算组决定书、刻制印章函等法律文书到公安机关刻制清算组印章，清算组印章交人民法院封样备案后启用，清算组印章应有专人保管并设置使用登记记录，清算组印章不得在所涉清算事务之外的任何场合使用。

第二十九条 清算组应当持人民法院受理强制清算申请的裁定书、指定清算组决定书等法律文书和清算组公章、强制清算案件承办法官的印鉴向人民法院许可的银行申请开立清算组账户。

公司的资金，清算组应当划入清算组账户集中统一管理。

第三十条 清算组应当严格执行财务收支管理制度，接管后的所有开支必须经内部审批程序批准后从清算组账户列支，除与清算工作相关的小额日常支出外，其他支出应当报人民法院审核批准。

第三十一条　清算组应在收到人民法院指定清算组决定书之日起十日内完成对公司的接管工作，接管时应当制作移交清单、接管笔录，告知公司有关人员的法律责任，接管工作完成后由清算组和公司的有关人员签名确认，并在公司营业场所公告有关事项。

第三十二条　清算组应当接管的公司财产、印章和账簿、文书等资料包括：

（一）公司占有或管理的现金、银行存款、有价证券、债权债务清册、存货、流动资产、固定资产、在建工程、对外投资、无形资产等财产及相关凭证；

（二）公章、财务专用章、合同专用章、发票专用章、海关报关章、职能部门章、各分支机构章、电子印章、法定代表人名章等印章；

（三）总账、明细账、台账、日记账等账簿及全部会计凭证、重要空白凭证；

（四）批准设立文件、营业执照、税务登记证书及各类资质证书、章程、合同、协议及各类决议、会议记录、人事档案、电子文档、管理系统授权密码等资料；

（五）有关公司的诉讼、仲裁、执行案件的卷宗材料；

（六）公司的其他重要资料。

第三十三条　公司的有关人员因客观原因无法交出应交接的财产、印章、账册、文书等资料的，清算组应当要求公司的有关人员作出书面说明或者提供有关证据与线索。公司的有关人员拒不移交财产、印章和账簿、文书等资料的，清算组可以申请人民法院采取强制措施。

第三十四条　在接管过程中，清算组应当对以下事项进行调查：

（一）公司的资产状况；

（二）公司的债权债务情况；

（三）公司的职工安置情况，包括职工工资、经济补偿金支付情况及社会保险费用的缴纳情况；

（四）公司股东的出资情况；

（五）公司的董事、监事和高级管理人员是否存在利用职权获取非正常收入或者侵占公司财产的行为；

（六）公司未履行完毕的合同情况；

（七）有关公司的未结诉讼、仲裁以及未执行完毕的案件情况；

（八）人民法院认为清算组应当调查的其他事项。

第三十五条 清算组进行清算时发现公司的有关人员伪造、销毁有关证据材料，隐匿、转移财产，对资产负债表或者财产清单作虚伪记载或者在未清偿债务前处分、分配公司财产，严重损害债权人或股东利益涉嫌犯罪的，应当及时向公安机关报案。

清算组发现公司的有关人员隐匿或者故意销毁依法应当保存的会计凭证、会计账簿、财务会计报告，涉嫌犯罪的，应当及时向公安机关报案。

第三十六条 人民法院裁定受理强制清算申请后，清算组应当书面通知公司的全体职工终止劳动合同。清算组认为确有必要聘用公司有关人员作为留守人员的，经人民法院许可，可以与公司的有关人员签订聘用合同。聘用合同应当对双方的权利义务、劳动报酬标准，以及养老、医疗、工伤、失业、生育等五项社会保险和住房公积金等事项作出明确约定。留守人员的劳动报酬根据实际情况确定，从清算费用中支付。

第三章 清算财产

第三十七条 强制清算案件受理时属于公司的全部财产，以及强制清算案件受理后至强制清算程序终结前公司取得的财产，为清算财产。

第三十八条 人民法院受理强制清算申请后，公司股东尚未完全履行出资义务的，清算组应当要求该股东缴纳所认缴的出资，不受出资期限的限制。

第三十九条 公司的董事、监事和高级管理人员及公司其他人员利用职权从公司获取的非正常收入和侵占的公司财产，清算组应当追回。

第四十条 人民法院受理强制清算申请后，经人民法院批准，清算组可以通过清偿债务或者提供为债权人接受的担保，取回质物、留置物。

第四十一条 人民法院受理强制清算申请后，公司占有的不属于公司所有的财产，该财产的权利人可以通过清算组申请取回。

第四章　清算费用和共益债务

第四十二条　人民法院受理强制清算申请后发生的下列费用，为清算费用：

（一）强制清算案件的申请费及衍生诉讼案件应由公司负担的诉讼费用；

（二）管理、变价和分配公司财产的费用；

（三）清算组执行职务的费用、报酬和聘用工作人员的费用。

第四十三条　人民法院受理强制清算申请后发生的下列债务，为共益债务：

（一）因清算组开展与清算有关的经营活动所产生的债务；

（二）公司财产受无因管理所产生的债务；

（三）因公司不当得利所产生的债务；

（四）清算组执行职务致人损害所产生的债务；

（五）公司财产致人损害所产生的债务。

第四十四条　清算费用和共益债务经人民法院批准可从清算财产中随时清偿。

第五章　债权申报和审核

第四十五条　债权人应当自接到清算组发出的债权申报通知书之日起三十日内，未接到通知书的自公告之日起四十五日内，向清算组申报债权。

债权人申报债权，应当说明债权的性质、数额、形成原因等有关事项，并提供证明材料。清算组应当对债权进行登记。

在申报债权期间，未经人民法院批准，清算组不得对债权人进行清偿。

第四十六条　公司所欠职工的工资和医疗、伤残补助、抚恤费用，所欠的应当划入职工个人账户的基本养老保险、基本医疗保险费用，以及法律、行政法规规定应当支付给职工的补偿金，不必申报，由清算组调查后列出清单并予以公示。职工对清单记载有异议的，可以要求清算组更正；清算组不予更正的，职工可以直接按本规程第四条的规定向人民法院提起诉讼。

第四十七条 未到期的债权，应视为已到期，在强制清算程序中依法予以清偿。

附利息的债权利息计至实际分配之日止。

第四十八条 附条件、附期限的债权和诉讼、仲裁未决的债权，债权人可以申报。

第四十九条 连带债权人可以由其中一人代表全体连带债权人申报债权，也可以共同申报债权。

第五十条 公司的保证人或者其他连带债务人已经代替公司清偿债务的，以其对公司的求偿权申报债权。

第五十一条 清算组收到债权申报材料后，应当登记造册，对申报的债权进行审查核定。

清算组应将债权审核结果及时通知相关债权人，债权人对清算组核定的债权有异议的，可以要求清算组重新核定。清算组不予重新核定，或者债权人对清算组重新核定的债权仍有异议的，债权人可以公司为被告向本规程第四条规定的人民法院提起诉讼。

对于双方均无异议的债权，清算组应当编制债权表报人民法院备案。债权表和债权申报材料由清算组保存，供利害关系人查阅。

第五十二条 依法申报债权的债权人在强制清算程序中享有本规程规定的表决权，享有表决权的债权人可以组成债权人会议对财产变价、分配等重大事项进行表决，表决程序参照适用企业破产法的规定。经债权人会议表决未能通过的，由清算组报人民法院批准。

第五十三条 清算组收到申请取回公司占有的不属于公司财产的，应于十五日内审核完毕。清算组确认取回申请成立的，应当附相应的证据材料报人民法院审核批准。

清算组认为取回申请不成立的，应及时将审核结果告知取回申请人。

取回申请人有异议的，可以要求清算组重新审核。清算组不予重新审核，或者取回申请人对清算组重新审核的结果仍有异议的，取回申请人可以公司为被告向本规程第四条规定的人民法院提起诉讼。

第五十四条　清算组收到申请行使抵销权、担保权和优先权的，应当及时进行审核，将审核结果通知申请人，并将该事项载入清算方案。

第六章　清算程序

第五十五条　清算组接管公司后，应及时申请人民法院摇珠确定审计机构进行审计。公司账册缺失无法审计的，清算组应对财产状况进行调查并进行说明。

清算组经调查、审计或者评估，并编制债权表后，应当制定清算方案；发现公司财产不足以清偿债务的，应区分如下情形分别处理：

（一）公司财产状况清晰，账册、重要文件齐全的，清算组应与债权人协商制作债务清偿方案，并提交全体债权人表决，全体债权人同意的，申请人民法院裁定确认债务清偿方案；经协商无法形成债务清偿方案或者债务清偿方案未通过的，债权人、公司或者清算组可以向人民法院申请破产清算；

（二）公司主要财产、账册、重要文件等灭失，或者公司人员下落不明，无法清算或无法全面清算的，清算组应参照企业破产法的规定制作清算方案，报人民法院裁定。

第五十六条　本院裁定受理破产申请后，审理强制清算案件的人民法院应当裁定终结强制清算程序，清算组应当将清算事务移交本院指定的破产案件管理人。

第五十七条　清算方案应当载明下列内容：

公司接管情况；

公司资产和负债情况；

公司职工工资、社保和安置情况；

债权申报、审核情况；

财产变价方案；

财产分配方案；

其他需要载明的内容。

第五十八条 清算组在执行清算方案过程中，因客观情况变化，确有必要变更清算方案的，应就变更部分制定新的处理方案，报人民法院批准后执行。

第五十九条 处置公司财产应当通过拍卖进行。清算组通过拍卖方式处置公司财产时应由人民法院通过随机方式选定评估、拍卖中介机构。但深圳市内的不动产，应按照法律、司法解释和市政府有关文件规定进行拍卖。

清算组应当参照评估价确定拍卖保留价，报人民法院备案。第一次拍卖时，保留价不得低于评估价的百分之八十；如果出现流拍，再行拍卖时可以降低保留价，但每次降低保留价不得超过前次保留价的百分之二十。第三次拍卖流拍的，清算组可以经债权人会议或者股东会同意后，以第三次拍卖的保留价变卖或者协议转让。

第六十条 经债权人会议通过，清算组可以采用变卖或协议转让等其他方式对财产进行变价。公司没有对外负债的，可以由股东（大）会决议确定变价方式。

第六十一条 有限责任公司的股东会由股东按照出资比例行使表决权，股东会决议经代表过半数表决权的股东通过，公司章程另有规定的除外。股份有限公司的股东所持每一股份有一表决权，股东大会决议经出席会议的股东所持表决权过半数通过。

股东（大）会未能表决通过的，由清算组报人民法院批准。

第六十二条 清算财产一般应当以货币形式一次性分配。经债权人会议通过，可以进行实物分配。公司没有对外负债的，经股东（大）会决议，可以进行实物分配。

采用实物分配方式的，清算组应当对清算财产进行评估。

第六十三条 对于附生效条件或者解除条件的债权，清算组应当将其分配额提存。

上述提存的分配额，在最后分配日生效条件未成就或者解除条件成就的，应当分配给公司股东；在最后分配日生效条件成就或者解除条件未成就的，应当交付给债权人。

第六十四条 债权人未受领的公司财产分配额，清算组应当提存并予以公告。债权人自人民法院裁定终结强制清算程序之日起满两年仍不领取的，视为放弃受领分配的权利，清算组或者人民法院应当将提存的分配额分配给公司股东。

第六十五条 公司财产分配时，对于诉讼或者仲裁未决的债权，清算组应当将其分配额提存。债权经生效法律文书确认不成立的，人民法院应将提存的分配额分配给公司股东；债权经生效法律文书确认成立的，人民法院应按法律文书确定的期限和金额将提存的分配额分配给债权人；分配后仍有剩余的，应将剩余财产分配给股东。

第六十六条 清算结束后，清算组应当制作清算报告，报人民法院裁定确认并终结强制清算程序。

清算报告应当包括下列内容：

公司解散原因、清算组成立的时间和组成人员；

通知和公告债权人的情况；

公司财产状况和财产清单；

债权申报和审核情况；

财产追收情况；

财产变价和分配情况；

清算组代表公司参加诉讼、仲裁的情况；

清算费用和共益债务的支出情况；

人民法院认为应当载明的其他事项。

清算组应当在收到人民法院终结强制清算程序裁定之日起十五日内，申请工商登记机关注销公司工商登记，并予以公告。

第六十七条 清算组于办理注销登记完毕的次日起终止执行职务。但是，存在诉讼或者仲裁未决情况的，清算组仍应当继续依法履行职责。

第六十八条 清算组依法终止执行职务后，应当注销清算组账户，将清算组印章交公安机关销毁并将销毁印章的证明交人民法院备案。

第六十九条 清算组依法终止执行职务后，应当将接管的公司资料移交公司股东保存，同时将清算组执行职务过程中形成的卷宗材料装订成册，按档案管理办法保存备查。

第七章 附则

第七十条 人民法院受理强制清算案件的申请费参照《诉讼费用交纳办法》有关规定收取。

第七十一条 人民法院对清算组成员的管理和考核，参照本院《破产案件管理人分级管理办法》《破产案件管理人工作规范》和《破产案件管理人考核办法》的规定执行。

第七十二条 本规程自公布之日起施行，本院《公司强制清算案件审理规程（试行）》和《关于审理强制清算案件若干问题的指导意见》同时废止。